Kohlhammer

Die Autorinnen

Birgit Kollmeyer, Dipl.-Psych., ist Paar- und Sexualtherapeutin in eigener Praxis in Bern und externe Dozentin zum Thema Paarberatung/-therapie an den Universitäten Zürich und Koblenz-Landau.

Monika Röder, Eidgenössisch anerkannte Psychotherapeutin, Paar- und Sexualtherapeutin, arbeitet psychotherapeutisch, sowie als Supervisorin und Selbsterfahrungstherapeutin in ihren Praxen in Bad Säckingen und Basel.

Birgit Kollmeyer & Monika Röder

Partnerschaft und Sexualität

Paare in Beratung und Therapie

Verlag W. Kohlhammer

1. Auflage 2021

Alle Rechte vorbehalten
© W. Kohlhammer GmbH, Stuttgart
Gesamtherstellung: W. Kohlhammer GmbH, Heßbrühlstraße 69, 70565 Stuttgart
produktsicherheit@kohlhammer.de

Print:
ISBN 978-3-17-032329-2

E-Book-Formate:
pdf: ISBN 978-3-17-032330-8
epub: ISBN 978-3-17-032331-5

Vorwort zur Buchreihe

Über Beratung lässt sich durchaus streiten. Was ist Beratung? Wann und unter welchen Bedingungen ist sie ein professionelles Angebot? Welchen Beitrag leisten einzelne Fachwissenschaften für ein besseres Verständnis von Beratung? Wann ist Beratung eher Coaching? Wie ist sie von Training oder Therapie abzugrenzen? Und welchen Beitrag kann die Psychologie als Wissenschaft leisten, um diese und ähnliche Fragen zu beantworten? Die Fragen sind so komplex wie ihr Gegenstand – die Beratung – selbst. Diese Buchreihe vermittelt Wissen und Kompetenzen in der professionellen, auf psychologischen Theorien und Konzepten basierenden Beratung. Dabei wird Beratung als ein bevormundungsfreier Prozess verstanden, in dem Probleme der Ratsuchenden in ihrem Verhalten, Handeln und Erleben geklärt werden. Zur Klärung der anstehenden Fragen und zur Reflexion des Beratungsprozesses werden psychologische Theorien herangezogen. Professionelle Beratung findet in einem entsprechend ausgewiesenen und damit geschützten Setting statt. Im Dialog werden Informationen ausgetauscht, Bedingungen und Möglichkeiten reflektiert und Lösungsversuche begleitet. Im Transfer von fachwissenschaftlichen und subjektiven Theorien zeigt sich die professionelle Beratungskompetenz. Dabei kommt der kritischen Reflexion der eigenen Praxis zur Entwicklung der eigenen Kompetenzen wie auch der theoretischen Grundlagen eine besondere Bedeutung zu. Mit Blick auf die sehr unterschiedlichen Praxisfelder psychologischer Beratung sollen der Buchreihe als Ganzes eher allgemeine Theorien der Beratung zugrundeliegen. Allgemeine Theorien verweisen auf übergreifende Wirkfaktoren psychologischer Beratung und erleichtern eine Abgrenzung der Beratung von der Psychotherapie.

Damit werden (1) persönliche Kompetenzen der Beratenden, (2) die Fokussierung auf Ressourcen und (3) die Förderung einer optimalen Entwicklung in der jeweils individuellen Lebenswelt angesprochen. Konkretisiert wird dies in der Orientierung auf persönliche Bedürfnisse und Stärken der Ratsuchenden in ihren Lebenswelten, auf die Kompetenzen der Beratenden und die Stärken der Beratungssettings sowie auf das Anliegen einer nachhaltigen Resilienzförderung über das Beratungssystem. Je nach Zielgruppe mit ihren unterschiedlichen Lebenswelten und Lebenslagen gewinnen unterschiedliche Beratungskonzepte an Bedeutung. Wenn es also in den verschiedenen Bänden dieser Reihe um unterschiedliche Zielgruppen (Jugendliche, Familien, Paare, Menschen im hohen Alter), unterschiedliche Orte (Schule, Hochschule, Unternehmen), unterschiedliche Anlässe (Migration, Erkrankung) und unterschiedliche Themenfelder (Mobilität und Verkehr, Sport) geht, dann haben wir einen weiten theoretischen Rahmen, der jeweils gegenstandsbezogen konkretisiert wird. Damit Details und Ganzes sich auch über die Buchreihe stimmig zusammenfügen, wird jeder einzelne Band von zwei Herausgebern betreut. So sichern die Mitglieder das Editorial Boards, dass sich in dem von ihnen betreuten Band Theorie und empirische Befunde eine wissenschaftsbasierte Praxis verdeutlichen.

Als »Editor in Chief« möchte ich allen Mitgliedern des Editorial Bords für ihre aktive Mitwirkung danken. Im Namen des ganzen Beirats danke ich den Autorinnen und Autoren für ihre Beiträge zur Buchreihe. Sie ermöglichen einen differenzierten Blick auf Theorie und Praxis, auf Konzepte und Erfahrungen in ganz unterschiedlichen Feldern der Beratung.

Danken möchte ich Frau Annika Grupp, Verlag Kohlhammer, die mit großer Kompetenz und Tatkraft die Arbeit an der Buchreihe begleitet. Mein Dank gilt auch Frau Flurina Hefti, ZHAW Angewandte Psychologie, die als Lektorin und Redakteurin das Projekt unterstützt.

Beratung ist ein buntschillernder Begriff und damit schwer zu fassen. Es ist aber fachlich und ethisch unverzichtbar, professionelle Beratung von unprofessionellen Angeboten und von Alltagsgesprächen abzugrenzen. Dies kann nur gelingen, wenn die Beratungspraxis theoretisch und empirisch begründet ist. Mit diesem Anspruch wird jede Beschreibung von Beratungspraxis anspruchsvoll. Wir sind aber sicher, dass jeder einzelne

Band der Reihe Theorie und Praxis zielführend verbindet – ansprechend und gut nachvollziehbar. Damit stehen die Chancen gut, dass jeder Band eine Hilfe ist zur Orientierung in einem für sich anspruchsvollen und herausfordernden Beratungsfeld.

Christoph Steinebach, Zürich im Januar 2020

Inhaltsverzeichnis

Vorwort zur Buchreihe 5

Geleitworte 13

Vorwort 17

Einführung 19

Teil I: Hintergründe

1   **Blick auf die Gesellschaft**................................. 23
1.1   Bindung und Autonomie – ein Dilemma 23
1.2   Geschlechterrollen und Gleichberechtigung 26
1.3   Gleichgeschlechtliche Paare und Transgender....... 27
1.4   Sexfreundliche, aber berührungsfeindliche
        Gesellschaft.. 30

2   **Blick in Partnerschaften**................................. 32
2.1   Partnerschaftsprobleme............................. 32
2.2   Glückliche Partnerschaften......................... 35

3   **Blick ins Schlafzimmer**.................................. 39
3.1   Sexuelle (Un-)Zufriedenheit........................ 39
3.2   Selbstbefriedigung, Fantasien und
        Pornografiekonsum 42
3.3   Sexuelle Lustlosigkeit – weit verbreitet 45
3.4   Sexuelles Begehren und Erregbarkeit 49

4   Blick ins Gehirn **53**
4.1   Grundlegende Funktionen des Gehirns   53
4.2   Neurobiologische Implikationen für die
         Sexualität   59
4.3   Frühe Prägungen und Auswirkungen auf das
         Beziehungsverhalten   61
4.4   Bedeutung der Neurobiologie für die
         Paarberatungspraxis   63

Teil II: Therapeutische Ansätze

5   Paartherapeutische Ansätze **67**
5.1   Systemische Paartherapie   67
5.2   Hypnotherapie   72
5.3   Emotionsfokussierte Paartherapie   76
5.4   Klärungsorientierte Paartherapie   80
5.5   Bewältigungsorientierte Paartherapie   83

6   Sexualtherapeutische Ansätze **88**
6.1   »Klassische« Sexualtherapie   88
6.2   Systemische Sexualtherapie: »Sexualtherapie des
         Begehrens«   91
6.3   »Crucible«- oder Differenzierungsansatz   94
6.4   Sexocorporel: Sexualität lernen   98

Teil III: Praxis der Arbeit mit Paaren

**7   Stabilisierungs-Wachstumsmodell für das integrative
         Arbeiten mit Paaren** **107**
7.1   Einstiegsphase   108
7.2   Stabilisierungsphase   109
7.3   Wachstums- oder Vertiefungsphase   110

8   Rahmen und Grundlegendes **112**
8.1   Rahmenbedingungen   112
8.2   Haltung   121
8.3   Emotionsregulation   128

9   Einstiegsphase **133**

9.1   Aufbau der therapeutischen Beziehung oder:
       Sicherheit geben. 134

9.2   Explorieren der Wahrnehmungen, Gefühle und
       Bedürfnisse 136

9.3   Verflüssigen von Positionen und neue
       Perspektiven 142

9.4   Klären von Auftrag und Motivation 143

9.5   Formulieren von Zielen 145

9.6   Erheben der Beziehungsgeschichte 148

9.7   Umgehen mit Trennungsambivalenz und -absicht... 149

10   Stabilisierungsphase **151**

10.1   Aufzeigen der Eskalationsprozesse 152

10.2   Ausstieg aus der Eskalation 154

10.3   Erstes gegenseitiges Verstehen. 162

10.4   Stärken von Ressourcen 168

11   Wachstums- oder Vertiefungsphase **173**

11.1   Selbstregulation im Rahmen der Paartherapie 175

11.2   Partnerschaftliche Emotionsregulation 191

11.3   Weiterentwicklung der Sexualität 211

11.4   Umgang mit traumatischen Erlebnissen sowie
       Verletzungen durch eine Außenbeziehung. 234

11.5   Abschluss der Arbeit mit dem Paar 251

Resumée oder: Auf den Punkt gebracht **253**

Literatur. **256**

Stichwortverzeichnis **271**

Geleitworte

Mut zur Integration

Paartherapie ist eine facettenreiche und vielschichtige Tätigkeit in einem besonders herausfordernden Setting. Auch wenn sie nicht primär klinisch orientiert ist, kommt das ganze Leben mit Paaren zur Tür herein, d. h. eine enorme thematische Bandbreite, oft hoher Leidensdruck und existenzielle Krisen, in denen für einen oder beide Partner viel auf dem Spiel steht. Paartherapeuten müssen mit hoher Konfliktspannung umgehen können, ohne Partei zu ergreifen. Ein Teil ihrer Kunst besteht darin, die Komplexität auf ein bearbeitbares Maß zu reduzieren, ohne zu trivialisieren, und sowohl das Setting als auch die Prozesssteuerung so zu balancieren, dass sie für beide Partner konstruktiv nutzbar sind.

Verschiedene paar- und sexualtherapeutische Ansätze sind heute gut ausdifferenziert und profiliert. Zugleich sind sie in mancher Hinsicht konvergent, kompatibel oder ergänzen sich. Während bestimmte Therapieschulen miteinander konkurrieren und die Abgrenzung voneinander betonen, erfahren viele Kollegen konzeptionelle Vielfalt in der eigenen Praxis als wertvoll, weil sie damit ihre Arbeit möglichst flexibel und passgenau für das Paar gestalten können.

Voraussetzung dafür ist, dass sie sich selbst dazu autorisieren, eine eigene Logik davon zu entwickeln, wann sie zu welcher Perspektive, zu welcher Methode und zu welcher Ausrichtung ihrer Prozesssteuerung greifen. Dies ist ein lebendiger, vermutlich nie abgeschlossener Prozess. Wir können nicht arbeiten wie unsere Lehrerinnen und Lehrer. Wir können nur in uns selbst verankert und zugleich durchlässig sein.

Dieses Buch ermutigt und leistet genau dazu einen Beitrag. Die beiden Autorinnen geben darin ein Beispiel ihrer intelligenten, theoretisch und empirisch top informierten, systematischen und zugleich undogmatischen Praxis. Sie bieten einen fundierten, aus Erfahrung fein selektierten und vollkommen am Benefit, nicht an der Kritik orientierten Überblick über das Feld und zeigen nach sorgfältiger Darstellung, wie sie verschiedene Konzepte praktisch nutzen.

Das ist nicht nur zeitgemäß, sondern auch erfrischend uneitel, weil gar nicht erst versucht wird, noch einen angeblich neuen Ansatz zu generieren, sondern die eigene Klugheit und therapeutische Reife für ein Lehrbuch des sinnvollen und durchdachten Zusammenspiels bestehender Ideen zu nutzen. Mögen möglichst viele Leser darin Orientierung, Inspiration und Ermutigung zur eigenen Vielfalt in einem vielfältigen Geschäft finden.

Karlsruhe im Januar 2021
Angelika Eck

Sex oder Kommunikation? Henne oder Ei?

Wo fängt es eigentlich an, das Problem in der Beziehung? Ist es so, dass ein Paar Probleme mit Sex hat, weil es in der Beziehung nicht rund läuft? Oder kriselt die Beziehung, weil der Sex nicht genügend häufig, aufregend oder ausgefallen ist?

Mit dieser Huhn-Ei-Frage beschäftigen sich nicht nur die Paare in partnerschaftlichen Krisen intensiv, sondern auch alle, die in der Paar- und Sexualberatung tätig sind. Je nach Standpunkt kommen die unterschiedlichen Betrachter zu unterschiedlichen Schlüssen. Bei den Paaren wird der Standpunkt schnell anhand der Vorwürfe an das Gegenüber deutlich: »Wenn du doch nur …, dann …«.

Bei den Beratenden erkennt man ihre Präferenz an ihren Interventionen, sprich daran, wie sie mit dem Paar versuchen, den entscheidenden Dreh hinzukriegen. Manche Berater fokussieren eher auf die partnerschaftlichen (Kommunikations-)Schwierigkeiten, auf die nicht befriedigten Bedürfnisse in der Partnerschaft und auf die Eskalationsspiralen: Die Leitidee ist, dass durch die Reduktion der zwischenmenschlichen Spannung wieder körperliche Nähe ermöglicht wird. Andere Fachpersonen dagegen nehmen eher die sexuelle Funktionsfähigkeit, den Körper, die Lust und die

Sexualpraktiken ins Visier. Ganz nach dem Motto: Die Lust auf Sex kommt mit der Lust am Sex. Und so führt schlussendlich (guter) Sex zu emotionaler Nähe und Verbundenheit.

Ist es nun wichtig zu verstehen, was den Appetit verdorben hat (resp. immer wieder verdirbt) oder kommt der Hunger mit dem (richtig guten) Essen? Für beide Sichtweisen gibt es eine Reihe empirischer Evidenzen. Wer hat nun recht?

Das Schöne und Bemerkenswerte am vorliegenden Buch ist, dass diese Frage nicht beantwortet wird. Es geht gerade *nicht* darum, den einen oder den anderen Weg zu bevorzugen; es geht nicht darum, die *eine* richtige Antwort auf diese Frage zu finden. Im Gegenteil: Im Vordergrund steht eine integrative, offene Sichtweise, die versucht, die unterschiedlichsten Perspektiven miteinander sinnvoll zu kombinieren, um dadurch einen individuellen und auf das Paar zugeschnittenen Weg zu finden.

Die beiden Autorinnen können aus einem reichen Erfahrungshintergrund schöpfen, sowohl in Bezug auf verschiedenste therapeutische Zugänge als auch in Bezug auf ihre Praxiserfahrung in der Paar- und Sexualtherapie. Und so bringen sie auf eine sehr gelungene und fundierte Art die Themen Partnerschaft und Sexualität zusammen, die ja auch im echten Leben ganz natürlich zusammengehören.

Ich wünsche dem Buch viele interessierte Leserinnen und Leser und diesen wiederum viele Anregungen mit und durch das Buch.

Zürich im Januar 2021
Marcel Schär

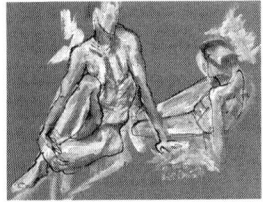

»Vertrautheit« – Zeichnung von der Künstlerin Heidi Reubelt, Abdruck in Schwarzweiß (www.heidireubelt.de).

Vorwort

Liebe LeserInnen/Leser(innen)/Leser*innen/Leser (m/w) ... genau diese Schreibformen möchten wir Ihnen ersparen. Dennoch ist uns eine gendersensitive Sprache wichtig. Daher erlauben wir uns von der »Therapeutin« oder »Beraterin« zu sprechen, was unserer persönlichen Situation als Frauen entspricht. Und es spiegelt auch die Realität in sozialen Berufen, da Frauen hier die Mehrheit sind.

Wichtiger Kommentar: Zum Ausgleich dazu sprechen wir von »dem Klienten« oder »dem Partner«. Die anderen Geschlechter sind immer mitgemeint, ob in der Konstellation Mann-Frau, Frau-Frau, Mann-Mann oder etwas dazwischen.

Neben der Erläuterung unseres Verständnisses einer gendersensitiven Sprache braucht es eine Einordnung der Begriffe »Paarberatung« und »Paartherapie«, die in diesem Buch parallel eingesetzt werden.

Dieses Buch erscheint in der Kohlhammer-Reihe »Psychologische Beratung in der Praxis«. Wir schreiben es für Paarberaterinnen, aber auch für andere Fachleute, die in Kliniken, Beratungsstellen oder in eigener Praxis mit Paaren arbeiten oder zukünftig arbeiten möchten. Im Gegensatz zur »Psychotherapie« sind »Paarberatung« und »Paartherapie« gesetzlich nicht geschützte Angebote und auch schwierig voneinander abgrenzbar. Gerade in der Praxis werden in Beratungen oft therapeutische Elemente eingesetzt und in Therapien beratende. Wir werden in diesem Buch daher die Begriffe Paarberatung und -therapie sowie Paarberaterin und -therapeutin abwechselnd und austauschbar verwenden. Den Unterschied zwischen akuter Krisenberatung und therapeutischen (Entwicklungs-)Prozessen beschreiben wir mit den Begriffen Stabilisierung und Vertiefung bzw. Wachstum, die beide Teile der Arbeit mit Paaren sind. Als Theorie- und Ideenpool für unsere Arbeit verwenden wir therapeutische Konzepte aufgrund ihrer weit größeren Fülle und Evidenzbasiertheit.

Dieses Buch haben wir nicht allein geschrieben, sondern mit Unterstützung von verschiedenen Seiten. Eine besondere Rolle hatte Marcel Schär für uns: Mit Ermutigungen, wertvollen Impulsen und vor allem uneingeschränkter Ansprechbarkeit hat er uns über manche Klippe hinweggeholfen.

Spannende Diskussionen mit Kolleginnen und Kollegen und fachliche Anregungen von vielen haben wesentlich zur Entwicklung des Textes beigetragen. Flurina Hefti sorgte für sprachsensible Verfeinerungen und Kathrin Kastl vom Kohlhammer-Verlag für die professionelle Begleitung und Gestaltung. Herzlichen Dank!

Besonders inspiriert für die Arbeit mit Paaren haben uns einige AusbilderInnen und SupervisorInnen. Unser Dank gilt dabei Karol Bischof und Marielle Sutter, die beide auch Teile des Textes kritisch gegengelesen haben, sowie Guy Bodenmann, Ulrich Clement, Angelika Eck und David Schnarch.

Vor allem aber bedanken wir uns bei unseren Klientinnen und Klienten, die uns wichtige Teile ihres Lebens anvertrauen und mit denen wir uns stetig weiterentwickeln dürfen.

Einführung

Menschen, Paare, Beziehungsdynamiken und Lebenssituationen sind extrem unterschiedlich. Unserer Ansicht nach lohnt es sich nicht, über die beste Methode für die Arbeit mit Paaren oder die beste Therapierichtung zu streiten. Wir brauchen verschiedene Methoden und einen authentischen eigenen Stil, um unsere Klienten wirkungsvoll unterstützen zu können.

In diesem Buch versuchen wir unsere integrative Arbeit auf einem Fundament evidenzbasierter Methoden zu beschreiben. Bei welchem Paar, bei welchem Anliegen, in welcher Phase der Beziehung oder Therapie und in welchem Moment ist welche Methode hilfreich? Was braucht ein eskalierendes Paar, um vor Verletzungen sicher zu sein, was braucht ein distanziertes Paar für erneute Annäherung? Welche Unterstützung hilft einem sexuell lustlosen Partner, um wieder Zugang zum eigenen Begehren zu finden? Ein einzelner therapeutischer Ansatz kommt hier an seine Grenzen. In der Praxis braucht es verschiedene Methoden und ein Modell, in das die Tools stimmig integriert sind.

Wir beiden Autorinnen sind beruflich recht unterschiedlich sozialisiert. Zu Beginn unseres Buchprojektes fragten wir uns zunächst, ob unsere Unterschiedlichkeiten nicht zu groß seien, um unser Vorgehen in der Paartherapie einheitlich zu beschreiben. Bei der Arbeit kristallisierte sich dann aber heraus, dass wir übereinstimmende Haltungen, Grundprinzipien und sogar Interventionsstrategien haben. Wir denken beide schulen- und themenübergreifend und lassen uns von den Fragen leiten: Wo steht dieses Paar miteinander in diesem Moment? Wie geht es den beiden Einzelpersonen, was belastet und schmerzt sie? Welche Rolle spielt die Sexualität in der Paarbeziehung? Und welche Methode könnte passend und hilfreich sein, damit die Partner in einen echten Kontakt mit sich selbst und miteinander kommen können? Die vorgestellten Theorien, Studien und Methoden zeigen unsere persönliche Auswahl und basieren auf unseren beruflichen Erfahrungen.

Aufbau des Buches

Im ersten Teil des Buches betrachten wir zunächst die Situation von Paaren in unserer Gesellschaft. Wir stellen Erkenntnisse der Paarforschung vor zur Frage, was Paare glücklich und was sie unglücklich macht. Wir beleuchten zentrale sexuelle Themen von Paaren wie Lustlosigkeit oder Außenbeziehungen und fokussieren uns dabei immer mehr von einem weiten gesellschaftlichen Blick über die Betrachtung der Paarbeziehung bis hin zu einem Verständnis internaler Dynamiken im Menschen.

Im zweiten Teil reflektieren wir die paar- und sexualtherapeutischen Theorien und Behandlungsansätze, die die Basis für unsere Arbeit darstellen, und veranschaulichen die Integration dieser Ansätze in unserem Stabilisierungs-Wachstumsmodell. Dieses Modell orientiert sich an dem neurobiologischen Axiom, dass es zuerst Sicherheit und Stabilisierung braucht, bevor Wachstum und Entfaltung möglich sind.

Der dritte Teil des Buches beschreibt die Praxis der Arbeit mit Paaren. Wir zeigen, wie man einen sicheren Rahmen schaffen und eine stabile, warme und tragende Beziehung aufbauen kann. Wir beschreiben, wie man die eskalierte Paardynamik zuerst stabilisieren und damit eine Beruhigung der übererregten autonomen Nervensysteme erreichen und anschließend vertieft an den Themen des Paares arbeiten kann. Zentral sind dabei die Selbstregulation der Partner und die partnerschaftliche Regulation. Aber auch die Sexualität, traumatische Erlebnisse und Verletzungen durch eine Außenbeziehung können zum Inhalt der therapeutischen Arbeit werden. Im gesamten Prozess leitet uns der Gedanke, sowohl den Kontakt der Personen zu sich selbst als auch zueinander zu fördern. Es ist uns ein Anliegen, Kolleginnen und Kollegen, die an der Paararbeit interessiert sind, zu ermutigen, ihre bereits erlernten Methoden zu nutzen und mit den hier vorgestellten Möglichkeiten zu ergänzen. So kann sich ein eigener Stil entwickeln, der sich stimmig anfühlt und dadurch authentisch und kongruent ist.

Teil I: Hintergründe

Im ersten Teil dieses Buches geht es um die Hintergründe von Partnerschaft und Sexualität: Wir beginnen mit einem Blick auf die Gesellschaft, also auf die Welt, in der Paare leben, und fokussieren uns dann immer mehr: Zuerst schauen wir durch die Brille der Paar- und Sexualforschung auf Partnerschaften und werfen anschließend einen Blick »ins Schlafzimmer«. Schließlich schauen wir »in die Person hinein«, beschäftigen uns mit zentralen Funktionen des Gehirns und Nervensystems und versuchen dabei die Auswirkungen auf das Beziehungsverhalten und die Sexualität besser zu verstehen.

Dabei begleiten uns folgende Fragen:

- Wie lieben und worunter leiden Paare?
- Wodurch wird eine Beziehung schwierig?
- Welche Partnerschafts- und Sexualprobleme sind »normal«?
- Und wie erhalten Paare ihre Zufriedenheit in der Partnerschaft und Sexualität?

1 Blick auf die Gesellschaft

Eine Partnerschaft ist kein abgeschlossenes, autarkes System. Wir Menschen interagieren ständig mit unserer Umwelt und werden umgekehrt von ihr beeinflusst. Das macht auch Partnerschaften zu hochkomplexen Gebilden.

Im ersten Kapitel beschreiben wir den Kontext, welcher die Paare, die in die Paarberatung kommen, umgibt. Wie wirkt sich der gesellschaftliche Wandel auf Partnerschaften aus? Welches sind die Themen, mit denen wir in Paartherapie und Beratung konfrontiert sind?

1.1 Bindung und Autonomie – ein Dilemma

Menschen sind soziale Wesen. Sie streben nach Sicherheit und stabiler zwischenmenschlicher *Bindung*. Nur so können sie sich entfalten und wachsen. Ohne Spiegelung und Co-Regulation durch einen liebevollen Anderen ist unser menschliches System in stetiger Alarmbereitschaft und kann sich nicht entwickeln (Dana, 2019).

Entsprechend waren die Strukturen früher Gesellschaftsformen vor allem dem Überleben in einer gefährlichen Welt geschuldet. Es entwickelten sich Sippen, die das Leben des Individuums vor Naturgewalten, Feinden und Tieren schützten. Existenzielle Bedürfnisse nach Nahrung, Wärme und Sicherheit mussten zuerst versorgt werden.

In den vergangenen Jahrhunderten ging es dann aber für viele Menschen nicht mehr hauptsächlich um das blanke Überleben in einer feindlichen Welt. Sie hatten sichere Behausungen, sorgten durch Anbau und Handel für eine die Grundbedürfnisse abdeckende, zuverlässige Ernährung und konnten sich somit höherrangigen Bedürfnissen zuwenden: Zunehmend zeigten sich soziale Anliegen nach Zugehörigkeit, Bindung und Bestätigung. Innerhalb gesellschaftlicher Schichten entstanden institutionalisierte Formen von Beziehungen wie etwa arrangierte Ehen, um den Besitz zu sichern und zu mehren.

In unserer hochentwickelten westlichen Welt sind diese Anliegen ebenfalls weitestgehend gesichert; es treten noch höherrangige Ziele auf den Plan: Der zivilisierte Mensch strebt nach individueller Bedürfnisbefriedigung und *Selbstverwirklichung*.

Konnten Partnerschaften des 18. und 19. Jahrhunderts sich noch an relativ verlässlichen Regeln orientieren, entstand in der Moderne ein neuartiger Heiratsmarkt: Ehen wurden kündbar und Partnerwahlkriterien subjektiv. Geliebt wurde nicht mehr nur in den eigenen Reihen, sondern quer durch die Gesellschaft. Kriterien wie physische Attraktivität, Persönlichkeit oder erotische Anziehung eines Menschen wurden zu maßgebenden Orientierungsgrößen für die Partnerwahl. Sie bestimmen heute den partnerschaftlichen »Tauschwert«. Gemäß der Soziologin Eva Illouz lieben wir heute nach den Regeln des Konsums (2012).

Was bedeutet das für die Stabilität von Bindungen? Während im Jahr 1992 sieben von 1000 bestehenden Ehen geschieden wurden, endeten 2019 elf von 1000 Ehen vor dem Scheidungsrichter (Statistisches Bundesamt, 2020). Auffällig ist dabei, dass sich Paare später als in früheren Jahren scheiden lassen: Im Jahr 1992 war die Dauer der geschiedenen Ehen im Durchschnitt elf Jahre und sechs Monate. Im Jahr 2011 endeten die Ehen dagegen durchschnittlich nach 14 Jahren und sechs Monaten. Die Anzahl der Paare, die sich nach einer langen Ehedauer scheiden lassen, ist also angestiegen. »Die erste große Trennungswelle in deutschen Großstädten kommt nach vier Ehejahren, die zweite nach fünfundzwanzig und die dritte nach der goldenen Hochzeit« (Schönberger, 2016, S. 36).

Doch das ist es nicht, was viele Menschen wollen – weder alt noch jung: Jugendstudien haben wiederholt gezeigt, dass Familie, Partnerschaft und soziale Beziehungen die wichtigsten Wertorientierungen junger Menschen sind. Die »bürgerliche Normalbiografie« ist das neue Leitmotiv (Albert et al., 2019; Calmbach et al., 2020). Auch eine Berner Studie belegt, dass offene oder polyamore Liebesbeziehungen gegenüber 81 % monogamen

Beziehungen eher ein Schattendasein führen (Borgmann, Gloor & Spahni, 2019).

Die *Bindungstheorie*, welche Erkenntnisse aus der Entwicklungspsychologie und Bindungsforschung zusammenfasst, belegt, dass Menschen ein angeborenes Bedürfnis haben, enge, gefühlsintensive Beziehungen aufzubauen. Den meisten Menschen gelingt das auch; sie können als sicher gebunden bezeichnet werden. In der Berner Studie weisen 65 % der Frauen und 70 % der Männer eine sichere Bindung auf. Diese Menschen sind mit ihrer Beziehung und auch mit ihrer Sexualität zufriedener als unsicher gebundene Menschen (ebd.).

Bei den unsicher gebundenen Personen zeigte sich in der Studie wie auch in anderen Forschungsarbeiten ein Geschlechterunterschied. Frauen weisen im Durchschnitt eine höhere Bindungsangst auf als Männer: Sie fürchten sich davor, abgelehnt zu werden und sind sehr auf die Bestätigung durch andere sowie die Verfügbarkeit und Erreichbarkeit des Partners angewiesen. Unsicher gebundene Männer hingegen zeigen eher Bindungsvermeidung: Sie haben ein ausgeprägtes Bedürfnis nach Eigenständigkeit und vermeiden Abhängigkeit und eine zu starke Intimität. Es fällt ihnen schwer sich zu öffnen (Borgmann et al., 2019).

Das Bedürfnis nach Bindung und der gleichzeitige Wunsch nach Autonomie führt bei vielen Menschen zu einer Bedürfniskollision: Sie sehnen sich einerseits nach Stabilität, Sicherheit und Treue und suchen andererseits individuelle Bedürfnisbefriedigung und Selbstverwirklichung. Die Lösung ist für viele Menschen ein Trend zur seriellen Monogamie. Das heißt, sie gehen von einer treuen, verbindlichen Partnerschaft in die nächste. Ein anderer – oft unbewusster – Lösungsversuch für diesen Zweispalt ist das Eingehen von Außenbeziehungen (▶ Kap. 2.1).

1.2 Geschlechterrollen und Gleichberechtigung

Oberflächlich betrachtet ist die Gleichberechtigung zwischen Mann und Frau heute verwirklicht. Frauen machen Karriere, Männer kümmern sich um die Kinder und beide bringen den Müll raus. Männer und Frauen streben eine Partnerschaft ans, in der sie sich gleichberechtigt um die Familie kümmern und Karriereschritte sowie Familienzeiten gemeinsam aushandeln können (Bundesministerium für Familie, 2016).

Doch der Schein trügt. In der Realität besteht ein Machtgefälle zulasten der Frauen (Schneider, 2017). Zwar beginnen Partnerschaften heutzutage mit einer egalitären Vorstellung von familiärer Arbeitsteilung; der Wunsch einer Partnerschaft auf Augenhöhe wird aber oftmals spätestens mit der Elternschaft enttäuscht. Denn häufig ist es so, dass Paare nach der Geburt des Kindes in eine traditionelle Arbeitsteilung zurückfallen. Man spricht von einer Traditionalisierungsfalle, welche möglicherweise durch das Familien-, Sozial- und Steuerrecht begünstigt wird (Bundeszentrale für politische Bildung, 2020). Frauen sind wieder ökonomisch abhängig, da sie den hauptsächlichen Teil der nicht entlohnten Familienarbeit tragen.

Empirisch zeigt sich, dass das »Ernährermodell« in Deutschland zwar seltener wird, aber weiterhin noch häufig anzutreffen ist. Am weitesten verbreitet ist das »modernisierte Ernährermodell«, bei dem der Mann vollzeit- und die Frau teilzeiterwerbstätig ist. 2017 lebten 72 % aller Ehepaare und 54 % der nichtehelichen Lebensgemeinschaften dieses Modell. Das verbreitetste Erwerbsmuster ist die Kombination Mann Vollzeit- und Frau Teilzeittätigkeit (Bundeszentrale für politische Bildung, 2020). Laut dem Statistischen Bundesamt üben nur 26 % der Ehefrauen und 41 % der Lebenspartnerinnen ihre Erwerbstätigkeit in Vollzeit aus. Ehemänner waren mit 92 % am häufigsten erwerbstätig. Von den Lebenspartnern übten 90 % eine berufliche Tätigkeit aus (Statistisches Bundesamt, 2019).

Ab der Lebensmitte kommt es zu einer starken Veränderung der Geschlechterrollen, die in der Fachliteratur als Androgynie oder *Gender crossover* bezeichnet wird: Aufgrund hormoneller Veränderungen und der veränderten Lebenslage werden Männer ruhiger, häuslicher und lassen ihre eher »weiblichen« Seiten zu, während Frauen durchsetzungsstärker, weniger kompromissbereit und unabhängiger werden. »Die Hälfte der Frauen ab 55 will ein eigenes Zimmer, sie möchten mindestens einen Abend in der Woche für sich allein oder mit Freundinnen verbringen«, sagt der Paartherapeut Krüger (2016, S. 41). Balanceprozesse zwischen individueller und gemeinsamer Entwicklung werden in diesem Lebensabschnitt auf eine harte Probe gestellt (Perrig-Chiello, 2017).

In Fragen der Geschlechterrollen sind homosexuelle Partnerschaften im Vorteil: Die Gleichgeschlechtlichkeit befreit von traditionellen Rollenvorstellungen. So berichten schwule und lesbische Paare übereinstimmend, dass passendere Rollen ausgehandelt und Aufgaben stärker nach Vorlieben und eigenen Stärken verteilt werden, und dass dadurch größere Zufriedenheit erreicht wird (Göth & Kohn, 2014).

1.3 Gleichgeschlechtliche Paare und Transgender

In der Paartherapie und -beratung haben wir es zunehmend mit gleichgeschlechtlichen Paaren sowie Menschen zu tun, die sich nicht binär geschlechtlich verorten können oder wollen. Es macht also Sinn, sowohl bei der sexuellen Orientierung (lesbisch, schwul, bi, hetero …) als auch bei der Geschlechtsidentität (weiblich, männlich, divers) von fließenden Übergängen auf einem Kontinuum, anstatt von polarisierenden Hauptkategorien auszugehen.

Betroffene achten hier sensibel auf die Einstellung ihrer Therapeutinnen. Sie befürchten zurecht Moralisierungen und Pathologisierungen, die nichts mit ihrem Anliegen zu tun haben. Denn wir alle haben Vorstellungen davon, was bezogen auf unsere Geschlechterrolle und Partnerschaft als »normal« gilt. Paarberaterinnen sind also gut darin beraten, Genderfragen auch für sich selbst zu reflektieren.

Homosexualität: Ein homosexuelles Paar besteht in der Regel aus zwei heterosexuell sozialisierten Individuen in einer heterosexuell normierten Gesellschaft. Praktisch jeder Homosexuelle muss sich mit seiner eigenen internalisierten Homonegativität auseinandersetzen. Der Prozess der Findung einer (Geschlechts-)Identität ist bei ihnen – wie bei Transgendern – praktisch immer intensiver als der von Heterosexuellen. Nichts ist selbstverständlich. Die erste oder die große Liebe – so sie homosexuell ist – bedeutet oft Angst statt Anerkennung, Geheimhaltung statt Stolz und Außenseitertum statt Zugehörigkeit. Auch folgt die Rollenfindung innerhalb der Partnerschaft keinen traditionellen Regeln und muss selbst definiert werden.

Das spätere Beziehungssystem gleichgeschlechtlicher Paare gestaltet sich darum meist anders als das von heterosexuellen Paaren. Sie orientieren sich oft an einer Gay Community und neben der Herkunftsfamilie entstehen vielfältige Formen von Wahlfamilien (Symalla & Walther, 1997).

Mehrere Untersuchungen belegen die hohe, teilweise auch höhere, Zufriedenheit homosexueller Paare mit ihrer Partnerschaft gegenüber heterosexuellen Paaren (Göth & Kohn, 2014).

Die Anliegen, mit denen Schwule und Lesben in die Beratung kommen, unterscheiden sich auf den ersten Blick nicht sehr von den Themen heterosexueller Paare: Es geht um Identitätsfindung, um Ablösung von der Herkunftsfamilie, um Bindung, Stabilität und Sicherheit und darum, zueinander zu stehen. Bei genauerer Betrachtung finden diese Themen hier jedoch besondere Ausprägungen.

Etwa ein Drittel der schwulen Paare lebt in langfristigen nicht-monogamen Beziehungen, die dennoch durch Offenheit und Vertrauen gekennzeichnet sind. Andere Studien zeigen, dass gut die Hälfte der schwulen Paare monogam und die andere Hälfte in Varianten offener Beziehungen leben (Göth & Kohn, 2014). Auch bei lesbischen Frauen scheint es variable Beziehungsformen zu geben, wobei bei ihnen ein Trend zur seriellen Monogamie zu verzeichnen ist. In verschiedenen Quellen werden lesbische Frauen auch als Vorreiterinnen der Polyamorie-Bewegung bezeichnet (Göth & Kohn, 2014).

Die Sexualität gleichgeschlechtlicher Paare ist oft geprägt von fehlenden oder einseitigen Rollenvorbildern. Das beinhaltet einerseits die Chance zu offener Exploration und Entwicklung persönlicher Vorlieben, andererseits aber auch Risiken, beispielsweise der Gesundheit.

Zwei Themen sind dabei insbesondere in der Paartherapie relevant: So muss sich jeder schwule Mann mit dem Thema HIV und AIDS auseinandersetzen. HIV und AIDS werden damit zum »kollektiven Trauma« aller schwulen Männer (Dannecker, 1990). Der Serostatus, also der Befund des Auftretens bestimmter Antikörper im Immunsystem, wird oft zum Gradmesser für Rollen- und Machtunterschiede. Jede Person muss einen Umgang mit dem eigenen Serostatus und jedes Paar eine für beide passende Bewältigung damit finden (ebd.).

Zum anderen sind sexuelle Gewalterfahrungen ein wichtiges Thema, das insbesondere lesbische Partnerschaften betrifft. Denn dadurch, dass Frauen statistisch häufiger Opfer sexualisierter Gewalt werden, ist auch die Wahrscheinlichkeit höher, innerhalb der Partnerschaft mit sexueller Traumatisierung konfrontiert zu sein. Die Betroffenheit von sexueller Gewalt kann weitreichende Folgen für die Entwicklung der eigenen sexuellen Identität haben, da sie nicht nur durch männliche Geschlechtsorgane, sondern auch durch eigenes Erleben getriggert werden kann (▶ Kap. 2.1). Innerhalb der lesbischen Community und auch aufgrund weiblich sozialisierter Eigenschaften gibt es eine große Offenheit, Verständnis und Bemühungen, das Thema zu enttabuisieren. Eine besondere Herausforderung lesbischer Frauen ist allerdings die umgekehrte gesellschaftliche Zuschreibung, »nur« aufgrund unbewältigter Gewalterfahrungen oder Männerhass lesbisch geworden zu sein.

Transsexuelle oder *Transgender* sind Menschen, die sich in ihrem Gefühl der Geschlechtszugehörigkeit nicht binär als Frau oder Mann definieren können oder wollen oder dort falsch verortet fühlen. Sie fürchten oft die Stigmatisierung durch professionell Beratende – aber auch Unkenntnis, wodurch sie oft mit Homosexuellen verwechselt werden. Zur Unterscheidung: Lesben erleben sich in der Regel als Frauen, Schwule als Männer und beide fühlen sich aufgrund ihrer sexuellen Präferenzen zum gleichen Geschlecht hingezogen. Transsexuelle hingegen fühlen sich im falschen Körper, auch wenn sie aufgrund ihrer Geschlechtsorgane von klein auf ihrem biologischen Geschlecht zugeordnet wurden.

Das Leben »im falschen Körper« kann massive Spannungen innerhalb der eigenen Persönlichkeit erzeugen. Ist der erste Schritt des Comingout bewältigt und wird eine Angleichung des Körpers mit der gefühlten Geschlechtsidentität begonnen, kann es zu heftigen Problemen im sozialen Umfeld und insbesondere der Partnerschaft kommen. Je stimmiger der eigene Körper aufgrund medikamentöser oder chirurgischer Interventionen wird, umso unstimmiger kann dies der Partner, der ja keine homosexuelle Beziehung gesucht hat, erleben. Gesellschaftlich handelt es sich um ein aktuelles Thema; da es jedoch noch wenig Literatur, evidenzbasierte Forschung und auch in unseren Praxen nur vereinzelte Erfahrungen mit der Thematik gibt, werden wir hier nicht vertieft darauf eingehen.

1.4 Sexfreundliche, aber berührungsfeindliche Gesellschaft

»We're oversexed but underfucked« (von Schirach, 2007) bezeichnet das sexuelle Dilemma unserer Zeit. Sex in jeglicher Form ist omnipräsent, wird als Standard präsentiert und hat aber mit dem wirklichen Leben wenig zu tun. Die meisten Jugendlichen sehen Pornos, bevor sie eigene sexuelle Erfahrungen machen. Medienbilder favorisieren schnellen Sex und Sex als Konsumgut. Es wird als normal angesehen (viel) Sex zu haben und Erfahrungen mit Oral-, Analverkehr, Sex-Toys oder Bondage gelten als erstrebenswert.

Was einerseits befreit und neue Erfahrungsdimensionen eröffnen könnte, setzt Frauen wie Männer andererseits unter Druck: Genitalien und Körper werden verglichen, Leistungsfähigkeit und Ausdauer werden zum Maßstab für guten Sex, Ziele sollen erreicht werden. Nach Illouz (2013) ist diese Kultur sexueller Leistung der Grund, weshalb Menschen ihre Lust aufgeben.

Gleichzeitig gibt es in unserer immer stärker individualisierten Welt auch ein Bedürfnis nach echtem Kontakt, gemeinsam verbrachter Zeit und körperlicher, zärtlicher Berührung. Die Not und Sehnsucht nach Berührung sind so groß, dass Ärzte von Patienten berichten, welche um ein weiteres EKG bitten, weil »das letzte so gutgetan habe« (Hirschhausen, 2017).

Auch hinter dem Bedürfnis nach Sex steht oftmals ein Bedürfnis nach Nähe, Trost und Umarmung (Zilbergeld, 2000).

2 Blick in Partnerschaften

Nach einem Blick auf die gesellschaftliche Situation fokussieren wir nun unseren Blick auf Partnerschaften. In diesem Kapitel tragen wir für die Themen dieses Buches bedeutsame Studienergebnisse zusammen – wir blicken also durch die Brille der Paarforschung auf die Fragen: Worunter leiden Paare, die in die Beratung oder Paartherapie kommen, was macht sie unglücklich? Und was dagegen macht Paare glücklich?

2.1 Partnerschaftsprobleme

Während Männer bei Partnerschaftsproblemen zunächst still leiden, sind es in 80 % der Fälle die Frauen, die Beziehungsprobleme ansprechen (Gottman & Silver, 2017).

Zu den häufigsten – auch in Paarberatungen präsentierten – Problemen gehören *Kommunikationsschwierigkeiten*. Viele Paare können nicht mehr miteinander reden, ohne dass es eskaliert, oder sie sind nahezu verstummt.

Eine Schweizer Studie, in der nach Trennungsgründen in langjährigen Ehen gefragt wurde, zeigt, dass viele Frauen sich allein gelassen fühlen und die emotionale Unterstützung des Partners und das gemeinsame Lösen von Problemen vermissen. Die jüngere Männergeneration ist von den Kommunikationsschwierigkeiten allerdings weniger betroffen, sie teilen sich eher mit als ihre Väter (Perrig-Chiello, 2017).

John Gottman beschreibt vier Kommunikationsformen, die Partnerschaften auf Dauer zerstören. Er nennt sie »die schlimmsten Vier« oder die »Apokalyptischen Reiter« (2014):

1. Globale Kritik: Vorwürfe, Anklagen und Verurteilungen, insbesondere Verallgemeinerungen in Bezug auf die Persönlichkeit (z. B.»Du bist schon immer egoistisch gewesen!«)
2. Defensivität: Rechtfertigung, Gegenvorwürfe, Schuldzurückweisung und Beharren auf der eigenen Position (»Du bist doch auch nicht besser! Aber du...«)
3. Verächtlichkeit: zynische Worte, herablassender Tonfall, abfällige Mimik, den anderen lächerlich machen oder verspotten
4. Mauern: den anderen ignorieren, sich verschließen, den anderen »abprallen« lassen, die Kommunikation einseitig abbrechen

Auffällig ist, dass ungünstige Kommunikationsmuster unter Stress häufiger auftreten. Bodenmann hat auf die Bedeutsamkeit des Stresses für Partnerschaften hingewiesen: Stress, der außerhalb der Partnerschaft wie etwa bei der Arbeit entsteht und nicht ausreichend bewältigt wird, kann auf die Beziehung »überschwappen«. Konflikte und eine Verschlechterung der Partnerschaftszufriedenheit sind die Folgen (2015).

Auch die Berner Studie bestätigt diese Zusammenhänge: Menschen, die unter Stress stehen, sind eher unzufrieden mit ihrer Partnerschaft. Häufiger auftretende Konflikte erzeugen dann weiteren Stress, Teufelskreise entstehen. Davon ist auch die Sexualität betroffen: Mit zunehmendem Stress sinkt die Zufriedenheit mit der sexuellen Beziehung (Borgmann et al., 2019).

Besonders belastend sind auch stabile schwierige Persönlichkeitseigenschaften des Partners wie Neurotizismus, also die Tendenz zu Ängsten, Traurigkeit, Schuldgefühlen und Ärger, oder Veränderungen aufgrund von Alkoholproblemen und Depressionen (Karney & Bradbury, 1995; Lee & Sbarra, 2013; Amato & Previti, 2003; Whisman, 2007). Ein konstruktiver Austausch ist kaum noch möglich und es kommt zu andauernden Konflikten. Viele Partner halten es lange in derart schwierigen Beziehungen aus. Im Laufe der Jahre stoßen sie dann aber an ihre Grenzen, bringen die

Bereitschaft, ihr Leiden zu ertragen, nicht mehr auf und beenden die Partnerschaft.

Während Frauen die mangelnde Kommunikationsfähigkeit ihrer Männer beklagen, geben mehrheitlich Männer den Aspekt der Entfremdung als Grund für Partnerschaftsunzufriedenheit an. Sie nehmen unterschiedliche Entwicklungen, auseinandergehende Werthaltungen und Lebensstile wahr und erleben ihre Partnerinnen als nicht genügend anpassungs- und veränderungsbereit (Margelisch & Perrig-Chiello, 2016).

Wir fragen uns, welche Rolle die sexuellen Bedürfnisse bei den unterschiedlichen Entwicklungen und auseinandergehenden Lebensstilen spielen. Denn wie wir noch genauer sehen werden, leiden insbesondere Männer unter seltenem oder unbefriedigendem Sex. Für viele Männer hat die Sexualität eine große Bedeutung für ihre Partnerschaftszufriedenheit und eine Auseinanderentwicklung der sexuellen Lust ist daher vermutlich ein erheblicher Faktor für ihr Gefühl der Entfremdung (▶ Kap. 3.1).

In gut einem Drittel der Paarbeziehungen kommt es zu *Außenbeziehungen*, wobei Männer und Frauen nahezu gleich häufig fremdgehen. Selbst in Paarbeziehungen, die sich als glücklich beschreiben, wird fremd gegangen (Schmidt et al., 2003; Kröger, 2010).

Die meisten Männer und auch mehr als die Hälfte der Frauen begründen eine Außenbeziehung mit dem »Reiz des Neuen« (Schmidt et al., 2006). Wer dem Reiz erliegt, wird von persönlichen Werthaltungen bestimmt: Eine permissivere Moral und geringere Religiosität begünstigen Außenbeziehungen (Fincham & Beach, 2010).

Verschiedene Studien zeigen eine Kombination unterschiedlicher Faktoren: Neben der Partnerschaftsgeschichte und -qualität spielt die persönliche Biografie eine Rolle. Weiterhin wirken sich Persönlichkeitsfaktoren wie etwa emotionale Instabilität, ein geringes Selbstwertgefühl, Unzufriedenheit, höhere Depressivitätswerte oder eine geringere Gewissenhaftigkeit aus. Begünstigend zeigen sich – vor allem beim Mann – ein höheres Einkommen und beruflicher Status sowie körperliche Attraktivität. Diese Faktoren erleichtern es auch, geeignete Gelegenheiten zu finden (Von Sydow & Seiferth, 2015).

Frauen wie Männer finden eine Liebesbeziehung des Partners belastender als reine sexuelle Untreue (Tagler & Gentry, 2011). Jene führt auch häufiger zu Trennungen als sexuelle Affären.

Ein weiteres Thema, welches es bei einem Blick auf Partnerschaften zu berücksichtigen gilt, ist die häusliche Gewalt., von der insbesondere Frauen betroffen sind. Jede dritte Frau erlebt im Laufe ihres Lebens physische und/oder sexualisierte Gewalt. Laut dem Bundeskriminalamt (2020) ist die häusliche Gewalt seit 2014 jährlich angestiegen. Etwa die Hälfte der Opfer von vollendeter und versuchter Partnerschaftsgewalt lebte im gemeinsamen Haushalt mit der tatverdächtigen Person. Von den Opfern waren ca. 80 % weiblich und ca. 20 % männlich.

In der freien Beratungspraxis stellt häusliche Gewalt einen Sonderfall dar. Wenn wir von häuslicher Gewalt in der Partnerschaft erfahren, ist unsere Haltung systemisch und allparteilich – aber wir beziehen eine unmissverständliche Position: Wir akzeptieren die Person; das gewalttätige Verhalten dagegen ist inakzeptabel und muss beendet werden. Das Paar muss den sofortigen Ausstieg aus der Eskalation lernen (▶ Kap. 10.2). Ein weiteres wichtiges Element ist das Erlernen von Selbstregulation (▶ Kap. 11.1) in Einzeltherapien oder Antiaggressionstrainings. Da allerdings schnell gehandelt werden muss, überweisen wir Betroffene häufig an Fachstellen wie Opfer-, Frauen- und Männerberatungsstellen. Sind Kinder in die Gewalt involviert und es droht ihnen Gefahr, so müssen in Deutschland das Jugendamt, in der Schweiz die Kindes- und Erwachsenenschutzbehörde (KESB) oder die Polizei einbezogen werden.

2.2 Glückliche Partnerschaften

Betrachten wir nun die Paare, die trotz der Herausforderungen des Alltags glücklich oder zufrieden mit ihrer Partnerschaft sind. Was machen diese Paare laut Paarstudien anders? Warum schwappt Stress bei ihnen nicht auf die Partnerschaft über? Wie bewältigen sie die Belastungen des Alltags und wie kommunizieren sie?

Glückliche Paare scheinen etwas Grundlegendes verstanden zu haben: die Wichtigkeit des Perspektivenwechsels, also die Fähigkeit zur Empathie. Sie können sich in den Partner einfühlen und ihn mit seinen Bedürfnissen ernst nehmen (Arriga & Rusbult, 1998). Grundsätzlich geht es in einer Partnerschaft um die Bedürfnisse nach Sicherheit und Stabilität, Verbundenheit und Nähe, Wertschätzung und Akzeptanz sowie nach Zärtlichkeit und Sexualität und nach persönlichem Wachstum. Das Ausmaß eines bestimmten Bedürfnisses ist von Mensch zu Mensch unterschiedlich.

Damit die Bedürfnisse der beiden Partner möglichst umfassend erfüllt werden und eine Partnerschaft stabil bleibt, braucht es das Commitment beider Partner. Commitment bedeutet hier die Entscheidung, sich für die Beziehung engagieren zu wollen, um sie längerfristig aufrechtzuerhalten (Drigotas, Rusbult & Verette, 1999). Das kann z. B. heißen:»Ich will es mit dir schaffen und mich für unsere Beziehung einsetzen – selbst, wenn es manchmal schwierig ist«.

Auch der Umgang miteinander ist bei glücklichen Paaren anders: Sie gehen grundsätzlich feinfühlig und achtsam miteinander um (Rusbult, Finkel & Kumashiro, 2009). Sie halten mehr Blickkontakt als unglückliche Paare, lächeln einander häufiger an, sprechen mit warmer, zärtlicher Stimme und vermitteln dem Partner, dass sie ihn und seine Äußerungen respektieren (Bradbury & Karney, 2010). Negative Verhaltensweisen werden durch positive ausgeglichen: Einem negativen Kommunikationsereignis, wie etwa einem Vorwurf, Jammern oder einer Provokation, stehen fünf positive Verhaltensweisen, wie etwa ein Lächeln, Interesse oder Zärtlichkeiten, gegenüber (Gottman, 2014).

Bei Belastungen durch den Alltag zeigen glückliche Paare Fähigkeiten zur dyadischen, d. h. partnerschaftlichen, Stressbewältigung: Die Partner tauschen sich regelmäßig persönlich aus, berichten einander von ihren Belastungen und den damit einhergehenden Gefühlen; sie unterstützen sich gegenseitig emotional und auch problembezogen, d. h. durch praktische Hilfe (Kessler, 2015). Die gemeinsame Bewältigung von Stress wirkt sich positiv auf die Partnerschaft – und auch auf die Gesundheit der Partner – aus (Meuwly et al., 2012).

Tiefes Verstehen ist wesentlich, um zu wissen, welche Bedürfnisse der Partner hat, welche Art der Unterstützung er braucht, und auch, um eine Partnerschaft als erfüllend zu erleben (Bradbury & Karney, 2010). Glückliche Paaren zeigen mehr Selbstöffnung – sie sprechen über tiefe Gefühle und Bedürfnisse – hören sich gegenseitig aufmerksamer zu, geben einander weniger Ratschläge und mehr emotionale Unterstützung als unglückliche

Paare. Dieses weist auf ein gegenseitiges tieferes Verstehen hin (Kuhn, 2017).

Eine weitere Form der Unterstützung, durch die sich glückliche Paarbeziehungen auszeichnen, ist, dass die Partner auf die Stärken des anderen fokussieren. Sie unterstützen sich gegenseitig in ihrem persönlichen Wachstum, indem sie einander helfen, die jeweiligen Stärken weiterzuentwickeln, sich gegenseitig ermutigen und positive Rückmeldungen geben. Sie machen nicht den Fehler, den Partner nach den eigenen Vorstellungen verändern zu wollen, und sie ermöglichen neue Entwicklungen, ohne den anderen aufgrund eigener Ängste einzuschränken (Rusbult et al., 2009).

Zur Regulation von Gefühlen spielen körperliche Berührungen im Alltag glücklicher Paare eine wichtige Rolle: Nicht nur die Stimmung des Empfangenden wird durch kleine Zärtlichkeiten angehoben, sondern auch die des Gebenden. Gleichzeitig stärkt die Ausschüttung verschiedener Hormone die Bindung, was umgekehrt wieder Auswirkungen auf die partnerschaftliche Nähe und Intimität und damit die Partnerschaftszufriedenheit hat (Debrot et al., 2013)

Im »Haus der Partnerschaft« fassen wir die Erkenntnisse der Paarforschung über glückliche Partnerschaften zusammen (▶ Abb. 2.1). Die sechs Säulen stellen die beschriebene Haltung der Partner dar und die Ebenen des Daches den Umgang miteinander. Das Gebäude steht auf dem Fundament der psychischen Stabilität beider Partner. Denn Partnerschaften, in denen beide Partner psychisch stabil sind, haben gute Voraussetzungen (▶ Kap. 2.1).

Der Schornstein des Hauses symbolisiert die angemessenen Erwartungen: Es hat sich als günstig für die Partnerschaftszufriedenheit herausgestellt, keine überzogenen Erwartungen an Liebe, Sexualität und Partnerschaft zu haben, sondern diese den jeweiligen Lebensumständen anpassen zu können. Der Paartherapeut Arnold Retzer bezeichnet diese Fähigkeit als »resignative Reife« (Retzer, 2009). Glückliche Paare verstehen Probleme und Krisen als unvermeidbare Bestandteile der Beziehung, an denen gearbeitet werden muss. »Die besten Karten haben jene, die dies nicht als lästige, störende Übung ansehen, sondern vielmehr als eine spannende Aufgabe, in der man die Chance hat, sich gegenseitig immer wieder neu kennenzulernen und weiterzuentwickeln« (Perrig-Chiello, 2017, S. 176).

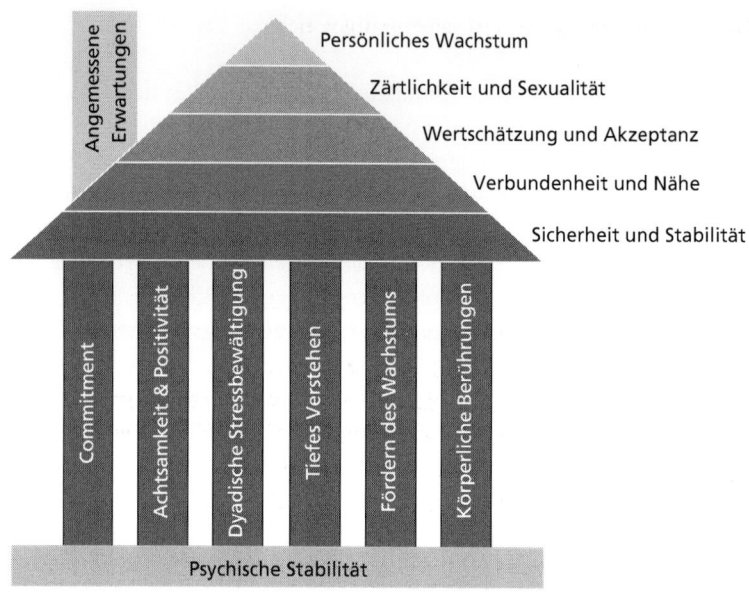

Abb. 2.1: Das Haus der Partnerschaft

3 Blick ins Schlafzimmer

Wir haben uns in den vorangegangenen Kapiteln mit dem gesellschaftlichen Kontext befasst und danach sowohl auf verbreitete Partnerschaftsprobleme als auch auf glückliche Partnerschaften geschaut. Nun fokussieren wir uns auf das Sexualleben der beiden Partner: Wie leben sie ihre Sexualität oder auch nicht? Wie »ticken« Menschen sexuell? Was löst sexuelle Lust aus? Aber auch: Was sind die Stolpersteine für eine befriedigende sexuelle Begegnung?

Der Blick ins Schlafzimmer mithilfe der Forschung ist nicht einfach. An Studien zur Sexualität nehmen eher jüngere, liberal eingestellte und sexuell erfahrene Menschen teil, die ihre Sexualität eher als unproblematisch erleben. Menschen mit größeren Problemen oder weniger sexuellen Erfahrungen vermeiden Studien oder Fragen zur Sexualität eher (Von Sydow & Seiferth, 2015). Daher können die folgenden Resultate zur sexuellen Zufriedenheit eine etwas zu positive Abbildung der Realität darstellen.

3.1 Sexuelle (Un-)Zufriedenheit

»Sex muss nicht unbedingt sein!«, hören wir in der Paartherapie von manchen Paaren, die wenig oder gar keinen Sex haben. Emotionale Intimität, das Gefühl von Verbundenheit und Freundschaft sind für sie die wichtigeren Stützen ihrer Beziehung. Bei einem Großteil der Paare, die in die Paartherapie kommen, ist allerdings mindestens einer unzufrieden mit dem gemeinsamen Sexualleben. Und auch bei einem Teil der Paare, die sich mit dem Statement »Sex muss nicht sein« vorstellt, wird bei näherem Nachfragen deutlich, dass es durchaus ein Bedauern darüber gibt, dass die Sexualität in der Partnerschaft eingeschlafen ist. Allerdings haben die betroffenen Paare bisher keinen Weg aus der Situation herausgefunden und sich daher (fast) damit abgefunden.

Für viele Paare geht mit dem Verlust von Sexualität etwas Zentrales in ihrer Zweisamkeit oder auch Hilfreiches zur Festigung der Beziehung verloren: »Ohne die unterstützende und ermutigende Wirkung dieser Urform der Verschmelzung und Nähe (die mit Berührung, Vergnügen und Entspannung einhergeht), fehlt der positive emotionale Puffer zum Abfangen der Stöße, die in jeder Beziehung vorkommen...« (Greenberg & Goldman, 2010, S. 423). Nach Kernberg hat die sexuelle Leidenschaft das Potenzial, das ganze Leben hindurch Liebesbeziehungen zu energetisieren, zu festigen und zu erneuern (1998).

Aber es gibt auch Paare, die trotz seltener werdendem Sex nicht unzufrieden mit ihrer Sexualität sind (Bucher, Hornung & Buddeberg, 2003). Geborgenheit und Nähe durch Kuscheln und Berühren sind diesen Paaren wichtiger als Geschlechtsverkehr.

Die Bedeutung von Sexualität und die sexuelle Zufriedenheit sind Themen, die in Paarberatungen mit dem jeweiligen Paar bzw. den beiden Einzelpersonen reflektiert werden sollten. Eine grundsätzliche »Pro-Sex«-Position, die in vielen Publikationen zur Sexualität in Paarbeziehungen vertreten wird (Von Sydow & Seiferth, 2015), wird der Vielfalt der Paare nicht gerecht.

Aber was ist eigentlich »sexuelle Zufriedenheit«? Eine allgemeingültige Definition gibt es nicht. Clement schlägt vor, sexuelle Zufriedenheit als Abwesenheit der Ambivalenz zwischen Selbstbild und gelebter Realität zu definieren (2016). Positiv ausgedrückt geht es also um die Passung von Selbstbild und gelebter Sexualität. Es kann auch stimmig sein, keinen oder seltenen Sex zu haben. Jede Person entscheidet selbst, welche Handlungen zu ihr passen und wie das eigene sexuelle Handeln erlebt wird.

Sexuell zufrieden zu sein führt sowohl zu weniger Stresserleben, Angst und Depression als auch zu höherer Lebenszufriedenheit (Borgmann et al., 2019). Viele Studien bestätigen, dass sexuelle Zufriedenheit und Partnerschaftszufriedenheit stark zusammenhängen (Schönbucher, 2017; Von

Sydow & Seiferth, 2015). Wird die sexuelle Beziehung positiv bewertet, ist ihr Einfluss auf die allgemeine Partnerschaftszufriedenheit klein. Wendet sich aber das Blatt und der Sex wird zum Problem, stellt die sexuelle Unzufriedenheit ein großes Problem für die Partnerschaftszufriedenheit dar. Sexuelle Probleme erhalten dabei oftmals ein übergroßes Gewicht und verdrängen positive Gefühle (Mc Carthy & Mc Carthy, 2013).

Konflikte über die *Häufigkeit von Sex* gehören zu den verbreitetsten Problemen in Partnerschaften. Vor allem Männer wünschen sich mehr Geschlechtsverkehr mit ihren Partnerinnen. Insbesondere Männer über 40 sind mit der Sexualität in ihrer Partnerschaft unzufrieden; für viele Männer ist seltener oder unbefriedigender Sex ein Trennungsgrund (Margelisch & Perrig-Chiello, 2016). Nicht selten entstehen bezüglich der Häufigkeit von Sex stark polarisierte Positionen – einer will *immer*, der andere *nie* – die bei manchen Paaren regelrecht zu Flucht und Verfolgungskämpfen führen. Dieser erbitterte Konflikt hat das Potenzial, die gesamte Paarbeziehung zu vergiften (Dym & Glenn, 1997).

Einer der wichtigsten Einflussfaktoren auf das sexuelle Begehren ist die *Beziehungsdauer*. Zu Beginn einer Beziehung befindet sich das Paar in einer Flow-Phase, in der alles aufregend ist. Das elektrisierende Gefühl jeder Berührung und jedes Gedankens an den anderen ist hormonell gepusht. Damit ist die Beziehungsdauer ein wichtiger Einflussfaktor für die Häufigkeit sexueller Begegnungen. Laut Brähler und Berberich haben Paare bei einer Beziehungsdauer von 3 bis 5 Jahren unabhängig vom Alter gleich häufig Geschlechtsverkehr; und bei einer Beziehungsdauer von 21 bis 30 Jahren haben 45-Jährige nicht häufiger Sex als 60-Jährige (2008).

Ebenso ist der sexuelle Genuss anfangs höher. In neueren Partnerschaften genießen Männer und Frauen laut Befragungen den Sex gleichermaßen (Hatfield et al.,1988). Auch dieses Phänomen ist unabhängig vom Alter der Partner.

In längeren Beziehungen nimmt dagegen sowohl der Genuss als auch die Lust auf Sex ab (Schmidt, 1998). In den Partnerschaften reduziert sich also die Häufigkeit in den ersten sechs Jahren. Danach pendeln sich die sexuellen Begegnungen auf einem bestimmten Niveau ein (Schmidt, Matthiesen & Meyerhof, 2004).

In Studien zeigt sich eine breite Streuung der Häufigkeit sexueller Begegnungen. In der Berner Studie gab ein knappes Drittel der Männer und Frauen mit durchschnittlich 7-jähriger Beziehungsdauer an, drei- bis viermal monatlich Geschlechtsverkehr zu haben. Ein weiteres Drittel verkehrte mehrmals pro Woche miteinander. 8 % schlafen seltener als einmal im Monat zusammen und 3 % nahezu täglich (Borgmann et al., 2019). Hier muss allerdings ebenfalls die oben angesprochene größere sexuelle Aufgeschlossenheit von Studienteilnehmern berücksichtigt werden.

Interessante Erkenntnisse kommen aus einer Studie von Velten, Brailovskaia und Markgraf, die im Gegensatz zu den anderen Studien feststellten, dass weder das Alter der Partner noch die Länge der Beziehung bestimmende Faktoren für die sexuelle Zufriedenheit waren (2018). Sie erkannten vielmehr einen Einfluss von Persönlichkeitsmerkmalen auf die sexuelle Funktion (z. B. Orgasmusfähigkeit). In der Studie zeigte sich, dass gewissenhafte Menschen im Gegensatz zu spontanen über eine bessere sexuelle Funktion verfügten.

3.2 Selbstbefriedigung, Fantasien und Pornografiekonsum

Selbstbefriedigung ist für die meisten Menschen ein wichtiger Teil der Sexualität und wird unabhängig von Geschlecht, Beziehungsstatus, sexueller Orientierung und Alter praktiziert. 94 % der Frauen und 98 % der Männer geben an, sich innerhalb der letzten 12 Monate selbst befriedigt zu haben. Auch bei 32 % der in Partnerschaft Lebenden ist Selbstbefriedigung genauso wichtig wie sexuelle Aktivitäten mit dem Partner; bei 12 % ist sie sogar wichtiger oder viel wichtiger. Ein Orgasmus – also eine körperliche wie auch emotionale Entladung – wird allerdings von beinahe Dreiviertel der Befragten beim Geschlechtsverkehr erlebt. Bei der Selbstbefriedigung steht die körperliche Entladung im Vordergrund (Borgmann et al., 2019).

Joyal, Cossette und Lapierre von der Université du Québec, Montréal befragten Frauen und Männer im Durchschnittsalter von 30 Jahren zu ihren *sexuellen Fantasien* (2015): Für knapp 85 % der Frauen und 78 % der Männer ist Sex in einer besonders romantischen Atmosphäre eine beliebte Fantasie. Über Seitensprünge fantasieren gut 83 % der Männer in Beziehungen und 66 % der Frauen. Sex mit zwei Frauen stellen sich knapp 85 % der Männer vor, und 31 % der Frauen denken über Sex mit zwei Männern nach.

Ein großer Anteil der Frauen (knapp 65 %) hat laut der Untersuchung Unterwerfungsfantasien. Unter den Männern stellen sich 53 % vor, sexuell dominiert zu werden. Die Fantasie, geschlagen zu werden, haben ebenfalls mehr Frauen – 36 % im Vergleich zu knapp 29 % der Männer. Die Vorstellung, einen anderen Menschen zu dominieren, gefällt im Schnitt 47 % der Frauen und 60 % der Männer. Menschen, die Unterdrückungsfantasien haben, wünschen oft gleichzeitig, jemanden zu dominieren.

Frauen unterscheiden aber deutlich zwischen Fantasien und dem, was sie wirklich erleben wollen. So gaben viele Frauen mit Unterwerfungsfantasien an, dass diese Ideen nie Realität werden sollen. Die Mehrheit der Männer dagegen würde ihre Fantasien gern ausleben. Insgesamt haben Männer deutlich mehr Fantasien als Frauen und beschreiben diese besonders lebhaft (ebd.).

Sehr viele Männer und auch immer mehr Frauen nutzen Pornografie und Cybersex für ihre sexuelle Erregung und Befriedigung. Als Cybersex werden verschiedene Formen der virtuellen Erotik, der sexuellen Interaktion beispielsweise über Chats und Datingplattformen und auch die Pornografie bezeichnet, die mit Unterstützung des Internets ausgelebt werden.

In der Berner Studie gaben über die Hälfte der Frauen an, im vergangenen Jahr Pornos geschaut zu haben. Allerdings hat ein Viertel aller Frauen damit wieder aufgehört, da die Lust darauf abnahm, ihnen das Angebot nicht entsprach oder sogar Ekel ausgelöst hat. Einigen stand die unterwerfende Darstellung der weiblichen Rolle im Weg. Ein interessantes Ergebnis der Studie war allerdings, dass das gemeinsame Anschauen von Pornos mit einer bedeutend höheren Zufriedenheit mit der Sexualität einherging (Borgmann et al., 2019).

Meistens wird Pornografie zur schnellen individuellen Befriedigung genutzt, indem der Mann beispielsweise abends am Computer Pornografie schaut und masturbiert, während die Frau ins Bett geht und ein Sex-Toy zur

Selbstbefriedigung mitnimmt. Das Problem ist die Entkopplung der Lust vom Partner, die sich mit der Zeit einschleicht (Melzer, 2018). Wenn in paartherapeutischen Praxen über Lustlosigkeit geklagt wird, ist es folglich häufig so, dass es nicht grundsätzlich an sexueller Lust fehlt. Die Pornografie und der Einsatz von Sex-Toys stellen aber einfachere, selbstgesteuerte und unkomplizierte Arten der Befriedigung dar, die zunehmend bevorzugt werden.

Wenn sexuelle Funktionsstörungen wie erektile Schwächen auftreten, suchen – unserer Erfahrung nach – Männer eher das Einzelsetting auf. Geht es jedoch um den Libidoverlust des Mannes, unter dem die Beziehung leidet, so suchen sie gemeinsam mit ihrer Partnerin Unterstützung. Bei genauer Betrachtung handelt es sich meistens aber nicht um fehlende Libido, sondern um einen eingeschränkten Impuls, die erwünschte Sexualität mit der Partnerin zu initiieren. Für viele Frauen stellt dies eine Verletzung dar. Sie fühlen sich nicht mehr begehrt und vergleichen sich mit den idealisierten Internetvorbildern. Die betroffenen Männer sind oft durch Schuldgefühle belastet und leiden unter den Vorwürfen der Partnerin.

Von *Pornosucht* betroffene Männer, die in einer Beratung oder Therapie Hilfe suchen, sind großteils mit dem Internet aufgewachsen und haben oft über Jahre regelmäßig Pornografie konsumiert. Sie haben gelernt, unterschiedliche Gefühle und Bedürfnisse mithilfe von Masturbation in Verbindung mit Pornos zu bewältigen. Pornosucht gehört zu den Verhaltenssüchten, die in den vergangenen zwanzig Jahren kontinuierlich zugenommen haben (Melzer, 2018).

Die Debatte um die Auswirkungen regelmäßigen Pornografiekonsums wird breit und ideologisch geführt, jedoch gibt es nur wenig evidenzbasierte Forschungsergebnisse. Bereits 2009 bekamen Forscher um Simon Lajeunesse an der University of Montreal für eine Studie keine Kontrollgruppe zusammen, weil sie keine männlichen Collegestudenten fanden, die noch nie Pornografie konsumiert hatten (Smith, 2010). In den vergangenen Jahren wurden jedoch einige Forschungsergebnisse vorgelegt, welche auch neurobiologische Veränderungen durch nachhaltigen Pornografiekonsum nachweisen (Kühn & Gallinat, 2014).

Problematisch ist dabei insbesondere die Sucht nach Neuem, auch als *Coolidge-Effekt* bezeichnet. So nutzen Männer zur Masturbation kaum immer die gleichen Bilder, sondern verwenden jeweils immer wieder neues Material, was aufgrund einer Verstärkererosion die Vorlieben mit den Jahren oft extremer werden lässt. Das führt im Dopaminsystem aufgrund ständiger Überflutung zu einem Abstumpfen der Rezeptoren. Diese Desensibilisierung hat den weiteren Nebeneffekt, dass auch Glücksgefühle bei anderen Aktivitäten abstumpfen können. Das Suchtpotenzial generiert sich also aus dem unstillbaren Antrieb nach neuen Kicks mit neuen Bildern. Enge Erregungsmuster und gezielter, hoher Druck bei der Masturbation werden klassisch konditioniert. Masturbation ohne Bilder und die partnerschaftliche Sexualität werden dagegen bald als langweilig empfunden. Der partnerschaftliche Geschlechtsverkehr bietet nicht mehr die nötige Stimulation.

In der Einzel- oder Paartherapie geht es dann je nach Auftrag und Situation um die Genese des Problems in der sexuellen Biografie, um Aspekte der sexuellen Konditionierung und letztlich um die Entwicklung neuer sinnlich-emotionaler Ausdrucks- und Erlebnismöglichkeiten.

3.3 Sexuelle Lustlosigkeit – weit verbreitet

Jahrzehntelang standen sexuelle Funktionsstörungen wie Impotenz oder Vaginismus im Fokus der Sexualforschung und auch der Sexualtherapie. Die Forschung hatte vor allem die Pharmakotherapie der erektilen Dysfunktion mit PDE-5-Hemmern wie Viagra im Visier und in Therapie und Beratung ging es vor allem um eine Behandlung von Symptomen.

Seit einigen Jahren rückt nun aber das sexuelle Erleben stärker ins Zentrum der Aufmerksamkeit. Körperliche Symptome werden als Hinweis betrachtet, dass eine Unstimmigkeit im Erleben vorliegt. So kann z. B. eine Erektionsstörung oder ein Vaginismus einen Selbstschutz darstellen, wenn die gelebte Sexualität als nicht-stimmig für die eigene Person erlebt wird. Über das Symptom findet der Körper die Möglichkeit, etwas zu zeigen, das sprachlich (noch) nicht ausgedrückt werden kann.

Das große Thema unserer Zeit ist die *sexuelle Lustlosigkeit*, die ebenfalls Ausdruck von Nicht-Stimmigkeit der gelebten Sexualität sein kann. Fehlendes sexuelles Begehren[1] und sexuelle Unlustwerden in der Paartherapie häufig angesprochen: 17 % der Männer und 41 % der Frauen, also einer von sieben Männern und eine von drei Frauen, bezeichnen sich als sexuell lustlos (Mercer et al., 2003). Bei Männern wird angenommen, dass die tatsächliche Zahl höher liegt. Denn auch wenn sie unter sexueller Lustlosigkeit leiden, wagen sie dies häufig nicht zuzugeben, da es dem gesellschaftlich erwarteten Männerbild widerspricht.

Bei den Frauen empfindet nur ein kleiner Teil Leidensdruck (Clement & Eck, 2013). Wenn es um sie allein ginge, bestünde kein Anlass zur Veränderung. Oft realisieren sie jedoch, dass ihr fehlendes Begehren eine Gefahr für die Partnerschaft darstellt, da Unzufriedenheit mit der Sexualität bei Männern häufig Trennungsgedanken auslöst (► Kap. 3.1).

Oft beginnt die Abnahme des sexuellen Begehrens durch körperliche oder individualpsychologische Faktoren wie Ängste, Sorgen, Erschöpfung, Depressionen oder einem schwachen Selbstwertgefühl. Sich selbst als nicht attraktiv zu erleben oder den eigenen Körper nicht zu akzeptieren ist ein verbreitetes Problem vieler Frauen. Ein *negatives Körperbild* schränkt ihr sexuelles Interesse und den sexuellen Genuss ein (Schönbucher, 2007).

Lust und Scham bei Frauen werden stärker als bei Männern durch Selbstaufmerksamkeit und ein negatives Bild des eigenen Körpers bestimmt (Meana & Nunnink, 2006). Seit einigen Jahren zeigt sich allerdings auch bei Männern häufiger eine Störung des Selbstbildes, Adonis-Komplex genannt.

Erwartungs- und Leistungsängste sind dagegen vor allem ein männliches Thema: Viele Männer verknüpfen die Erektions- und Ejakulationsfähigkeit sowie einen starken Sexualtrieb mit Männlichkeit (Mc Carthy & Mc

---

1 Die Begriffe Lust und Begehren werden oft synonym verwendet. Genaue Definitionen sind schwierig und wirken entweder steril oder trivial. Einen Versuch wagt Clement. Er betrachtet *sexuelles Begehren* als einen beständigen Teil einer Person, der ihre Lebendigkeit ausmacht: »Auch dann, wenn sie mal gerade keine Lust hat« (2016, S. 9). *Sexuelle Lust* ist dagegen situativ, also in einer bestimmten Situation vorhanden und in einer anderen nicht. *Sexuelle Erregung* meint die objektive physiologische Reaktion.

Carthy, 2013). Entsprechen ihre Funktionen diesen Vorstellungen nicht, werden oftmals Schuld- und Schamgefühle ausgelöst. Der Anspruch, immer bereit sein zu müssen, die Partnerin zum Orgasmus bringen oder selbst kommen zu müssen, behindern Lust und Erregung.

Aber auch bei Frauen hemmt Leistungsdruck die Erregung. Durch die fehlende Lubrikation – dem Feuchtwerden der Vagina – kann der Geschlechtsverkehr unangenehm bis schmerzhaft werden, was die Lust auf weitere sexuelle Begegnungen noch weiter mindert. Ebenso wirkt sich eine hohe körperliche Spannung beim Sex negativ auf den Genuss aus (Bischof, 2016).

Ein weiteres Problem für viele Frauen und Männer sind negative sexuelle Erfahrungen. Insbesondere Erlebnisse sexueller Gewalt, werden häufig traumatisch verarbeitet. Doch auch frühe Erfahrungen wie das Abwerten von Masturbation und Sexualität können Gefühle der Demütigung, Scham- oder Schuldgefühle auslösen, das Selbstbild prägen und ein negatives Bild von Sexualität hinterlassen.

Ein heutzutage sehr verbreiteter »Lustkiller« ist Alltagsstress: Vor allem Frauen haben weniger Lust auf Sex, wenn sie gestresst sind (Bodenmann et al., 2010; Bodenmann, Ledermann & Bradbury, 2007). Für viele Männer ist Sex dagegen ein Ventil für Stress und Spannungen; sie haben bei Stress mehr Lust.

Auch häufig sind beziehungsdynamische Faktoren: Ungelöste Partnerschaftskonflikte, eine nicht verarbeitete Nebenbeziehung, negative Gefühle dem Partner gegenüber. Aber auch Kommunikationsprobleme bei sexuellen Themen und Schwierigkeiten mit unterschiedlichen sexuellen Wünschen umzugehen können dazu führen, sich vor dem anderen zu verschließen, und dadurch die sexuelle Lust stören.

Verschiedene Autoren betonen, dass Druck durch den begehrensstärkeren Partner eine der Hauptursachen für die Abnahme des sexuellen Begehrens des Begehrensschwächeren ist (Schnarch, 2019; Mc Carthy & Mc Carthy, 2013). Ausgangssituation ist meistens, dass der begehrensschwächere Partner bestimmt, wie häufig sich das Paar sexuell begegnet. Denn der Partner mit dem schwächeren Verlangen hat nach Schnarch die Kontrolle über den Sex (Schnarch, 2019). Wenn sich etwa der Mann häufigere sexuelle Begegnungen wünscht, die Frau dagegen keine Lust hat, so bestimmt sie die Häufigkeit sexueller Begegnungen.

Mancher Partner kann diese Situation nicht ertragen und versucht Einfluss zu nehmen, oftmals mithilfe von Druck. Je mehr Druck der begehrensstärkere Partner ausübt, je offensiver oder abfälliger er wird, umso weniger Lust verspürt der andere Partner. Das Paar polarisiert immer stärker, oft entstehen Negativspiralen oder Teufelskreise, aus denen Paare nur schwer wieder herausfinden. Das kann so weit gehen, dass der begehrensschwächere Partner das Gefühl bekommt, er brauche überhaupt keinen Sex mehr, wohingegen der Begehrensstärkere es kaum mehr erträgt, seine Bedürfnisse nicht befriedigt zu bekommen.

Einige der Begehrensschwächeren fühlen sich nicht in der Lage »nein« zu sagen. Rücksichtnahme, Schuld-, Pflichtgefühle oder Angst vor Konflikten führen dazu, dass sie sich auf mehr Sex einlassen als sie eigentlich wollen. Über den eigenen »Sättigungspunkt« hinwegzugehen, bedeutet jedoch, dass der Genuss verloren geht und die betroffene Person negative sexuelle Erfahrungen macht (Von Sydow & Seiferth, 2015). Das bestätigt eine Studie mit Frauen, in der gezeigt wurde, dass eine eingeschränkte sexuelle Selbstbestimmung mit der Verminderung des sexuellen Genusses zusammenhängt (Schönbucher, 2007).

Aufgrund dieser Konstellationen kann es zu einem Vermeiden körperlicher Nähe und Zärtlichkeit kommen. Der Körperkontakt »könnte ja zu Sex führen« oder beim anderen den »Wunsch nach mehr« auslösen. Dadurch gehen Momente der Zweisamkeit verloren, die die Möglichkeit bieten, die Bindung zu stärken und sexuelle Lust entstehen zu lassen. Die Sexualität kommt dadurch oftmals völlig zum Erliegen.

Viele Menschen, auch Fachleute, gehen davon aus, dass sich das Begehren von allein wiedereinstellt, sobald die darunterliegenden Probleme gelöst werden. Lustlosigkeit oder sexuelle Abstinenz können jedoch eine sich selbst verstärkende Eigendynamik entwickeln, die z. B. durch das Vermeiden körperlicher Begegnungen bestehen bleibt, auch wenn die Ursachen der Lustlosigkeit beseitigt sind (Schär, 2016). Wichtig ist es hier, sich bewusst in den körperlichen Kontakt zu begeben, um neue, korrigierende Erfahrungen machen zu können und so ein genussvolles sexuelles Erleben wieder zu ermöglichen.

3.4 Sexuelles Begehren und Erregbarkeit

Bei den meisten Menschen ist die Vorstellung verbreitet, sexuelle Lust entstünde bei allen Menschen spontan. Dieses sogenannte spontane Begehren ist bei einem Großteil der Männer, allerdings nur bei einem kleineren Teil der Frauen zu finden. Der größte Teil der Frauen und ein kleiner Teil der Männer zeigen dagegen ein responsives Begehren, d. h. sie entwickeln Lust auf Sex erst im Laufe einer sexuellen Begegnung (Nagoski, 2017).

Entscheidend für das responsive Begehren sind die Kontextfaktoren: Zum Kontext gehören Umgebungsfaktoren wie Ort und Umstände, Merkmale des Partners und der Paarbeziehung, aber auch die eigene psychische und körperliche Befindlichkeit. Die Wirkung dieser Faktoren ist individuell verschieden. Bei einer Person haben bestimmte Faktoren wie z. B. ein Geruch erregenden, bei einer anderen Person hemmenden Einfluss auf die sexuelle Lust.

Nach dem *Dual control model* ist das sexuelle Temperament einer Person biologisch verankert und besteht aus zwei Systemen (Bancroft & Graham, 2011): einem erregenden und einem hemmenden System. Die beiden Systeme können als »Gaspedal« und »Bremse« bezeichnet werden und von Natur aus stark oder schwach ausgeprägt sein (Nagoski, 2017). Das schwache Begehren einer Person kann auf einem »schwachen Gaspedal« beruhen, was bedeutet, dass sie bewusste Konzentration und Aufmerksamkeit braucht, um sich auf Sex einstimmen und sexuelle Stimuli wahrnehmen zu können; oder aber das fehlende Begehren ist auf eine »starke Bremse« wie etwa moralische Skrupel oder Versagensängste zurückzuführen. In beiden Fällen schränken die oben beschriebenen Kontextfaktoren die Entwicklung sexueller Lust ein.

Das bedeutet, dass das sexuelle Lustempfinden bei sehr vielen Frauen und auch einigen Männern stark vom Verlauf der sexuellen Begegnung abhängt: Sie haben ein responsives Begehren. Für sie ist hilfreich zu wissen, welche Kontextfaktoren eine Rolle dabei spielen, um ihrer Wirkung nicht ausgeliefert zu sein. Mit einer bewussten Gestaltung ihrer Kontextfaktoren haben Männer und Frauen Einfluss auf ihr eigenes sexuelles Erleben und damit die Entwicklung sexueller Lust (▶ Kap. 11.1.3). Es beginnt schon damit, welche Wirkung die eigene Kleidung auf einen selbst hat: Clement und Eck stellen z. B. fest, dass Frauen, die sich verführerisch kleiden, positiven Einfluss auf ihr Selbstempfinden nehmen und ihr sexuelles Begehren und Erleben damit stärken können (2013). Auch das Pflegen sexueller Fantasien verstärkt nach den Autoren sowohl das sexuelle Begehren als auch das Erleben.

Für Frauen ist allerdings das Erkennen ihrer eigenen Erregung nicht einfach – das gilt insbesondere auch für ihre Sexualpartner. So kann es sein, dass Frauen erregt sind, aber keine Lubrikation entwickeln, also genital nicht feucht werden. Oder sie werden feucht, fühlen sich aber nicht erregt. Das liegt daran, dass die genitale Erregung bei Frauen nur zu 10 % mit der mentalen Wahrnehmung übereinstimmt (Nagoski, 2017). In Untersuchungen zeigte sich eine Durchblutungssteigerung der weiblichen Genitalien, auch wenn die Frauen das präsentierte Bildmaterial nicht erotisch fanden (Chivers & Bailey, 2005; Chivers et al., 2010). Bei Männern stimmen dagegen nach Nagoski die subjektiven und objektiven Reaktionen zu 50 % überein (ebd.). Der Hintergrund ist, dass die Genitalien von Frauen automatisch auf sexuell »relevante« Reize reagieren und durchblutet werden. Denkbar ist, dass die körperliche Reaktion eine Schutzfunktion vor Verletzungen etwa bei sexuellen Übergriffen darstellt. Das Bewusstsein reagiert dagegen auf sexuell »ansprechende« Reize. Für Frauen ist es daher notwendig, dem Partner Rückmeldungen über ihre tatsächliche Erregung zu geben.

Hinzu kommt der Aspekt der *vaginalen Erregbarkeit*: Der vaginale Innenraum ist von Natur aus zunächst nicht sehr erregbar, weshalb der Geschlechtsverkehr für Frauen erotisch zunächst keinen Sinn macht. Die neurobiologische Forschung konnte zeigen, dass das Gewebe dafür zwar angelegt ist, die neuronalen Verbindungen aber fehlen und erst geschaffen werden müssen. Dasselbe gilt auch für den Penis des Mannes. Dadurch jedoch, dass der Penis außen liegt, sich Jungen schon früh intensiv mit ihm beschäftigen und auch positives körperliches Feedback erhalten, ist die neuronale Verschaltung bei ihnen in der Regel früh hergestellt. Das weibliche Geschlecht dagegen ist außerhalb des Blickfeldes. Mädchen erfahren wenig Ermutigung zur Selbsterkundung und Masturbation und die vaginale Erregbarkeit ist damit bei den meisten Frauen zunächst nicht vorhanden. Durch regelmäßige Berührungen kann sie aber erweckt werden.

Einen weiteren Einfluss auf das sexuelle Erleben der beiden Partner hat die Kommunikation über Sexualität. In vielen Partnerschaften wird nicht offen über dieses sehr persönliche Thema gesprochen. Den meisten Menschen fällt es schwer, sich mit ihren sexuellen Anliegen mitzuteilen. Dabei zeigen verschiedene Studien, dass eine gute Kommunikation über Sexualität wichtig ist für sexuelles Erleben. Berner Forscherinnen konnten zeigen, dass es mit einer höheren sexuellen Zufriedenheit einhergeht, über die eigenen sexuellen Bedürfnisse und Wünsche zu sprechen (Borgmann et al., 2019). Die Ergebnisse weisen außerdem darauf hin, dass eine gute sexuelle Kommunikation nicht nur mit sexueller Zufriedenheit einhergeht, sondern generell mit einer höheren Partnerschaftszufriedenheit. Interessant ist dabei, dass kein Unterschied in der sexuellen Kommunikation zwischen Frauen und Männern festgestellt werden konnte. Das heißt, Frauen und Männer sprechen in ähnlichem Ausmaß über ihre Sexualität.

Auch die Studie von Velten, Brailovskaia und Markgraf (2018) bestätigte, dass sich das Mitteilen von Wünschen und auch das Planen sexueller Begegnungen als hilfreich für die sexuelle Funktion, z. B die Erektions- und Orgasmusfähigkeit, erweist.

Ein zentrales Mittel zur Steigerung der Wahrnehmungs- und Erregungs-fähigkeit und letztlich zur Förderung sexueller Lust ist, wie verschiedene Studien belegen, der gezielte Einsatz von Bewegung, Muskeltonus und Rhythmus (Bischof-Campbell, 2012; Bischof-Campbell et al., 2018)

Diese Erkenntnisse werden von der Berner Studie konkretisiert (Borgmann et al., 2019): Bewegung in Becken und Oberkörper geht demnach einher mit

- einem positiverem sexuellem Selbstbild und weniger sexuellem Leidensdruck bei beiden Geschlechtern,
- höherer Achtsamkeit und weniger Stress, Depression und Angst bei Frauen sowie
- weniger Erektionsproblemen bei Männern.

Tiefe Atmung steht in Zusammenhang mit

- weniger sexuellem Leidensdruck bei beiden Geschlechtern,
- höherer Achtsamkeit und weniger Angsterleben bei Frauen sowie

- höherer sexueller Zufriedenheit und Befriedigung, mehr Kontrolle über den Zeitpunkt der Ejakulation und weniger Stresserleben bei Männern.

Die Sexualforschung setzt sich zunehmend mit Fragen auseinander, wie Menschen ihre Sexualität erleben oder was sexuelle Lust stärkt und vermindert. Für das Erleben sexueller Zufriedenheit müssen die sexuellen Handlungen zur eigenen Person und zu ihrem Selbstbild passen. Dafür ist es wichtig, den eigenen Körper und die Art des eigenen Begehrens anzunehmen sowie die Kontextfaktoren des eigenen Begehrens zu kennen. Vaginale Erregbarkeit ist nicht von Natur aus vorhanden, entwickelt sich aber durch (Selbst-)Berührungen. Bei der sexuellen Begegnung sind eine selbstbestimmte Gestaltung und die Kommunikation mit dem Partner wichtig. Und schließlich können Bewegung und Atmung zur Intensivierung des sexuellen Erlebens eingesetzt werden.

4   Blick ins Gehirn

Nach dem »Blick ins Schlafzimmer« von Paaren soll es nun um das Nervensystem und seine Funktionen gehen: Wie kann es beispielsweise sein, dass Bewegung und Atmung das (sexuelle) Erleben verändern? Wie hängen Denken, Fühlen und Körperwahrnehmungen zusammen? Wie funktioniert unsere Sexualität? Und wie erleben und verhalten wir uns in Beziehung mit anderen?

Grundlage der Betrachtungen liefert die in den letzten Jahren immer bedeutsamer gewordene Hirnforschung. Eine der wichtigsten neurobiologischen Erkenntnisse ist beispielsweise, dass unser Gehirn stets sein Bestes tut, um seine Hauptaufgabe zu erfüllen: unser Überleben zu sichern (van der Kolk, 2017). Je besser wir also verstehen, wie die Paare, die zu uns kommen, funktionieren, desto eher sehen wir den Sinn in ihrem Erleben und Verhalten und umso besser können wir sie in einer gesünderen oder erwünschten Anpassung unterstützen.

4.1   Grundlegende Funktionen des Gehirns

Das Gehirn ist das Zentrum des zentralen Nervensystems und die wichtigste Steuerungszentrale des Menschen. Es entwickelt sich im Laufe des Lebens genau in der Reihenfolge, wie es sich im Lauf der Evolution entwickelt hat, nämlich bottom-up (van der Kolk, 2017). Die folgende Darstellung ist eine vereinfachte Konstruktion. In Wirklichkeit sind die einzelnen Bereiche nicht isoliert, sondern das gesamte Nervensystem stellt ein vielfach verschaltetes Netzwerk dar.

Der *Hirnstamm* ist der älteste und tiefliegendste Teil des Gehirns und erfüllt lebenswichtige Funktionen wie die Regulation der Atmung, des Herzschlags oder der Darmtätigkeit. Hier entscheidet sich, ob ein Mensch sich sicher fühlt, ob er in einen Kampf- oder Fluchtmodus schaltet oder ob er zur Sicherung des blanken Überlebens in eine Immobilitätsreaktion verfällt (Porges, 2010). Insbesondere bei Gefahr wird eine Sequenz neurophysiologischer Prozesse ausgelöst, die uns in eine prosoziale oder aber ablehnende Haltung bringt. Noch bevor der Neokortex regulierend eingreifen kann, zuckt der Mensch etwa zurück oder springt auf beim Anblick einer Schlange. Die Aktion aus dem Hirnstamm tritt schneller ein als die Reflexion: »Ist das eine Schlange oder nur ein Seil?«. Oder wenn ein Alarm ertönt: »Ist das der Rauchalarm oder ein Klingelton?«

Das über dem Hirnstamm liegende *limbische System* ist eine funktionale Einheit aus verschiedenen Elementen. Der Hippocampus spielt dabei eine entscheidende Rolle bei der Gedächtnisbildung. Die Amygdala ist die Alarmzentrale und zuständig für Gefühle, insbesondere Angst und Furcht. Unterschiedliche Wahrnehmungen werden durch die Amygdala mit abgespeicherten Erinnerungen abgeglichen und bewertet. Bei bekannter Bedrohung werden innerhalb von Millisekunden Signale an ihre Umgebung weitergeleitet, um die Stresshormonproduktion auszulösen und das sympathische Nervensystem zu aktivieren (van der Kolk, 2017).

Im limbischen System wird auch die soziale Natur des Menschen gesteuert. Hier sind Beziehungs- und prozedurale Informationen gespeichert wie beispielsweise die erfahrenen Eltern-Kind-Interaktionen, Verbote, Strafen, Belohnungen und damit verbundenes Erleben wie Angst, Lust oder Freude. Frühe Explorationen des Kindes formen dabei die Struktur des limbischen Systems. Sie setzen sich zusammen aus 1. erlernten motorischen Abläufen wie etwa dem Schwimmen oder Fahrradfahren, 2. fest verinnerlichten Notfallmaßnahmen wie dem instinktgesteuerten Programm Kampf oder Flucht und 3. den motorischen Aktivitäten Annäherung oder Vermeidung (Levine, 2011).

Je mehr Erfahrungen beispielsweise von Einsamkeit in der Kindheit gemacht wurden, umso schneller reagiert die Amygdala mit Alarm in Situationen, in denen sie Einsamkeit befürchtet. Kommt es dann zu

Wiederholungen eben dieser Erfahrungen in der Paarbeziehung, prägen sich diese Reaktionen immer tiefer in das Nervensystem ein. Diese grundlegenden Strukturen können aufgrund der Neuroplastizität des Gehirns durch spätere Erlebnisse signifikant verändert werden. Zum Besseren geschieht das durch prägende Freundschafts- und Liebeserfahrungen oder zum Negativen durch schlechte Behandlung, Unfälle oder andere schlimme Erlebnisse (van der Kolk, 2017).

Der evolutionsbiologisch jüngste Teil unseres menschlichen Gehirns ist der *Neokortex*. Er beinhaltet in unterschiedlichen Arealen höhere menschliche Fähigkeiten wie unsere Sprache, die Logik oder auch den Humor. Zum Neokortex gehört auch das Stirnhirn oder der präfrontale Kortex, der funktional als höchste Steuerungszentrale des Gehirns angesehen wird. Hier sind komplexe Funktionen angesiedelt wie unser Denken und Entscheiden, die Antizipationsfähigkeit und Handlungsplanung.

Mit dem präfrontalen Kortex sind praktisch alle Hirnareale direkt oder indirekt verbunden. Er kann somit aktivierend oder hemmend auf andere Hirnbereiche einwirken. Damit übt der Neokortex eine gewisse Kontrollfunktion über andere Bereiche aus und kann Gefühle wie beispielsweise Angst begrenzt kontrollieren – z. B. durch Logik oder eine Veränderung der Glaubenssätze. Allerdings sind die Wege von der Amygdala zum Hirnstamm kürzer als zum Neocortex, was dazu führt, dass bei Wahrnehmung einer Gefahr der Körper sich möglicherweise schon in Sicherheit bringt, noch bevor dem Verstand klar wird, was eigentlich vor sich geht.

In den Frontallappen des Neokortex ist unser Empathiesystem vernetzt. Hier gibt es spezielle Nervenzellen, die Spiegelneuronen, welche die Einfühlung in andere Menschen ermöglichen. Relevant für Paartherapeutinnen ist die Erkenntnis, dass unter starkem Stress subkortikale Hirnbereiche die Führung übernehmen. Bereiche, in denen die Empathiefähigkeit vernetzt ist, werden deaktiviert. Damit ist in heftigem Streit und in Gefahrensituationen Empathie nicht mehr möglich (van der Kolk, 2017).

Zustände des autonomen Nervensystems

Steven Porges leistete mit seiner *Polyvagaltheorie* einen wichtigen Beitrag zum Verständnis des normalen Menschen im sozialen Kontakt und unter

Belastungen sowie zur Behandlung körperlicher und psychischer Probleme
(► Abb. 4.1). Seine Annahmen sind wissenschaftlich bisher nur zum Teil
belegt, erfahren jedoch insbesondere unter Praktikern große Resonanz und
Bestätigung. Porges unterteilt unser autonomes Nervensystem in drei
neuronale Energiesubsysteme, die hierarchisch organisiert und mit dem
Vagusnerv verbunden sind:

1. das *Soziale Kontaktsystem* (ventraler Vagus im parasympathischen Nervensystem)
2. die *Mobilisierung* (Sympathisches Nervensystem mit Kampf-/Fluchtreaktion)
3. die *Immobilitätsreaktion* (»Shutdown«) (dorsaler Vagus im parasympathischen Nervensystem)

Ist der ventrale Vagus aktiv, erleben wir Sicherheit und Verbundenheit.
Hier suchen wir nach Möglichkeiten der Co-Regulation, können uns
beruhigen und beruhigt werden (Dana, 2019). Dieser Modus ist assoziiert
mit einem regulierten Blutdruck, tiefer Atmung, einer Offenheit für
Mitmenschen und dem generellen Gefühl eines geordneten, strukturierten
Zustandes. Der ventrovagale Komplex im autonomen Nervensystem wird
daher als *Soziales Kontaktsystem* bezeichnet. Die Funktionen des ventralen
Vagus sind Voraussetzung für Gesundheit und Entwicklung. Als Therapeutinnen und Beraterinnen ist es unsere Aufgabe, die Klienten darin zu
unterstützen, in diesen Modus zu finden, um wieder zueinander in Kontakt
treten, wachsen und heilen zu können.

Kommt es zur Wahrnehmung einer Bedrohung, wird unwillkürlich
der Sympathikus aktiviert. Das Herz schlägt schneller, die Atmung wird
kurz und flach, der Muskeltonus steigt und es kommt zu einer *Mobilisierung*. Das autonome Nervensystem bereitet sich auf *Kampf oder Flucht*
vor. In diesem Zustand verändert sich unsere Fähigkeit zu denken, aber
auch zu sehen und zu hören. Freundliche Stimmen im mittleren
Frequenzbereich werden überhört, der Blick wird eng (»Tunnelblick«)
und die Wahrnehmung ist fokussiert auf die Gefahr. Für Paartherapeutinnen sind Kenntnisse um die Wahrnehmung sympathisch aktivierter
Nervensysteme wichtig, um Streitdynamiken und fruchtlose Eskalationsspiralen erkennen und einschätzen zu können. Oft sind beide Partner

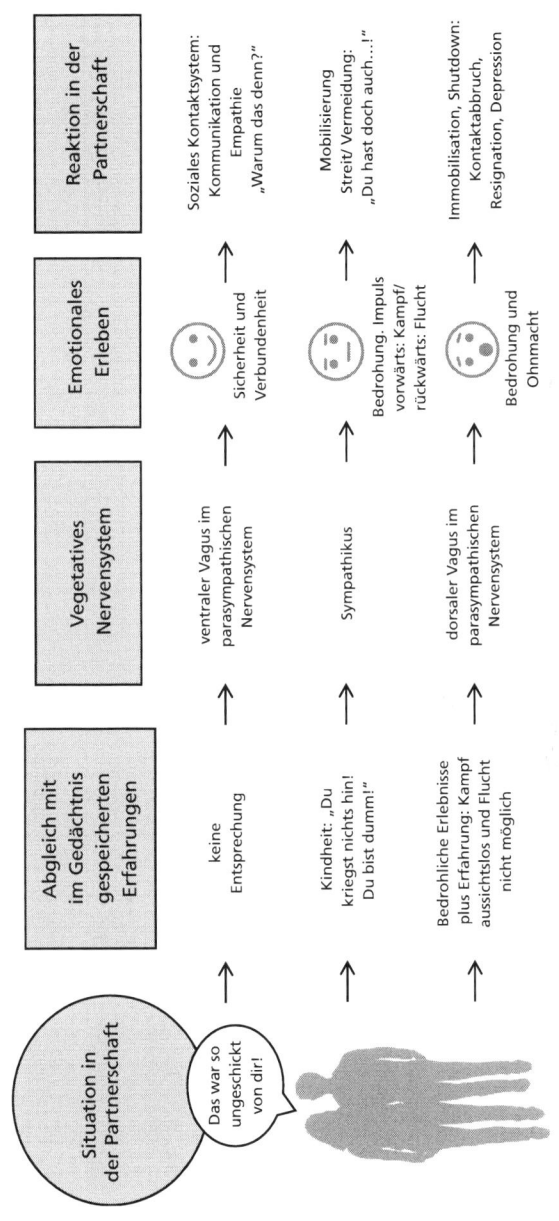

Abb. 4.1: Polyvagaltheorie

entsprechend aktiviert und kommen aus dem Kreislauf gegenseitiger Verletzungen nicht heraus.

Wenn die sympathischen Aktivitäten Kampf oder Flucht versagen oder nicht zur Verfügung stehen, kommt der hintere Zweig des parasympathischen Nervensystems, der dorsale Vagus, zum Einsatz. Er ist verantwortlich für einen Zustand, der in lebensgefährlichen Situationen unwillkürlich aktiviert wird: die *Immobilitätsreaktion*, auch »Shutdown« oder »Totstellreflex« genannt. Der Stoffwechsel wird heruntergefahren, der Herzschlag verlangsamt sich und die Atmung wird flacher. Mit diesem Zustand assoziierte Gefühle sind Hoffnungslosigkeit, Verzweiflung, Einsamkeit und eher ein Nicht-Denken-können, ein Nicht-Fühlen und eine Leere. Der Kontakt zum anderen ist unterbrochen (Dana, 2019, S. 27). Auch dieser Teil des Nervensystems ist ein Kompetenzbereich. So ist er evolutionsbiologisch betrachtet sinnvoll, indem durch das Totstellen beispielsweise schlimmere Aktivitäten des Angreifers verhindert werden, die Schmerzwahrnehmungsschwelle angehoben und das weitere Funktionieren der Organe gesichert werden.

In Paardynamiken gibt es häufig Wiederholungsschleifen, die von den Betreffenden neurozeptiv so hoffnungslos eingeschätzt werden, dass einer oder beide Partner in eine Immobilitätsreaktion (Shutdown) fallen. Von außen betrachtet wirkt das Verhalten wie Desinteresse oder eine Blockade. Im Inneren ist das System jedoch in höchstem Alarmzustand, der Kopf ist jedoch leer und es steht keine Energie zur Auseinandersetzung zur Verfügung.

In welchen Modus unser autonomes Nervensystem schaltet, entscheidet es noch unterhalb der Bewusstseinsschwelle autonom. Porges führte dafür den Begriff der *Neurozeption* ein, einen unbewussten neuronalen Schaltkreis, der fortwährend die Umgebung scannt, deren Gefahrenpotential beurteilt und damit blitzschnell handlungsfähig ist (Porges, 2018). Denn unser Nervensystem ist ständig auf der Suche nach Sicherheit, um seine höchste Aufgabe zu erfüllen: zu überleben.

Schuldzuschreibungen an Partner im Sinne eines »Du schleichst dich einfach raus!« oder auch die Beurteilung des Verhaltens von traumatisierten Gewaltopfern mit dem Vorwurf, nicht gekämpft zu haben oder nicht geflohen zu sein, erscheinen dadurch in einem neuen Licht: Nicht der Mensch als Ganzes, sondern sein autonomes Nervensystem hat entschieden, dass in dieser Situation Kampf oder Flucht nicht möglich war.

Die drei neuronalen Systeme sind hierarchisch organisiert: Der Mensch versucht zuerst unter Einsatz seiner sozialen Fähigkeiten zu vermitteln. Ist das wirkungslos, schaltet das vegetative Nervensystem um in die Mobilisierung und bereitet sich auf Kampf oder Flucht vor. Ist auch das erfolglos, so kommt die Immobilitätsreaktion. Der auslösende Reiz, der das Nervensystem autonom wie auf Knopfdruck von einem in den anderen Modus schalten lässt, wird als *Trigger* bezeichnet.

Im Alltag sind wir häufigen stärkeren und schwächeren Triggersituationen ausgesetzt, in denen sich die Ebenen auch vermischen können. So kann es sein, dass das Soziale Kontaktsystem mit einer gewissen Aktivierung des Sympathikus zusammentrifft, etwa damit wir uns klarer ausdrücken oder besser durchsetzen können. Zwischen dem Sozialen Kontaktsystem und dem Sympathikus können wir relativ schnell und vielfach täglich hin und her navigieren. Einzig die Rückkehr aus einer intensiven Immobilitätsreaktion in den ventrovagalen Komplex, insbesondere bei traumatisierten Menschen, gelingt oft nicht spontan und benötigt therapeutische Unterstützung (Porges, 2018). Der Weg vom Shutdown ins Soziale Kontaktsystem führt dabei zwingend über das sympathische Nervensystem. Zuerst muss der Mensch mobilisiert werden, bevor echter sozialer Kontakt möglich ist.

4.2 Neurobiologische Implikationen für die Sexualität

Die neurobiologischen und endokrinologischen Prozesse der Sexualität zu untersuchen ist schwierig, weil das klinische Untersuchungssetting stark von der üblich gelebten Sexualität abweicht, sodass Intimität schwer aufgebaut werden kann. Aus diesem Grund werden neurobiologische Untersuchungen der Sexualität häufig an Tieren oder aus methodologischen Gründen nur an einem Geschlecht durchgeführt, woraus resultiert, dass der aktuelle Wissensstand auf diesem Gebiet noch eingeschränkt ist (Biedermann, 2018). Dennoch gibt es Befunde, die dabei helfen, sexuelle Funktionen und Funktionsstörungen besser zu verstehen.

Die *sexuelle Funktion* bedarf einer feinen Abstimmung des autonomen Nervensystems. Hier greifen die Gegenspieler Sympathikus (Stresssystem) und Parasympathikus (Entspannungssystem) ineinander: Sexuelle Stimulation aktiviert zunächst den Parasympathikus, da insbesondere der dorsale Vagus die Geschlechtsteile enerviert. Das führt zur verstärkten Durchblutung der Genitalien und damit zum Anschwellen der Geschlechtsorgane sowie zur Lubrikation. Gleichzeitig aktivieren die sexuellen Reize aber auch den Sympathikus, was beispielsweise eine Erhöhung der Atemfrequenz und des Blutflusses nach sich zieht und die Ausschüttung von Noradrenalin und Testosteron bewirkt. Mit steigender Erregung kommt es zusätzlich zu einem Anstieg von Oxytocin und Östrogen (Biedermann, 2018).

Während der *sexuellen Aktivität* verändert sich auch die Gehirnaktivität: So werden je nach visueller oder genitaler Stimulation unterschiedliche Hirnareale aktiviert. Mit steigender Erregung kommt es, kurz gesagt, zu einer nachlassenden Aktivität der Amygdala und des Präfrontalkortex – also des Alarmsystems und des bewussten Verstandes; beim Orgasmus werden beide Bereiche sogar weitgehend deaktiviert (Biedermann, 2018) und ältere Hirnteile übernehmen die Führung, d.h. wir »lassen uns fallen«.

Um sowohl die Erregung als auch den Genuss zu steigern, ist die Bewegung des Körpers hilfreich: Bestimmte Muskeln arbeiten, während ihre Gegenspieler sich entspannen (Schiftan, 2019). Der Körper ist also im Mobilisierungsmodus und im Entspannungsmodus gleichzeitig. Das ist wichtig, denn für einen Anstieg von Genuss und Erregung braucht es das Zusammenspiel der beiden Nervensysteme: Nimmt die sympathische Aktivierung dabei überhand, so wird der Mensch leicht ablenkbar und seine Gefühle und Gedanken färben sich negativ. Übernimmt der Relaxmodus die Führung, ist die Aktivität zwar wohltuend und entspannend, die Erregung reicht aber nicht für einen Orgasmus.

4.3 Frühe Prägungen und Auswirkungen auf das Beziehungsverhalten

Aus der Säuglingsforschung wissen wir, dass das Gehirn seine neuronale Struktur über Spiegelprozesse in der frühen Kommunikation mit den Eltern bildet. Für die Bedürfnisregulation des Säuglings braucht es die Responsivität der Eltern und deren Fähigkeit, die Bedürfnisse des Kindes zu versorgen (Schore & Schore, 2008). Werden beispielsweise kindliche Bedürfnisse aufgrund einer depressiven Bezugsperson nicht gestillt, so reagiert der Säugling zunächst mit Regulationsversuchen und schließlich mit Rückzug. Die entstandenen Gefühle wie Hilflosigkeit, Ohnmacht oder Verlassenheit verursachen Bindungsverletzungen und werden im limbischen System wie körperlicher Schmerz verarbeitet und dauerhaft gespeichert (Eisenberger & Lieberman, 2004).

Die frühen Interaktionsmuster des Säuglings werden als affektiv-motorische Programme im limbischen System gespeichert. Sie bilden den Prototyp internaler, handlungsleitender und in neuronalen Netzwerken gespeicherter Strukturen heraus und bilden somit die Vorlage für spätere Beziehungen (Trevarthen & Aitken, 2001). Nachfolgende Lebens- und Beziehungserfahrungen werden in die vorhandenen Strukturen einsortiert. Gibt es in den frühen Bindungserfahrungen beispielsweise keine angelegte Struktur für Wertschätzung, Liebenswürdigkeit oder Gesehenwerden, so kann ein unstillbarer Hunger danach entstehen. Positive Rückmeldungen können aber aufgrund der fehlenden Struktur nicht gehalten werden. So kann ein Mensch, der als Kind beispielsweise schlimme Erfahrungen aufgrund seines Aussehens gemacht hat, auch später Komplimente kaum annehmen. Die wohlwollenden Rückmeldungen fallen durch wie bei einem Fass ohne Boden.

Reinszenierungen in der Partnerschaft: In Paarinteraktionen werden sowohl positiv-fürsorgliche Gefühle als auch bedrohliche Erfahrungen reaktualisiert und deren Erfüllung vom Partner ersehnt (Kachler, 2015). Das Nervensystem ist mit seiner Neurozeption ständig auf der Suche nach potenziellen Gefahren. Wird am Partner ein Verhalten wahrgenommen, das im sekundenschnellen Abgleich mit den gespeicherten Erfahrungen als

Bedrohung erkannt wird, so schlägt das System Alarm. Auch wenn es sich dabei um Über- oder Fehlinterpretationen des partnerschaftlichen Verhaltens handelt, ist es evolutionsbiologisch sinnvoll sich zu schützen: Die Amygdala meldet lieber zehnmal falsch positiven Alarm, bevor sie eine gefährliche Situation übersieht. In der Paardynamik können so aber Missverständnisse und Streit entstehen.

Die Erkenntnisse der modernen Hirnforschung helfen, die Dynamik zwischenmenschlicher Kommunikation besser zu verstehen: Wenn ein Partner die Augenbrauen hebt, mit gereizter Stimme spricht oder eine Abwertung formuliert, so kommt diese Information per Neurozeption über die Sinnesorgane doppelt so schnell im limbischen System des anderen an als in dessen Großhirnrinde. Sind beispielsweise entsprechende Erinnerungen an Ohnmacht, Abwertung oder Verlassenwerden im emotionalen Gedächtnis vorhanden, so intensiviert sich die als bedrohlich wahrgenommene Reaktion und die körperliche Abwehrreaktion setzt automatisch ein. Kortikale Funktionen mit logischen Analysen haben dann nur noch begrenzte Möglichkeit, beruhigend auf das System einzuwirken.

In chronischen Paarstreitsituationen ist die sympathische Aktivierung ein Automatismus, da zu oft die Erfahrung gemacht wurde, dass Diskutieren nichts bringt. Noch bevor eine bewusste Analyse zur Verfügung steht, wird das Kampf-/Flucht-System aktiviert bzw. ist daueraktiviert. Das Soziale Kontaktsystem, das zur Empathie befähigt, wird deaktiviert. Der Blick und das Denken werden eng; Klienten sprechen oft vom »Tunnelblick«. In einer Bedrohungssituation braucht es schnelle Entscheidungen, ob etwas richtig oder falsch ist, gut oder schlecht, bedrohlich oder nicht bedrohlich. Wurde mehrfach die Erfahrung gemacht, dass Kämpfen nichts nutzt und es kein Entkommen gibt, beispielsweise weil gemeinsame Kinder, ein Haus oder andere Abhängigkeiten vorhanden sind, so wird der dorsale Vagus aktiv. Es kommt zur Immobilitätsreaktion und Klienten berichten dann:»Mein Gehirn ist leer.«; Muskeltonus und Affekt flachen ab und es kommt zu Resignation, Dissoziation oder Depression.

Die Neurobiologie liefert die biologische Verständnisgrundlage dafür, weshalb es in solchen Situationen notwendig ist, zuerst das Nervensystem zu beruhigen und damit eine Wende zu bewirken. Erst dann ist es wieder möglich, höhere Hirnareale zu aktivieren und in einen wirklichen Austausch miteinander zu kommen.

4.4 Bedeutung der Neurobiologie für die Paarberatungspraxis

Wir haben gesehen, wie Partner einander triggern und damit ihr Denken, Fühlen und Wahrnehmen verändern. Die moderne Hirnforschung liefert uns nun Hinweise darüber, worauf es bei der Herstellung einer intimen und verbundenen Beziehung ankommt.

Unser Nervensystem strebt nach *Sicherheit*, um den ventrovagalen Komplex und damit das Soziale Kontaktsystem aktivieren zu können. Nur in diesem Modus ist wirkliche Verbundenheit, Nähe, Gesundheit und Wachstum möglich. Im Laufe einer Beziehung geht diese Sicherheit jedoch aufgrund vielfältiger wechselseitiger Verletzungen oft verloren. Die Beziehung verliert ihren Status als sicheren, geborgenheitsstiftenden Ort.

Unsere Aufgabe ist es also, beiden Partnern mithilfe unserer Interventionen und unserer Persönlichkeit Sicherheit zu vermitteln. Das beginnt bereits mit der Gestaltung der Räumlichkeiten. Laut Porges und Dana können wir unsere Praxisumgebung so gestalten, dass sie »die Resilienz Ihrer Klienten fördern und ihre autonomen Reaktionen in Richtung Sicherheit und Verbundenheit lenken« (Dana, 2019, S. 120). Als Therapeutinnen vermitteln wir diese Sicherheit, indem wir für eine eigene Verankerung im ventrovagalen Komplex sorgen, was sich über feinste Modulationen der Gesichtsmuskeln, des Herzes, der Lunge und einer prosodischen Stimmlage ausdrückt. Hilfreich ist weiterhin eine ruhige, wohltemperierte und einladende Gestaltung der Räumlichkeiten etwa mit Naturmaterialien.

Die Kenntnis der drei Modi des Nervensystems in Kombination mit der eigenen Neurozeption sowie *bewusster Wahrnehmung* ermöglicht es uns, feine Veränderungen in der Physiologie und psychischen Verfassung der anwesenden Klienten zu lesen und einzuordnen. So können unfruchtbare Eskalationsschleifen unterbrochen oder bewusst therapeutisch genutzt werden. Mit *verletzungsminimierenden Gesprächstechniken* kann der Prozess so gesteuert werden, dass beide Partner solange wie möglich im Sozialen Kontaktsystem unterwegs und damit erkenntnis-, aufnahme- und lernfähig sind.

Für Beratung und Therapie relevant ist auch Porges Entdeckung, dass die Atmung als einziger Teil des autonomen Nervensystems, nicht vollständig – wie beispielsweise Herz, Magen oder Darm – vom Shutdown erfasst sind. Sie wird zwar flacher, kann jedoch noch bewusst beeinflusst werden. Die Hirnforschung gibt uns also auch therapeutische Instrumente an die Hand, mit denen wir anstatt durch den Einsatz von Medikamenten, durch *Achtsamkeit* und eine bewusste Arbeit mit dem Körper, Bewegung, Atmung und Stimme Klienten helfen können, ihr Nervensystem selbst zu beruhigen.

Teil II: Therapeutische Ansätze

Im zweiten Teil dieses Buches stellen wir verschiedene therapeutische Ansätze vor, die wir für die Beratungspraxis hilfreich finden und mit denen wir arbeiten. Es sind Behandlungskonzepte, die theoretisch gut fundiert, evidenzbasiert und in Fachkreisen anerkannt sind.

Wir stellen die zentralen Annahmen und das Vorgehen zunächst der paartherapeutischen und dann der sexualtherapeutischen Ansätze dar und beleuchten jeweils ihre Stärken für die Beratungspraxis.

5   Paartherapeutische Ansätze

Psychotherapie war lange etwas, das man unter vier Augen im stillen Kämmerlein mit einem Einzeltherapeuten oder in einer Gruppentherapie durchführte. Revolutionär war in den 1950er Jahren der Ansatz erster systemischer Pioniere (Bateson, 1958), die ganze Familie und deren Subsysteme zur Therapie an einen Tisch zu holen. Seither hat sich auch die Paartherapie als eigenständige Therapieform etabliert und angelehnt an unterschiedliche theoretische Fundierungen weiterentwickelt.

5.1   Systemische Paartherapie

Die systemische Therapie gab es nicht. Es handelte sich mehr um eine Bewegung in psychotherapeutisch experimentierfreudigen Kreisen, die den konstruktivistischen Gedanken gemeinsam hatten, zwischenmenschliche Realitäten als Konstruktionen der Wirklichkeit zu betrachten. Die angewandte Systemtheorie entwickelte sich dann in unterschiedliche Richtungen. Besonders bekannt geworden sind der strategische Ansatz aus Palo Alto und später der Mailänder Gruppe um Mara Selvini Palazzoli (Selvini-Palazzoli et al., 2011)), die strukturelle Familientherapie von Salvador Minuchin (Minuchin, Rosman & Baker, 1995), der entwicklungs- und erlebnisorientierte Ansatz von Virginia Satir (Nerin, 1998), die lösungsorientierte Kurzzeittherapie von Steve de Shazer und Insoo Kim Berg (De Shazer, 1982) und in Deutschland der psychoanalytisch-systemische Ansatz aus Heidelberg (Stierlin, 1982).

Unabhängig davon, ob nur eine Person oder ein Paar am Tisch sitzt, handelt es sich bei der systemischen Therapie um eine *innere Haltung*, welche das gesamte System im Blick hat. Das bezieht sich auf das innere System, das Paarsystem, die Familie und familiäre Subsysteme, sowie das gesellschaftliche Umfeld. Heute ist die systemische Therapie eines der international am weitesten verbreiteten Therapieverfahren.

5.1.1 Zentrale Annahmen

Kernannahme der Systemtheorie ist, dass Systeme sich aus handelnden Personen zusammensetzen, welche sich gegenseitig beeinflussen und mit ihrer Umgebung in einer *Wechselwirkung* stehen. »Das Tun des einen ist das Tun des anderen« (Stierlin, 1976) oder »Man kann nicht nicht kommunizieren« (Watzlawick, 1969) sind bekannte Postulate. Jedes Wort, jedes Blinzeln und auch jedes Schweigen bewirkt etwas. Was, das wiederum liegt im Auge des Betrachters. *Der Empfänger macht die Botschaft* und jeder Mensch interpretiert seine Wahrnehmungen vor dem Hintergrund seiner persönlichen inneren Landkarte. Damit ist Wirklichkeit keine harte Realität, sondern eine Konstruktion.

In der therapeutischen Arbeit geht es darum herauszufinden, wie der Mensch seiner wahrgenommenen Wirklichkeit Bedeutung zuweist und sie damit erschafft. Das impliziert die feste Überzeugung, dass die Wirklichkeit eines Menschen sich auch wieder verändern kann – denn Leben ist Veränderung. Und wenn etwas bleibt, ist oft die interessantere Frage, wie wir es schaffen, uns *nicht* zu verändern. Systemische Therapeutinnen interessieren sich also für die Beziehungsprozesse, die an der Entstehung und Aufrechterhaltung eines Problems oder Symptoms beteiligt sind.

Dazu ein Beispiel: Eine Klientin sagt:»Ich spüre nichts, wenn du mich berührst« – und damit ist die Unfähigkeit zu spüren da, es ist ihre Wirklichkeit. Andererseits gab es Zeiten, in denen sie das Symptom noch nicht hatte und intensiv erlebnisfähig war. Ebenso gibt es Kontexte, in denen sie intensiv genießen kann, wenn sie beispielsweise mit der Katze schmust. Es handelt sich also nicht um einen grundsätzlichen Verlust einer Fähigkeit, sondern um eine Veränderung, die in einem Kontext zu sehen ist. Es gilt daher herauszufinden, welche Bedeutung ein Symptom hat, was die Veränderung oder Nichtveränderung mit dem Kontext und dem Gegenüber zu tun hat, und schließlich darum, die Ressourcen zu aktivieren, um eine gewünschte Veränderung zu erreichen.

5.1.2 Erklärung von Partnerschaftsproblemen

In der systemischen Arbeit geht es also nicht darum, dass »Krankheit in einem Menschen drin ist«. Es geht um die Beobachtung, wie Symptome sich im Zwischenmenschlichen und auch in der innerpsychischen Dynamik bilden, verändern und auch wieder verabschieden können, z. B. »Welche Botschaft ziehe ich aus der Alkoholerkrankung meiner Frau?« Oder: »Welche Bedeutung hat die Affäre für mich? War es ein Racheakt oder eine Art Bestrafung für vorangegangene Verletzungen?« Wichtig ist also, welche Bedeutung Menschen ihren Problemen beimessen.

Systemische Therapeutinnen interessieren sich auch für die Struktur eines Familiensystems und einer Partnerschaft. Wie vertrauensvoll und intim zeigt sich die Beziehung der Partner zueinander und wie die zu den Kindern? Zeigt jemand eine engere Beziehung zu einem der Kinder, übernimmt ein Kind gar die Elternrolle, wenn es um vertraute Gespräche, Zuverlässigkeit oder familiäre Entscheidungen geht, ist es also »parentifiziert«? Kann das Verhalten einen Lösungsversuch darstellen, etwa um die wahrgenommene Abwesenheit oder Insuffizienz eines Partners auszugleichen?

Systemisch zu arbeiten bedeutet, ein Bewusstsein für den Kontext des Geschehens zu entwickeln. So kann Erlebtes kontextualisiert und Festgeschriebenes verflüssigt und damit wieder verändert werden (Von Schlippe & Schweitzer, 2016). Systemische Therapeutinnen helfen dem Paar, den Kontext zu sehen und damit die Komplexität der Wirklichkeit zu erweitern, um sie dann wieder auf das Wesentliche zu reduzieren – das Wesentliche, auf das es in ihrer Partnerschaft ankommt und das sie aus den Augen verloren haben.

5.1.3 Therapeutisches Vorgehen

Die systemische Therapie ist in erster Linie eine innere Haltung mit einer bestimmten Art der Weltsicht, die in den vergangenen Jahrzehnten von vielen Therapieschulen in ihren Konzeptualisierungen übernommen und integriert wurde. Sie bietet außerdem ein breites Spektrum an Tools und Haltungen an.

Am Anfang einer systemischen Therapie stehen die Klärung des Kontextes der Therapieanfrage, die Auftragsklärung und Zieldefinition. Charakteristisch für das systemische Arbeitssetting ist auch, dass Sitzungen in größeren Abständen von mindestens zwei bis vier oder mehr Wochen durchgeführt werden. Grundgedanke ist dabei, dass die angestoßenen Musterveränderungen Zeit benötigen, um ihre Wirkung zu entfalten und die Klienten Zeit haben sollen, zu erleben, was sich in welchen Lebensbereichen verändert.

Das therapeutische Setting kann variieren. Je nach Anliegen entscheiden sich Paar und Therapeutin für ein Paarsetting oder auch für Einzelsitzungen, welche situativ oder phasenweise den Schwerpunkt bilden können. Bei Bedarf können auch andere Familienmitglieder einbezogen werden. Das Setting kann also je nach Anliegen auf die ganze Familie oder ein Subsystem verändert werden.

In der systemischen Therapie gibt es drei grundlegende Arbeitshaltungen (Selvini Palazzoli et al., 1981):

1. *Hypothetisieren.* Die Therapeutin bildet im Prozess laufend Hypothesen zur Entstehung, Aufrechterhaltung und Bedeutung des Symptoms und bietet dem Klientensystem in Form von Fragen an, diese zu evaluieren.
2. *Zirkularität.* Angenommen wird, dass die Dynamik wechselseitig entstanden ist und jeder Partner dabei seinen Beitrag leistet. Durch diese Haltung wird linear-kausales Denken (»Ich bin nur so, weil du mich so schlecht behandelst«) unterbrochen und das Paar zur eigenen Verantwortungsübernahme angeregt.
3. *Neutralität.* Die neutrale Haltung ist bezogen auf Aspekte wie die Lebensweise, auf Meinungen, Bewertungen oder auch auf die Notwendigkeit einer Veränderung, bei der die Therapeutin keine Position einnimmt. Eine besondere Form ist die Allparteilichkeit. Hier ist die Therapeutin auf der Sachebene neutral, auf der Beziehungsebene ist sie jedoch sehr wohl parteilich und verständnisvoll – aber zu allen Seiten nacheinander.

In der systemischen Paartherapie geht es darum, den Beteiligten zu helfen, Bedeutungen und Zusammenhänge zu erkennen und zu verstehen. Es geht darum, Wichtiges von Unwichtigem zu unterscheiden und wieder das Wesentliche zu sehen, auf das es in dieser individuellen Partnerschaft ankommt. Retzer beschreibt die systemische Paartherapie als Kunsthandwerk:»Ebenso wie ein Bildhauer weglassen muss, will er sein Werk schaffen, muss der Paartherapeut Komplexität reduzieren, um handlungsfähig zu sein. Der Notwendigkeit des Handelns kann er nicht entfliehen« (Retzer, 2015, S. 83). Systemisch zu arbeiten heißt, sich immer wieder neugierig der Wirklichkeit des Paares anzunähern mit der Idee: Diese Wirklichkeit macht Sinn.

5.1.4 Stärken des Ansatzes für die Paarberatungspraxis

Systemische Haltungen und Techniken sind sehr vielseitig einsetzbar. Sie werden in der Therapie, betrieblichen Kontexten, in der Organisationsberatung, in der Schule oder im Coaching eingesetzt. Eine große Stärke liegt in der konstruktivistischen Haltung. Durch ihren dynamischen Blick auf das ganze System werden Wirkmechanismen sichtbar und bearbeitbar, welche in anderen Methoden außen vor bleiben. Daraus resultiert eine große Veränderungskraft, die insbesondere in zeitlich begrenzten Beratungskontexten nützlich ist.

Eine weitere Stärke liegt insbesondere in Lebenssituationen, in denen sich Menschen vor moralischen Bewertungen fürchten wie beispielsweise bei Außenbeziehungen, bei verinnerlichter Ablehnung psychischer Probleme oder etwa in der Arbeit mit gleichgeschlechtlichen Paaren, welche von heterosexuellen Therapeutinnen aufgrund internalisierter Homonegativität oft nicht hinreichend in ihrer Situation gesehen werden. Hier kann eine systemische Haltung dazu beitragen, das Beratungssetting niederschwellig und damit angstreduzierend zu gestalten.

In der systemischen Arbeit ist die Anwesenheit der anderen oft nicht einmal nötig. Der Blick geht über mehrere Generationen zu grundlegenden Strukturen. Er geht zum Symptom und wieder weg zu Bewältigungsstrategien und Ressourcen. Immer in der festen Annahme, dass das

Problem oder Symptom ein gut gemeinter und einst nützlicher Lösungs-versuch des inneren oder äußeren Systems war und somit auch wieder veränderbar ist.

Eine große Stärke sind auch systemische Interventions- und Fragetech-niken. Sie haben das Potenzial, innere Prozesse anzuregen, belastende Perspektiven zu reframen und dysfunktionale Muster zu verstören. Ar-beitshaltungen von Allparteilichkeit, Neugier und Neutralität entlasten sowohl die Therapeutin als auch den Klienten. Die systemische Therapie und Beratung sind strukturiert und strategisch. Sie arbeiten mit Witz und Provokation und bringen somit eine gewisse Leichtigkeit in das oft so schwere Behandlungssetting. Dabei bleiben sie immer bei einem tiefen Respekt vor dem Menschen und seinen Fähigkeiten, überraschen jedoch hin und wieder mit einer frechen oder provokativen Respektlosigkeit dem Symptom gegenüber.

5.2 Hypnotherapie

Die hypnotherapeutische und die systemische Arbeitsweise lassen sich ideal kombinieren und sie werden häufig im hypnosystemischen Ansatz inte-griert (Schmidt, 2004). Weitere Varianten hypnosystemischer Arbeit sind beispielsweise die Ego-State-Therapie und auch das systemische Arbeiten mit dem ganzen Körper in Form von Familienbrettern, Systemaufstellun-gen oder Skulpturarbeiten.

Hypnose ist als rituelles Heilverfahren vermutlich so alt wie die Menschheitsgeschichte. Viele Mythen und Riten wirken aufgrund von Bildern, Geschichten, die in Verbindung mit Trancen verabreicht werden. »Immer, wenn Trancezustände eingeleitet werden, *Suggestionen* direkt oder indirekt gegeben oder Vorstellungsbilder verwendet werden, betritt man den Bereich der Hypnose.« (Revenstorf & Peter, 2009, S. 2)

Der amerikanische Psychiater Milton H. Erickson gehörte zu den Pionieren, die in der Mitte des vergangenen Jahrhunderts therapeutisch neue Wege gingen. Die heutige Hypnotherapie oder Klinische Hypnose basiert maßgeblich auf Ericksons Arbeiten und ist eng mit seinem Namen verbunden (Erickson & Rossi, 1981).

Im Gegensatz zur Bühnenhypnose, bei der der Hypnotiseur mit seiner Macht im Fokus steht, ist bei der Hypnotherapie unspektakulär, aber in stets respektvoller Art und Weise, der Klient im Mittelpunkt.

Hypnose muss nicht zwingend verbunden sein mit tiefer *Trance* und einem sichtbar veränderten Bewusstseinszustand. Der hypnotische Zustand ist »eine Art Kontinuum: von einer leichten bis zu einer tiefen Trance, in der z. B. medizinische Eingriffe möglich sind« (Benaguid & Schramm, 2016, S. 17). Sobald wir mit inneren Bildern arbeiten, sobald wir auf etwas wirklich konzentriert sind, uns auf etwas fokussieren, sind wir praktisch in Trance. So betrachtet ist jeder Schmerz, jedes Grübeln, jede Eifersucht, jede Höhenangst eine Art Trance – eine Problemtrance nämlich. Wir hypnotisieren uns selbst, indem wir uns auf einen Aspekt fokussieren und die übrige Wirklichkeit um uns herum ausblenden.

5.2.1 Zentrale Annahmen

Wie in der systemischen Therapie werden auch bei Erickson »die Symptome von heute als bestmöglicher Lösungsversuch der Vergangenheit und damit als Ressourcen angesehen« (Benaguid & Schramm, 2016, S. 22).

Ziel der Hypnotherapie ist es, »den Klienten darin zu unterstützen, die persönlichen Ressourcen wieder zu assoziieren, sich vom Problemfokus zu dissoziieren und damit eine Lösungstrance zu entwickeln« (Benaguid & Schramm, 2016, S. 35). Während des dynamischen Arbeitens mit inneren Bildern passiert im Körper eine Veränderung. So konnte auf hirnphysiologischer Ebene nachgewiesen werden, dass die subjektiv erlebten Veränderungen im Rahmen einer Trance »tatsächlich wirklich erlebt werden... und sich von einer ›reinen Vorstellung‹ unterscheiden« (Benaguid & Schramm, 2016, S. 39). Neurobiologische Untersuchungen belegen, dass in Trance bestimmte Hirnregionen, insbesondere der präfrontale Kortex und dorsolaterale Regionen, die für die kritische Überprüfung des eigenen Handelns zuständig sind, anders verschaltet sind und dadurch veränderte Aktivitäten zeigen (Revenstorf, 2017, S. 16).

Ebenso wie ein Alptraum in der Nacht das sympathische, autonome Nervensystem mit seiner Kampf- oder Fluchtreaktion aktiviert und Symptome wie Herzklopfen, Schweißausbrüche oder eine Erhöhung des Muskeltonus erzeugt, verarbeiten Menschen in Trance ihre inneren Bilder, als geschehe das Erlebte real. Dieses Erlebnis wirkt auch posthypnotisch. Revenstorf nimmt an, dass die Botschaften aufgrund des deaktivierten selbstreferentiellen Denkens nicht nur aufgenommen, sondern als Ich-synton integriert werden (Revenstorf, 2017, S. 33). Aus den Veränderungen kann der sogenannte *Kaskadeneffekt* entstehen: Wir leiten eine Veränderung ein, die zunächst klein und unscheinbar scheint. Ist das Verhaltensmuster dann einmal unterbrochen, kommt es zu einer Neuorganisation des inneren Systems im Sinne eines Lawineneffekts (Revenstorf & Peter, 2009, S. 7).

5.2.2 Erklärung von Partnerschaftsproblemen

Hypnotherapeutisch betrachtet ist jede Interaktion des Paares eine Tranceinduktion: eine wechselseitige, meist unbewusste Einladung des einen Partners an den anderen, auf eine bestimmte Art zu fühlen, zu denken oder zu handeln. So induzieren bestimmte Handlungen oder Worte eine Trance, in der der andere sich mit destruktiven Gefühlen und Gedanken assoziiert und von Liebesgefühlen und konstruktiven Kommunikationskompetenzen dissoziiert. Für die Therapeutin relevant ist also die Frage: Wer »hypnotisiert« wen, wie und wozu?

5.2.3 Therapeutisches Vorgehen

In der Hypnotherapie oder Klinischen Hypnose wird die Fähigkeit des Geistes, oft auch das Symptom *utilisiert*, d. h. genutzt (Revenstorf & Peter, 2009) und damit neugierig-lösungsorientierte Suchprozesse eingeleitet, um innere Heilungs- und Lernprozesse zu fördern.

Nur wenige Paartherapeutinnen arbeiten im Paarsetting mit expliziten Trancen. Insbesondere in der Stabilisierungsphase, wenn das Paar noch im Kampf- oder Fluchtmodus ist, ist die nötige Sicherheit noch nicht gegeben, sich auf tiefe Trancen einzulassen. Hypnosystemisches Arbeiten, das Arbeiten mit Metaphern oder die Induktion leichter Trancen im laufenden Gespräch sind dagegen verbreitet und geschehen im Paargespräch sowieso.

Dirk Revenstorf ist einer der bekanntesten Autoren, der die Hypnotherapie neben anderen Methoden auch in der Paar- und Sexualtherapie einsetzt, weil »sexuelle Erregung eine prozesshafte Verwandtschaft mit hypnotischer Trance hat und Imagination – ein Merkmal der Hypnose – sexuelle Erregung fördert« (Revenstorf & Freudenfeld, 2016, S. 115). Weiterhin stehen in Trance Ressourcen zur Verfügung, die man verstandesmäßig nicht berücksichtigt und die helfen können, Blockaden zu überwinden (ebd.). Hypnotherapeutisches oder hypnosystemisches Arbeiten wird daher insbesondere in der Sexualtherapie vielfältig eingesetzt (Eck, 2016).

5.2.4 Stärken des Ansatzes für die Paarberatungspraxis

In der praktischen Beratungsarbeit sowie der Stabilisierungsphase der Paararbeit ist vor allem die Konzeptualisierung des Partnerschaftsgeschehens mithilfe hypnosystemischen Denkens und Handelns relevant: In welcher Trance befinden sich ein oder beide Partner gerade? Worauf fokussieren sie? Worauf fokussieren sie in der Sexualität? Und: Wie kann der Fokus wieder erweitert oder verschoben werden? Vorhandene Phänomene können im Sinne einer erwünschten Lösung utilisiert werden.

Die klinische Hypnose entfaltet ihre besondere Stärke in der vertieften Arbeit des Persönlichkeitswachstums und ist ein wirkungsvolles Behandlungselement beispielsweise zur *Emotionsregulation*. Vorhandene Trancezustände können aufgegriffen und vertieft werden. Durch den Wegfall logisch-kognitiver Schranken werden Vorstellungsmöglichkeiten erweitert und neue Lösungswege gesehen oder es können verloren gegangene Erinnerungsdetails zur Vervollständigung des autobiografischen Narrativs wiedergefunden werden.

5.3 Emotionsfokussierte Paartherapie

Die Emotionsfokussierte Paartherapie hat die systemische Perspektive durch einen erlebensorientierten Ansatz erweitert: Die momentane Erfahrung und die momentane Interaktion des Paares stehen im Fokus. Der paartherapeutische Ansatz beruht auf der Emotionsfokussierten Therapie (EFT) und diese wiederum auf der Emotionstheorie. Emotionen stehen als bestimmender Faktor für das Denken, für Erwartungen, Erinnerungen und für das Selbsterleben der Partner im Zentrum (Greenberg & Johnson, 1988; Johnson, 2009; Greenberg & Goldman, 2010).

5.3.1 Zentrale Annahmen

Johnson schreibt dem Bindungsbedürfnis einen zentralen Stellenwert als wichtige Antriebskraft der Partnerschaft zu (2009): Die *Bindung* und die damit verbundene Sicherheit stellen ein wichtiges Band des Paares dar. Interaktionsmuster des Paares werden daraufhin betrachtet, inwieweit sie die Bindungsbedürfnisse beider Partner erfüllen oder verletzen.

Greenberg & Goldman beschreiben neben dem Bindungsbedürfnis zwei weitere Motivationssysteme (2010): Einerseits strebt jeder Partner nach dem Bewahren seiner Identität und hat somit ein Bedürfnis nach Anerkennung und Selbstwirksamkeit. Andererseits bestimmt auch das Bedürfnis nach Anziehung und Zuneigung die Interaktionen des Paares.

Die Emotionsregulation stellt einen zentralen Faktor für das Gelingen von Paarbeziehungen dar: Sowohl die eigenen Emotionen beruhigen als auch die Verletzungen des Partners lindern zu können, sind wichtige Kompetenzen des Paares.

5.3.2 Erklärung von Partnerschaftsproblemen

Paarkonflikte entstehen durch *dysfunktionale Interaktionszirkel*, in denen die Partner gegenseitig Sensibilitäten aktivieren.

Sensibilitäten entstehen durch ungünstige Erfahrungen in der Kindheit oder im Erwachsenenalter: Wichtige Bedürfnisse werden frustriert, was zu

Verletzungen und dadurch zu Sensibilitäten in den Bereichen Bindung, Identität und/oder Anziehung führt. *Maladaptive Emotionen* wie Einsamkeit, Scham, Wertlosigkeit, explosive Wut oder Unzulänglichkeit können die Folge sein (Greenberg & Goldman, 2010).

Im Bereich der *Bindung* können beispielsweise frühkindliche Erfahrungen von Unzuverlässigkeit oder aber Ereignisse im Erwachsenenalter wie Nebenbeziehungen in einer Partnerschaft dazu führen, dass das Bedürfnis nach Sicherheit verletzt und dadurch eine besondere Bedeutung erhält. Wenn Menschen nicht ausreichend gesehen und validiert werden, kann eine Sensibilität im Bereich der *Identität* entstehen, durch die die Betroffenen sich schnell unzulänglich oder inkompetent fühlen. Eine Sensibilität im Bereich der *Anziehung* kann sich entwickeln, wenn der Partner sich sehr häufig nicht interessiert, nicht fürsorglich ist oder sich nicht hingezogen fühlt.

Sekundäre Emotionen und Verhaltensweisen wie Ärger, Schmollen oder Kritisieren stellen erlernte Strategien im Umgang mit diesen Sensibilitäten dar; sie haben eine protektive Funktion, sind aber nicht hilfreich bei der Befriedigung der tatsächlichen Bedürfnisse.

Die Partner geraten in Konfliktsituationen in Bezug auf inhaltliche Themen aneinander, statt ihre Bedürfnisse zu zeigen. Ein Beispiel dafür sind Dominanzkonflikte: Beide Partner streiten oberflächlich gesehen um ihre Sicht der Realität und machen sich gegenseitig Vorwürfe – im Grunde jedoch brauchen sie die Wertschätzung des anderen.

5.3.3 Therapeutisches Vorgehen

Der Weg aus diesen unbefriedigenden Situationen heraus führt über die uneingeschränkte Anerkennung der verletzten Gefühle und Bedürfnisse – zunächst durch die Therapeutin und dann durch den Partner. Beide Partner müssen lernen, ihre verletzten Bedürfnisse in einer Art und Weise zu äußern, die der andere verstehen kann.

Emotionen sind leichter zugänglich als Bedürfnisse und liefern damit einen therapeutischen Wegweiser zu den tiefsten, adaptiven Bedürfnissen der Partner. Die Therapeutin fühlt sich in das Befinden beider Partner empathisch ein und validiert deren Emotionen. Sie konzentriert sich auf die verschiedenen primären, körperlich spürbaren Emotionen wie Angst, Scham, Verachtung, Abwertung, Wut und Trauer und klärt für sich, ob die Partner eine Bedrohung ihrer Bindung und/oder ihrer Identität wahrnehmen. Weiterhin beobachtet die Therapeutin, welcher Partner eher aktiv, welcher passiv ist. Wer greift in den Konflikten eher an und wer verteidigt sich oder zieht sich zurück? Welches sind die sekundären Emotionen und Verhaltensweisen der beiden Partner (z. B. Ärger oder Vorwürfe)? Wie sieht der negative Kreislauf des Paares aus? Anschließend beschreibt die Therapeutin dem Paar den negativen interaktionellen Zirkel:»Je mehr A das tut, desto mehr tut B dies ...« und vice versa.

Auf der tieferen Ebene geht es um folgende Fragen: Welches sind die primären, dahinterstehenden Emotionen (z. B. Einsamkeit, Unzulänglichkeit) und wie werden sie ausgedrückt? Welches sind die Sensibilitäten der beiden Menschen? Geht es zum Beispiel um das Gefühl unwichtig oder inkompetent zu sein? Und letztendlich: Was sind die tiefsten, adaptiven Bedürfnisse der Partner in Bezug auf Bindung und Identität (z. B. sich sicher oder gut genug zu fühlen)?

Bei der Exploration kann die Leitlinie von Greenberg und Goldman helfen:»Der Schmerz weist den Weg« (2010, S. 183). Jeder Mensch hat eine – meistens schmerzhafte – *Grundemotion*, die sein Fühlen, Denken und Handeln bestimmt. Entsprechende Fragen sind: Was ist die Grundemotion dieses Menschen? Fühlt er sich wertlos, einsam, nicht liebenswert oder unzulänglich? Was ist sein Hauptschmerz in der Paarbeziehung? Auch zu Beginn der Therapie, wenn beide Partner vor allem ihre akuten Konflikte schildern und ihre jeweiligen Positionen verteidigen, entwickelt die Therapeutin eine Hypothese hinsichtlich des Hauptschmerzes der beiden Partner und fühlt sich in diesen Schmerz ein.

Die Therapie ist ein Ort der Sicherheit: Die Therapeutin hat eine sichernde Funktion und schützt die Partner vor gegenseitigen Verletzungen. Sie beruhigt den »Angreifer«, indem sie die mit dem Angreifen verbundenen Gefühle und Bedürfnisse herausarbeitet. Auch mit dem »Rückzügler« erschließt sie dessen Gefühle und Bedürfnisse. So werden die Gefühle und Bedürfnisse beider Partner immer weiter vertieft und mit deren Motiven der Bindung und/oder Identität in Verbindung gebracht, bis sich grundlegende Themen wie Angst vor Abwertung oder Angst vor dem

Verlassenwerden zeigen. Damit wird deutlich, dass die Anliegen der Partner wichtig sind, ihr Verhalten aber das Gegenteil bewirkt.

Die Therapeutin unterstützt also beide Partner darin, die tieferliegenden Gefühle im Beisein des Partners zuzulassen und zu äußern. »Softening moments«, Momente, in denen sich ein Partner von der Mitteilung des anderen berühren lässt, sind in der Emotionsfokussierten Paartherapie zentral; sie stärken die emotionale Bindung des Paares (Greenberg & Johnson, 1988).

Im Gespräch fördert die Therapeutin bilaterale Kontakte durch sogenannte *Enactments*, indem sie einen der Partner beispielsweise fragt, ob er ein geäußertes Gefühl oder Bedürfnis dem anderen auch direkt sagen könne. Beide Partner werden angeleitet, den Schmerz des anderen nachzuempfinden und validierend auf das Gegenüber einzugehen, was auf Verletzungen lindernde Wirkung hat. Intimität wird als Weg zur Emotionsregulation in Paarbeziehungen angesehen und durch die Anleitung zur eigenen Gefühlsregulation ergänzt.

5.3.4 Stärken des Ansatzes für die Paarberatungspraxis

Der Emotionsfokussierte Ansatz erweitert die Perspektive anderer Konzepte um die Bedeutung des Momentes: Die momentane Erfahrung und die momentane Interaktion des Paares werden genutzt, um tieferliegende Emotionen und zugrundeliegende Bedürfnisse zu verstehen.

Die Interventionen der Emotionsfokussierten Paartherapie ermöglichen die Exploration und Vertiefung der Emotionen sowie die Validierung durch den Partner (▶ Kap. 11.2.1). So können Paare die beiderseitigen Grundbedürfnisse erkennen und anerkennen. Sie lernen schmerzhafte und maladaptive Emotionen gegenseitig zu lindern und selbst zu regulieren. Das Unterbrechen negativer Interaktionszyklen und der Aufbau neuer, positiver Interaktionen wird gefördert.

Auch für die Arbeit an sexuellen Problemen ist das Konzept der negativen Interaktionszirkel sehr hilfreich: Je mehr ein Partner z. B. fordert, desto stärker geht der andere in den Rückzug und vice versa. Dies verdeutlicht, wie sich Teufelskreise der sexuellen Lustlosigkeit entwickeln können (▶ Kap. 3.3). Auch die Konzepte Bindung, Identität und Anziehung spielen in der Sexualität eine wichtige Rolle und bilden die Grundlage für zentrale Fragen: Warum möchte ich Sex mit genau dir? Was für eine sexuelle Person bin ich? Und welche sexuellen Verhaltensweisen sind für mich passend und authentisch?

5.4 Klärungsorientierte Paartherapie

Die Klärungsorientierte Psychotherapie wurde von Rainer Sachse auf der Basis der Gesprächspsychotherapie und kognitiven Psychotherapieansätzen entwickelt. In diesem Ansatz wird die Wichtigkeit der genauen Klärung betont, bevor an der Veränderung der Paarinteraktionen gearbeitet werden kann. Es gilt: *Klären vor Lösen!* Geklärt wird, welche Gefühle beide Partner haben und vor allem, warum sie bestimmte Gefühle haben und warum sie sich auf eine bestimmte Weise verhalten (Sachse, Breil & Fasbender, 2013).

5.4.1 Zentrale Annahmen

Menschen nehmen aufgrund bestimmter *Beziehungsmotive* eine Beziehung auf und sind nur dann glücklich, wenn diese Bedürfnisse befriedigt werden. Zentral sind Bedürfnisse nach Anerkennung und Wichtigkeit (für den Partner bedeutsam sein, gesehen und ernstgenommen werden), nach Verlässlichkeit und Solidarität, aber auch nach Autonomie und Grenzen (Bedürfnis nach eigenen Bereichen und Privatsphäre).

Alle Menschen haben diese sechs Beziehungsbedürfnisse. Wenn ein bestimmtes Bedürfnis in der Biografie über längere Zeit verletzt wurde, erhält es eine besondere Bedeutung. Die Interpretationen dieser Erfahrungen werden in Form spezieller Strukturen oder *Schemata* gespeichert.

Schemata entstehen in der Biografie. Es sind Strukturen, in denen Interpretationen von Erfahrungen »verdichtet« und abgespeichert werden. Schemata werden durch bestimmte Situationen automatisch und sehr schnell aktiviert oder »getriggert«. Sie führen zu heftigen emotionalen Reaktionen, die die Person nur schwer unter Kontrolle hat. (Sachse et al., 2013).

Wenn ein Mensch z. B. immer wieder zurückgemeldet bekommt, dass er Erwartungen enttäuscht, kann das Schema »Ich bin ein Versager« entstehen (ebd.).

5.4.2 Erklärung von Partnerschaftsproblemen

In Paarkonflikten geht es häufig um *dysfunktionale Schemata*, welche die Partner aus ihrer Biografie in die Beziehung einbringen. Schemata enthalten Annahmen über sich selbst (z. B. »Ich bin inkompetent«, »Ich bin nicht wichtig«) oder über Beziehungen (z. B. »In Beziehungen wird man abgewertet«, »In Beziehungen wird man nicht ernst genommen«; »Beziehungen sind nicht verlässlich«). Diese Annahmen sind meistens nicht bewusst. Wenn solche destruktiven Schemata noch nicht geklärt und sowohl von sich selbst als auch vom anderen nicht verstanden werden, können sie sich ungebremst negativ in der Beziehung auswirken.

Erfahrungen mit dem Partner werden als solche nicht neutral interpretiert, sondern in vorhandene Schemata einsortiert (z. B. »Ich bin dir nicht wichtig«, »Du denkst, ich bin nicht ok«). Sie können durch harmlose Situationen stimuliert (»getriggert«) werden und steuern dann hoch automatisiert und von der Person praktisch unkontrollierbar die Reaktionen des Betroffenen.

Aus den dysfunktionalen Schemata können Verhaltensweisen resultieren, die für den anderen Partner schwierig sind und Konflikte verursachen. Besonders problematisch wird es, wenn bei beiden Partnern Schemata aufeinandertreffen, die sich gegenseitig triggern.

5.4.3 Therapeutisches Vorgehen

Grundlage des therapeutischen Handelns ist die *komplementäre Beziehungsgestaltung* (Sachse, 2006). Das bedeutet, dass die Therapeutin passgenau auf die besonderen Beziehungsbedürfnisse der Klienten eingeht, also auf die Bedürfnisse, die für diesen speziellen Menschen eine besondere Bedeutung haben, und dass sie sich »bedürfnisbefriedigend« verhält. Beispielsweise signalisiert sie bei einem hohen Anerkennungsmotiv eines Klienten nicht nur, dass er so respektiert wird, wie er ist, sondern sie gibt spezielles Feedback darüber, was *genau* positiv ist. Die Therapeutin gewinnt so in hohem Maße »Beziehungskredit«, den sie für weitere Interventionen (z. B. Konfrontationen) benötigt.

Die Therapeutin leitet Klärungsprozesse mit jeweils einem Partner an, während der andere zuhört. Anschließend lässt sie das Erarbeitete durch den zuhörenden Partner zusammenfassen. Der zuhörende Partner soll die Schemata des anderen verstehen und wissen, wie sie in der Biografie entstanden sind. Damit sollen gegenseitige Akzeptanz und Toleranz sowie die Bereitschaft der Partner aufeinander zuzugehen gefördert werden (▶ Kap. 11.2.1).

5.4.4 Stärken des Ansatzes für die Paarberatungspraxis

Der Klärungsorientierte Ansatz stellt das gegenseitige Verstehen in den Fokus: Die Partner lernen sich zum einen selbst besser kennen und erhöhen so die Empathie für sich selbst. Sie verstehen besser, wo in ihrer Biografie Motive frustriert wurden und wie sich das auf ihre heutige Partnerschaft auswirkt. Sie reagieren dadurch weniger getriggert und greifen weniger auf für den Partner unangenehme Strategien zurück. Zum anderen geht es um das Verstehen der unerfüllten Bedürfnisse des anderen. Dies erhöht die Empathie für den Partner und damit die Toleranz ihm gegenüber.

Das Begreifen der eigenen Schemata und derjenigen des Partners stellt somit die Grundlage für eine effektive eigene und partnerschaftliche Emotionsregulation dar.

Die Konzepte der Beziehungsmotive, der Selbst- und Beziehungsschemata bieten eine gute Orientierungsmöglichkeit für die Paarberatung und sind auch für die Paare in der Regel gut nachvollziehbar.

5.5 Bewältigungsorientierte Paartherapie

Die Bewältigungsorientierte Paar ist ein verhaltenstherapeutischer Ansatz, bei dem die Selbstwirksamkeit des Paares mithilfe von Übungen und dem Trainieren von Kompetenzen gefördert wird.

Die Verhaltenstherapie mit Paaren wurde in den USA u. a. von Baucom, Gottman, Markman und Jakobson und im deutschen Sprachraum von Hahlweg, Revenstorf, Schindler, Zimmer und Bodenmann geprägt. Zu Beginn entstanden Methoden wie der Verhaltensaustausch zur Erhöhung der Positivität im Paar. Es folgten Kommunikations- und Problemlösetrainings sowie kognitive Interventionen. Guy Bodenmann (2012) entwickelte im Rahmen seiner Form der Verhaltenstherapie mit Paaren, der *Bewältigungsorientierten Intervention,* das *Dyadische Coping* – eine Methode zur partnerschaftlichen Stressbewältigung, die wir im Praxisteil dieses Buch beschreiben. Im Folgenden konzentrieren wir uns auf diesen Ansatz.

5.5.1 Zentrale Annahmen

Bodenmann hat aufgrund eigener und internationaler Forschungsarbeiten auf die Bedeutsamkeit des *Stresses* für Partnerschaften hingewiesen: Stress, der außerhalb der Partnerschaft wie etwa bei der Arbeit entsteht und nicht ausreichend bewältigt wird, kann auf die Beziehung »überschwappen«. Konflikte und eine Verschlechterung der Partnerschaftszufriedenheit sind die Folgen (2000; 2015).

Stress wird dabei als subjektives Geschehen angesehen, das heißt, dass nicht eine Situation an sich schon Stress bedeutet, sondern dass die Einschätzung der Situation – als bedrohlich, als Verlust, als provokativ oder herausfordernd – für das Stresserleben verantwortlich ist (Lazarus & Folkman, 1984). Diese Einschätzungen hängen mit den *Schemata* eines jeweiligen Menschen zusammen. So wird Stress vor allem dann als besonders belastend erlebt, wenn durch die Situation ein Schema der Person aktiviert wird.

Eine Person kann zum Beispiel in ihrer Lerngeschichte die Erfahrung gemacht haben, dass sie nur bei besonderen Leistungen Zuneigung und Anerkennung erfahren hat. Dadurch kann die Überzeugung entstehen, nur etwas wert zu sein, wenn man Leistung erbringt. Dieses Leistungsschema löst in späteren Leistungssituationen dann schnell starken Stress aus: Die Person fühlt sich z. B. bei einer schlechten Bewertung abgewiesen und nicht mehr liebenswert (Bodenmann, 2012). Weitere biografische Schemata beschreiben wir in Kapitel 11.2.1 (▶ Tab. 11.2).

Die Schemata als Partner zu verstehen und den Partner bei Stress zu unterstützen ist Ziel des Dyadischen Copings. Die partnerschaftliche Stressbewältigung wird im Praxisteil dieses Buches dargestellt (▶ Kap. 11.2.1).

5.5.2 Erklärung von Partnerschaftsproblemen

Eine Verschlechterung der Partnerschaft aufgrund von Stress kann über verschiedene Mechanismen hervorgerufen werden und letztendlich zur Trennung führen (Bodenmann, 2007):

- Abnahme der gemeinsamen Zeit und der Qualitätszeit: Das Paar konzentriert sich auf das, was erledigt werden muss. Der persönliche Austausch wird vernachlässigt.
- Negative Auswirkungen auf die Gesundheit: Chronischer Stress schädigt die psychische und physische Gesundheit. Dies belastet die gemeinsame Zeit und schränkt sie eventuell erheblich ein.
- Freilegung problematischer Persönlichkeitszüge: Schwierige Eigenarten wie beispielsweise Aggressivität oder Rigidität, die in entspannten Situationen weniger ausgeprägt sind, verstärken sich unter Stress und können Konflikte verursachen.
- Verschlechterung der Kommunikation: Menschen sind unter Stress weniger offen und empathisch sowie schneller gereizt. Je nach Persön-

lichkeit ziehen sie sich zurück oder greifen an, wodurch negative Interaktionszyklen entstehen.

Bei einer Kommunikation in Form von Vorwürfen, Kritik und Abwertungen spielen auch *dysfunktionale Kognitionen* eine Rolle, die häufig unbewusst sind und automatisiert ablaufen. Es handelt sich um Kognitionen, die negativ, absolut, rigide und dichotom sind – also ein *Schwarz-Weiß-Denken* (»Wenn sie nicht mit mir schlafen will, liebt sie mich nicht mehr«). Neutrales Verhalten wird dabei negativ interpretiert und positives Verhalten nicht wahrgenommen. Störende Verhaltensweisen werden auf die Persönlichkeit zurückgeführt und verallgemeinert (»Er verhält sich immer so«, »Er ist halt so«). In der Therapie wird sowohl am Kommunikationsverhalten als auch an den dysfunktionalen Kognitionen angesetzt.

5.5.3 Therapeutisches Vorgehen

Die verhaltenstherapeutische Paartherapie ist ausgerichtet auf das Einüben neuer Partnerschaftsfertigkeiten in den Bereichen Kommunikation, Problemlösung und gemeinsamer Stressbewältigung. Neben dem Verhalten werden auch darunterliegende Strukturen wie Kognitionen, Emotionen und Schemata, die günstigem Verhalten im Wege stehen, bearbeitet. Neben der Veränderung wird aber auch Akzeptanz von Nicht-Veränderbarem angestrebt. Nach Gottman sind 60 % der Paarprobleme nicht veränderlich (2014), sodass es vor allem darum geht, einen neuen Umgang mit diesen Problemen zu finden.

Die Therapie beginnt mit einer Problemanalyse und dem Anknüpfen an Ressourcen des Paares etwa durch die Exploration der Beziehungsgeschichte (Schindler, Hahlweg & Revenstorf, 1998; Bodenmann, 2012). In einer Hausaufgabe reflektieren die Partner, wie sie dem anderen wieder Freude bereiten können. Dadurch wird die Positivität im Paar gestärkt (► Kap. 10.4.1).

Weiterhin wird der Kommunikationsstil des Paares durch eine Videoaufnahme eines Konfliktgesprächs beobachtet: Jeder Partner analysiert sein eigenes Kommunikationsverhalten. Im Kommunikationstraining steht der Austausch der beiden Partner im Vordergrund, während die Therapeutin nur unterstützend arbeitet: Sie vertieft den Prozess durch Fragen, unterstützt das Erkunden von tieferen Gefühlen und Bedürfnissen und fördert somit ein tieferes Verständnis für die persönlichen Themen beider Partner. Abschließend fragt sie nach dem wichtigsten oder stärksten Gefühl. Bei der Fokussierung auf die mit diesem Gefühl verbundenen Kognitionen und Gefühle können zentrale Schemata erkannt werden. Bodenmann nennt dieses Vorgehen die *Trichtermethode* (2012). Ziel ist, dass beide Partner gegenseitig ihre persönlichen zugrundeliegenden Schemata verstehen.

In Gesprächen über Stresssituationen, die einer der beiden Partner erlebt hat, geht es ebenfalls darum, welche Gefühle und Gedanken der andere hatte und welche Bedürfnisse eine Rolle spielen. Denn nur wenn der Partner diese versteht, kann er passende Unterstützung geben. Wichtig wird auch die Form der Unterstützung genommen: Sie sollte zuerst emotionsbezogen sein, also ein Verständnis der Gefühle und die Wertschätzung des Partners ausdrücken, und dann erst problembezogen, d. h. handlungsbezogen, z. B. durch Ratschläge.

Um dysfunktionale Kognitionen zu verändern, wird das *kognitive Umstrukturieren* eingesetzt. Dabei werden negative Gedanken hinterfragt und, wenn möglich, durch positive ersetzt. Gegen Ende der Therapie wird in Anlehnung an die Akzeptanzarbeit von Jacobson und Christensen (1998) mit dem Paar daran gearbeitet, Verhaltensweisen und Probleme, die sich nicht verändern lassen, zu akzeptieren. Anstatt den Partner als das Problem zu sehen, wird das Problem als Ausdruck unterschiedlicher Bedürfnisse umbewertet.

5.5.4 Stärken des Ansatzes für die Paarberatungspraxis

Der verhaltenstherapeutische Ansatz ist ein kompetenz- und übungsorientiertes Konzept, das dem Paar *Hilfe zur Selbsthilfe* bietet und so die Selbstwirksamkeit des Paares stärkt. In den Übungen trainiert das Paar, direkt miteinander zu sprechen und in einen tieferen Austausch zu kommen. In den Sitzungen, aber auch zuhause teilen sich die Partner ihre inneren Welten und Erlebensprozesse mit. Dadurch können auch die hinter dem manchmal schwierigen Verhalten des Partners liegenden Schemata verstanden werden, was zu mehr gegenseitiger Toleranz führt. In den Übungen hat der zuhörende Partner eine aktive Rolle: Er fasst regelmäßig zusammen, was er verstanden hat und fragt nach. So wird rechtzeitig sichergestellt, dass derjenige, der am Reden ist, nicht nur von der Therapeutin, sondern auch von seinem zuhörenden Partner verstanden wird.

Das Dyadische Coping bietet dem Paar die Möglichkeit, Stress, der individuell nicht vollständig bewältigt werden kann, in der Partnerschaft aufzufangen. Paare erhalten ein Werkzeug, das ihnen hilft, über Stress und Konflikte emotions- und bedürfnisorientiert zu kommunizieren und einander passend zu unterstützen. Stress gemeinsam zu tragen, anstatt stressbedingt zu streiten kann somit das Wir-Gefühl des Paares stärken.

6   Sexualtherapeutische Ansätze

Um mit Paaren über Sexualität zu sprechen und sie bei ihren sexuellen Problemen unterstützen zu können, braucht es Wissen über dieses Thema. Es gibt inzwischen verschiedene sexualtherapeutische Ansätze mit unterschiedlichen Konzepten und Methoden, die sich aus unserer Sicht sehr gut ergänzen.

Die »Klassische« Sexualtherapie stellt dabei ein Fundament dar. Bei diesem Ansatz geht es um den Abbau von Ängsten und die Wiederherstellung der sexuellen Funktionsfähigkeit. Der systemische Ansatz von Ulrich Clement, die *Sexualtherapie des Begehrens*, vertritt eine andere Sichtweise: Zentral ist hier die Frage, welche Art der Sexualität für eine Person stimmig und authentisch ist.

Ergänzen möchten wir diese beiden Ansätze durch zwei weitere Konzepte: durch den »Crucible«-Ansatz von David Schnarch, der Paare anregt, sich innerhalb der Partnerschaft persönlich weiterzuentwickeln, und das Konzept des Sexocorporel, das Möglichkeiten zur Verfügung stellt, direkt am sexuellen Lustempfinden zu arbeiten.

6.1   »Klassische« Sexualtherapie

Die meisten heute praktizierten sexualtherapeutischen Ansätze basieren auf den damals bahnbrechenden Erkenntnissen von William Howell Masters und Virginia Eshelman Johnson(1967). Die beiden Forscher und Pioniere der Sexualtherapie entwickelten Konzepte, die historische Bedeutung haben, zum Teil aber auch heute noch für die Praxis relevant sind. Ihr sexualtherapeutisches Konzept wurde von Helen Singer Kaplan (1979) durch psychotherapeutische Methoden ergänzt. Eine Modifikation und Erweiterung stellt das *Hamburger Modell der Paartherapie bei sexuellen Störungen* (Arentewicz & Schmidt, 1993; Hauch, 2013) dar, welches derzeit als das am besten validierte sexualtherapeutische Konzept in Deutschland gilt (Maß & Bauer, 2016).

6.1.1 Zentrale Annahmen

Zu den größten Verdiensten von Masters und Johnson gehört, dass sie mit der Überzeugung aufräumten, sexuell gesunde Frauen müssten allein durch den vaginalen Verkehr zum Orgasmus kommen. Die Forscher zeigten, dass der weibliche Orgasmus von der direkten oder indirekten Stimulation der Klitoris abhängt. Das wohl bekannteste Modell von Masters und Johnson ist der sexuelle Reaktionsverlauf:

> Der klassische sexuelle Reaktionszyklus »Human Sexual Response Cycle« beschreibt einen linearen Verlauf der sexuellen Reaktion von der Phase des Begehrens über die Erregungs-, Plateau-, Orgasmus- bis zur Refraktär- oder Erholungsphase.

Sexuelle Lust und Verlangen und auch Unterschiede zwischen Männern und Frauen wurden bei diesem Modell nicht berücksichtigt. Und Wahlmöglichkeiten für die Person, z. B. die Entscheidung einen Orgasmus haben zu wollen oder nicht, sind nicht vorgesehen (Clement, 2016). Das Modell trifft nach heutigen Erkenntnissen für einen großen Teil der Männer, aber nur für einen kleinen Teil der Frauen zu.

Sand und Fisher konnten in einer Studie zeigen, dass nur ein Drittel der Frauen diese Art der sexuellen Reaktion zeigt (2007). Bei einem weiteren Drittel passt eher das dreiphasige Modell von Kaplan (1979), was aus den Phasen sexuelles Verlangen, Erregung und Orgasmus besteht. Kaplan bezog also das Verlangen als psychische Dimension in den sexuellen Reaktionsablauf ein. Ein weiteres Drittel der Frauen weist einen zirkulären Verlauf auf, den das

Modell von Basson beschreibt (2001): Sexuelle Lust und Erregung gehen der sexuellen Begegnung nicht unbedingt voraus, sondern andere Gründe wie etwa das Bedürfnis nach Zärtlichkeit führen zur sexuellen Begegnung. Erst in deren Verlauf entsteht sexuelle Lust. Auch Störfaktoren, die die sexuelle Lust hemmen, werden in diesem Modell berücksichtigt (▶ Kap. 3.4).

6.1.2 Erklärung von sexuellen Problemen

Der klassische sexuelle Reaktionszyklus wurde lange Zeit als »normaler« Verlauf angesehen, Abweichungen galten als sexuelle Störung.

Die primäre Ursache für die Entwicklung sexueller Störungen war für Masters und Johnson (1973) die Versagensangst oder Angst vor sexueller Unzulänglichkeit. Durch diese Angst wird die Wahrnehmung sexueller Reize abgeblockt. Um die Angst zu reduzieren, kommt es oft zur Vermeidung von körperlichem Kontakt. Für Kaplan (1979) wurden ebenso alle sexuellen Dysfunktionen durch ein Übermaß an Angst ausgelöst.

Im *Hamburger Modell* (Arentewicz & Schmidt, 1993; Hauch, 2013) wird davon ausgegangen, dass sexuelle Symptome eine Schutzfunktion vor Konflikten darstellen.

6.1.3 Therapeutisches Vorgehen

Das Therapiekonzept von Masters und Johnson (1976) zielt darauf ab, dass Paare durch gemeinsame Übungen neue, korrigierende Erfahrungen machen und dadurch Erwartungsdruck und Versagensängste abgebaut werden. Die von den beiden Forschern entwickelten *Sensate Focus*-Übungen sollen die sexuelle Begegnung vom Leistungsdruck entlasten: Sie beginnen mit Erkundungs- und Berührungsübungen unter Auslassung der Brüste und Genitalien und gehen hin bis zum Coitus.

Während es Masters und Johnson und auch Kaplan primär um die Herstellung der sexuellen Funktion ging, sollen beim Hamburger Modell (ebd.) durch die Erfahrungen Konflikte überwunden und die Symptome dadurch überflüssig werden. Über die Angstreduktion hinaus werden der Ausgleich von Lerndefiziten und eine liberalere Einstellung zur Sexualität angestrebt. Auch die Bedeutung der sexuellen Störung für die Paarbeziehung wird erarbeitet und der zugrundeliegende Paar- oder innerpsychische Konflikt reflektiert. Zentral sind im Sensate Focus die »Egoismus-« und »Vetoregel«: Jeder der Partner soll für das eigene Wohlbefinden sorgen und nur tun, was ihm gefällt sowie ein Zeichen geben, wenn etwas als unangenehm empfunden wird.

6.1.4 Stärken des Ansatzes für die Paarberatungspraxis

Das theoretisch gut durchdachte und wissenschaftlich fundierte Konzept ist hilfreich in der Arbeit mit Paaren, wenn es um die Reduktion von Erwartungsdruck und Ängsten wie Versagensangst oder Angst vor sexueller Unzulänglichkeit geht.

Wenn Ängste die Ursache für sexuelle Lustlosigkeit sind, eine Person z. B. unter Leistungsdruck steht oder befürchtet, keine sexuelle Lust entwickeln zu können, ist das Sensate Focus nach unserer Erfahrung eine hilfreiche Methode, die in die Paarberatung integriert werden kann (▶ Kap. 11.2.2).

Die Partner lernen, sich mit Achtsamkeit auf ihre Empfindungen zu fokussieren und ihre Emotionen zu regulieren. Für viele ist es entlastend, dass Berührungen begrenzt werden und es zunächst nicht zum Geschlechtsverkehr kommen soll. Auch wirkt es entspannend, dass zu Beginn einer körperlichen Begegnung noch keine sexuelle Lust vorhanden sein muss und der Wunsch nach körperlicher Nähe oder Zärtlichkeit ausreichend ist. So wagen die Betroffenen, sich auf körperliche Nähe, die sie vorher vermieden hätten, einzulassen.

6.2 Systemische Sexualtherapie: »Sexualtherapie des Begehrens«

Die Kritik an Masters' und Johnsons Ansatz brachte frischen Wind in die Sexualtherapie: Die Therapie bewirke im besten Fall eine mittelmäßig zufriedenstellende Sexualität. Denn für das Erleben von Leidenschaft und Erotik sei ein gewisses Maß an Angst notwendig. Weiterhin enge das Modell die therapeutischen Handlungsmöglichkeiten stark ein und führe zu zähen Therapieverläufen (Clement, 2001).

Auch für die kanadische Sexualwissenschaftlerin und Psychotherapeutin Peggy Kleinplatz reicht es nicht aus, sexuelle Symptome zu beseitigen und sich mit einer Sexualität abzufinden, die zwar funktioniert, aber nicht oder nur teilweise befriedigend ist (2012). Statt standardisierter Ziele und normierter Lösungen soll Therapie darauf ausgerichtet sein, wie Sexualität individuell erlebt wird und welche Bedeutung sie für die einzelnen Klienten hat. Zentral ist für Kleinplatz, welche Vorstellungen von gutem Sex die Person hat und welche Ziele und Lösungen sie selbst entwickelt. Angestrebt wird »sex worth wanting« - eine Sexualität, die es wert ist, gewollt zu werden. Die systemische »Sexualtherapie des Begehrens« nach Clement (2011; 2016) versucht, diesen Anforderungen gerecht zu werden.

6.2.1 Zentrale Annahmen

In der Sexualtherapie des Begehrens wird davon ausgegangen, dass die gelebte Sexualität für eine Person stimmig sein und dem Bild von sich als sexueller Person entsprechen muss, um zufrieden zu machen. Im Mittelpunkt steht also das sexuelle Sein, nicht das sexuelle Funktionieren. Sexuelle Handlungen beeinflussen das Erleben und sind Gestaltungsmittel für das eigene sexuelle Sein. Ebenso hat das Erleben Einfluss auf das sexuelle Handeln. Es geht um Fragen wie: Wer bin ich als sexuelles Wesen? Welche Art der Sexualität ist stimmig und authentisch für mich? Was will ich erleben und erfahren? Wie will ich handeln?

Erotische Entwicklung wird angestoßen, wenn beide Partner es wagen, sich selbst die eigenen Wünsche und Bedürfnisse zuzugestehen und sie dem anderen zuzumuten – mit dem Risiko, dass sie nicht unbedingt bestätigt werden, sondern beim anderen auch Ablehnung oder Verunsicherung auslösen können.

Für Clement hat sexuelles Begehren eine Eigendynamik, die von der Paardynamik in langfristigen Partnerschaften, welche auf Stabilität, Zuverlässigkeit und Eindeutigkeit ausgerichtet sind, abweicht (2011). Sexuelles Begehren ist für ihn uneindeutig und launenhaft: Es nährt sich aus Verschmelzungswünschen und der Faszination am Anderssein, am Fremden und am Unterschiedlichen. »Auf dieser Basis wird Sexualität ein Potential zugetraut, persönliche Entwicklungen (›Wachstum‹) anzustoßen und zu beleben. Als Irritation, als Ressource, als zentrales Feld menschlichen Erlebens« (Clement, 2016, S. 30).

6.2.2 Erklärung von sexuellen Problemen

Sexuelle Störungen oder Symptome werden nicht als Mangel betrachtet und müssen daher nicht unbedingt beseitigt werden. Clement geht es nicht um die Frage »Klappt es?«, sondern um die Reflexion »Passt es?« (2011; 2016). Symptome gelten als direkte Mitteilung des Körpers, als Hinweis für das Nicht-Wollen oder Anders-Wollen oder sogar als Ausdruck eines nicht oder falsch gelebten Lebens. So kann eine Erektionsstörung oder sexuelle Lustlosigkeit Ausdruck dafür sein, dass das momentane »erotische Angebot« nicht gewollt wird. Oft versteckt sich hinter einem Symptom, also einem Nicht-Können, ein *Nicht-Wollen*, was nicht direkt mitgeteilt wird, um sowohl den Partner als auch sich selbst zu schonen.

Schonung und Scheu sind oft verantwortlich dafür, dass Paare in der »Komfortzone des kleinsten gemeinsamen Nenners«, bleiben. Die Beschränkung auf wenige Gemeinsamkeiten und das Vermeiden von Unterschieden begraben auf Dauer Erotik und Leidenschaft.

6.2.3 Therapeutisches Vorgehen

In der Therapie wird bei ambivalenten Klienten, die einerseits der Partnerschaft zuliebe mehr Sex wollen und andererseits auch nicht, die »Nein-Seite« ernst genommen und beleuchtet (▸ Kap. 11.3.2): Was ist es genau, was sie ablehnen? Wenn dieser Seite genügend Raum gegeben wurde, kann es darum gehen, was stattdessen gewollt oder anders gewollt wird.

Die Therapeutin bleibt »veränderungsneutral«, arbeitet also nicht in Richtung »mehr Sex«. Anstatt Veränderungen aktiv anzustoßen, werden Konsequenzen der Nichtveränderung erkundet.

Mit systemischen Fragen kann ressourcenorientiert das erotische Potential erarbeitet werden: Was wird genutzt, was noch nicht? Was möchte die Person entwickeln angesichts ihrer Möglichkeiten und Grenzen? Symptome können »externalisiert« werden, um mit ihnen in Kontakt treten zu können. So kann bei Klienten, die unter sexueller Lustlosigkeit leiden, die Lust direkt gefragt werden, wo sie denn »hin ist«, warum sie sich verzogen hat und wie man sie wieder einladen könnte. Oder der Penis kann befragt werden, was er will, braucht und zu dieser Situation jetzt sagen würde.

Die Sexualtherapie des Begehrens bietet eine Reihe von Übungen zur erotischen Entwicklung des Paares, von denen einige im Praxisteil dieses Buches beschrieben werden: Clement nennt sie *Spiel-Interventionen* und *Ernstinterventionen*. Zu den Spiel-Interventionen gehören beispielsweise das Entwickeln einer erotischen Geschichte sowie Rollenspiele; eine Ernstintervention ist das *Ideale sexuelle Szenario*, bei dem es darum geht, die eigene Sexualität zu entdecken und zu reflektieren, was man davon dem anderen zeigen möchte (▶ Kap. 11.3.2).

6.2.4 Stärken des Ansatzes für die Paarberatungspraxis

Die Vorgehensweisen und Übungen dieses Ansatzes sind gut beschrieben und nachvollziehbar. Auch in der Arbeit an der Sexualität weniger erfahrene Paarberaterinnen können ihr Repertoire beispielsweise mit den Spiel-Interventionen Schritt für Schritt ausweiten.

Die Interventionen und insbesondere das Ideale sexuelle Szenario regen eine Entwicklung im Bereich der Sexualität und Erotik, aber auch eine grundsätzliche Persönlichkeitsentwicklung an.

6.3 »Crucible«- oder Differenzierungsansatz

Großen Einfluss auf die Sexualtherapie des Begehrens hatte der Ansatz von David Schnarch. In seinem »Crucible«- (»Feuerproben«-) oder Differenzierungsansatz zur Behandlung von Paaren mit sexuellen Problemen geht es um die persönliche Entwicklung beider Partner (Schnarch, 2019). Schnarch wendet dabei das Konzept der Differenzierung von Murray Bowen auf partnerschaftliche und sexuelle Probleme an (Kerr & Bowen, 1988). Der Differenzierungsansatz bekam in den vergangenen Jahren eine neurobiologische Fundierung und neue paar-, psycho- und traumatherapeutische Tools (Schnarch, 2018).

6.3.1 Zentrale Annahmen

Für Schnarch ist eine Ehe die ideale Möglichkeit zur Persönlichkeitsentwicklung. Denn bei jedem Paar kommt es irgendwann zur »Feuerprobe«: In der Verliebtheitsphase genießen viele die Verschmelzung, machen Kompromisse und stellen ihre eigene Persönlichkeit zurück. Eine Krise ist unvermeidbar, spätestens wenn das sexuelle Verlangen eines Partners abnimmt. Schnarch bewertet eine solche Krise jedoch nicht negativ. Vielmehr stellt sie einen natürlichen Bestandteil der Paarentwicklung dar und eine Chance zur Weiterentwicklung. Das Ziel ist ein Wachstum in Bezug auf die *Differenzierung*.

Differenzierung ist die Fähigkeit einer Person, im engen emotionalen und/oder körperlichen Kontakt mit einem Gegenüber, welches für die Person wichtig ist, ein stabiles Selbstgefühl aufrecht zu erhalten (Schnarch, 2019).

Zentral für die Differenzierung sind die »Vier Aspekte der Balance«.

1. *Ein stabiles und flexibles Selbst* bedeutet, eine Vorstellung davon zu haben, wie man selbst ist, und die eigenen Stärken und Schwächen zu kennen. Gleichzeitig bedeutet es, entwicklungsfähig, flexibel und offen zu bleiben und dadurch die Persönlichkeit immer weiter wachsen zu lassen.
2. Die *Fähigkeit zu angemessener Reaktion* meint die Fähigkeit zur Impulskontrolle – auch wenn etwas tief emotional trifft.

3. Damit verbunden sind ein *stiller Geist und ein ruhiges Herz.* Dieser Aspekt bezeichnet die Fähigkeit zur Beruhigung der Gedanken und zur Emotionsregulation: sich selbst beruhigen und heilsam auf die eigenen Verletzungen einwirken zu können.

4. Zu guter Letzt braucht es *sinnvolle Beharrlichkeit*: die Bereitschaft, für ein langfristig wichtiges Ziel vorübergehendes Unbehagen in Kauf zu nehmen. Wachstum findet oft außerhalb der »Wohlfühlzone« statt.

Ein Mensch mit einem hohem Differenzierungsniveau reagiert auf die Gefühle eines anderen Menschen nicht mit Schuldgefühlen, Ärger oder Angst, sondern bleibt innerlich stabil. Er ist mit seinen eigenen Gefühlen in Kontakt und kann diese von denen des anderen unterscheiden. Die Gefühle des Gegenübers kann er als zu diesem gehörend annehmen und aushalten, ohne sie verändern zu müssen. Er kann sich so vom anderen abgrenzen, ohne den Kontakt aufzugeben, und kann empathisch reagieren, indem er z. B. sagt:»Ich habe den Eindruck, ich habe dich gerade verletzt. Ist das so? Was habe ich bei dir ausgelöst?«

Zu den eigenen Gefühlen, Bedürfnissen und Wünschen stehen zu können, ohne vom Partner eine Bestätigung zu erwarten, nennt Schnarch *selbstbestätigte Intimität.* Man braucht den anderen nicht als Spiegel, um das Gefühl zu haben, okay zu sein. Auch eine sexuelle Begegnung wird offener und wahrhaftiger, wenn sich zwei differenzierte Persönlichkeiten begegnen, die sich einander zeigen und sich selbst bestätigen können.

6.3.2 Erklärung von sexuellen und Partnerschaftsproblemen

Beziehungs- und sexuelle Probleme stellen für Schnarch keine Fehlentwicklung dar, sondern gehören zur normalen Entwicklung einer Partnerschaft und der Differenzierung der beiden Personen dazu.

Menschen mit niedrigerem Differenzierungsniveau haben aus Sorge vor der Reaktion des anderen Mühe, zu den eigenen (sexuellen) Wünschen und Bedürfnissen zu stehen. Schnarch formuliert das sehr direkt:»In fact, it is difficult for people to really fuck their spouse« – »In der Tat ist es schwierig für die Menschen, ihren Ehepartner wirklich zu ficken« (Schnarch, 2009, S. 267).

Menschen mit niedrigem Differenzierungsniveau brauchen die Bestätigung des anderen, begehrt zu werden, um ihren Selbstwert zu stabilisieren und negative Gefühle zu beruhigen. Diese Bedürftigkeit jedoch löst beim anderen eher Ärger, Mitleid oder Fürsorglichkeit aus statt Begehren. Die erotische Anziehung und das sexuelle Verlangen nehmen beim anderen also eher ab. Menschen mit höherem Differenzierungsniveau begehren dagegen aus einer Haltung heraus, dass ihr Angebot auch abgelehnt werden darf und dass es trotzdem »ein gutes Angebot« bleibt.

Schnarch beschreibt einen Grundsatz, der hilft, Beziehungsdynamiken besser zu verstehen (2019): Jedes Paar hat einen verlangensstärkeren[2] und einen verlangensschwächeren Teil, wobei der verlangensschwächere die Dynamik kontrolliert. Das heißt: Wir werden nie mit einem Partner zusammen sein, der exakt genauso viel Lust auf Sex hat wie wir selbst. Es gibt Partnerschaften, bei denen die *Verlangensunterschiede* gering sind und die Rollen gelegentlich wechseln. Es gibt aber auch Partnerschaften, bei denen die Bedürfnisse weit auseinanderliegen.

Verlangensunterschiede gibt es nicht nur in der Sexualität. Sie finden sich auch bei anderen Themen wie beispielsweise der Autonomie, Ordnung und Sauberkeit, gemeinsamen sozialen Kontakten und vielem mehr. Das gelebte Niveau orientiert sich dabei an dem Bedürfnis des Verlangensschwächeren. Der andere kann alle Register ziehen – Überreden, Drohen, Erpressen – der Verlangensschwächere kontrolliert die Dynamik.

6.3.3 Therapeutisches Vorgehen

Ziel der Therapie ist die Differenzierungsentwicklung beider Partner, verbunden mit selbstbestätigter Intimität und emotionaler Selbstregulation. Schnarch exploriert detailliert die partnerschaftliche und auch sexuelle

---

2 In den deutschen Übersetzungen der Bücher von Schnarch wird von sexuellem *Verlangen* gesprochen, während wir in diesem Buch mehrheitlich den entsprechenden Begriff *Begehren* verwenden.

Interaktion, gibt psychoedukative Inputs und konfrontiert in deutlicher Sprache.

Interventionstechniken wie das »Umarmen bis zur Entspannung« sollen neue Erfahrungen ermöglichen, bei denen die Partner lernen, sich im nahen Kontakt mit dem anderen selbst zu regulieren und trotzdem in Kontakt zu bleiben (► Kap. 11.2.2).

6.3.4 Stärken des Ansatzes für die Paarberatungspraxis

Die Differenzierung als ein »Bei-sich-und-in-Kontakt sein« kann eine wichtige Leitlinie für die Arbeit mit Paaren darstellen. Es ist Schnarchs Verdienst, Bowens Theorie auf die Sexualität übertragen und damit eine interessante Erklärung der Abnahme sexuellen Verlangens in längeren Beziehungen geliefert zu haben. Ebenso hilfreich ist die ressourcenorientierte Deutung und damit Normalisierung von Partnerschaftskrisen und daraus resultierend deren Nutzung zum Persönlichkeitswachstum.

6.4 Sexocorporel: Sexualität lernen

Eine die sexualtherapeutische Landschaft belebende Ergänzung bietet der Ansatz Sexocorporel, der von dem Kanadier Jean-Yves Desjardins in den 1980er Jahren entwickelt worden ist (Desjardins, 1986). Sexocorporel ist eine körperorientierte Form der Sexualtherapie, die bei verschiedenen sexuellen Problemen sowie zur (sexuellen) Emotionsregulation eingesetzt wird. Ein umfassender Überblick über dieses Konzept sowie der Versuch einer wissenschaftlichen Fundierung finden sich bei Sztenc (2020).

Neue Lernerfahrungen als Individuum sowie als Paar sollen die sexuelle Entwicklung fördern. Der gezielte Einsatz von Bewegung, Muskeltonus und Rhythmus sind zentrale Mittel zur Steigerung der Wahrnehmungs- und Erregungsfähigkeit und letztendlich zur Förderung sexueller Lust

(Bischof-Campbell et al., 2018). Das wirkt sich auf das sexuelle Begehren der Person aus, denn Lust *auf* Sex entsteht nach Bischof durch Lust *am* Sex (Bischof, 2016).

6.4.1 Zentrale Annahmen

Im Mittelpunkt des Sexocorporel steht die Annahme, dass Sexualität dem Menschen nicht in die Wiege gelegt ist und »von allein läuft«, sondern zum großen Teil eine erlernte Fähigkeit ist.

Angeboren ist die genitale Erregung; sie ist ein Reflex. Dieser *Erregungsreflex* zeigt sich beispielsweise durch die Vasokongestion (Blutandrang) der Geschlechtsorgane, Lubrikation (Feuchtwerden) bei der Frau und Erektion beim Mann, einem Anstieg von Puls und Blutdruck und einer Erhöhung der Atemfrequenz. Auslöser des Erregungsreflexes sind sogenannte *Erregungsquellen*. Das können Sinneswahrnehmungen wie etwa Berührungen, Anblicke oder Geräusche sein, sowie Kognitionen, Emotionen und Fantasien.

Der *Erregungsmodus* (Schiftan, 2019) – die Art, wie ein Mensch seine sexuelle Erregung bevorzugt steigert – ist hingegen erlernt. Es werden im Sexocorporel zwei Arten unterschieden: *Spannungsmodi* und *Bewegungsmodi*.

Zu den Spannungsmodi, für die ein hoher Muskeltonus und eine flache Atmung charakteristisch sind, gehören: der *Reibungsmodus*, bei dem das Geschlecht durch Reibung stimuliert wird, der *Druckmodus*, bei dem Druck auf das Geschlecht ausgeübt wird, sowie der *vibrationsinduzierte* Modus, bei dem Vibration eine zentrale Rolle für die Erregungssteigerung spielt. Spannungsmodi sind weit verbreitet, wobei auch Mischformen der drei Modi existieren.

Zu den Bewegungsmodi gehören der *ondulierende* und der *wellenförmige* Modus. Diese zeichnen sich aus durch ein höheres Ausmaß an Bewegung und eine tiefe Atmung. Im ondulierenden Modus sind die Bewegungen fluide und der Muskeltonus ist niedrig. Beim wellenförmigen Modus bewegt sich das Becken in einer Schaukelbewegung vor und zurück, Tonus und Rhythmus sind variabel.

Die verschiedenen Erregungsmodi unterscheiden sich also durch das Ausmaß an innerer (z. B. Atmung) und äußerer Bewegung und die Stärke der Muskelspannung. Aber auch durch ihr Potenzial zur Steigerung sexueller Lust sowie genitaler Erregung (Sztenc, 2020): Ein bewegter Körper mit variablem Muskeltonus und tiefer Atmung, wie es dem wellenförmigen Modus entspricht, ist hilfreich, um Erregung und Orgasmus lustvoller zu gestalten. Nach Sztenc wäre es »ein leichtes, aus dem Konzept der Erregungsmodi eine Sex-Gymnastik zu entwickeln, aber das hätte mit Sexocorporel nichts zu tun. Im Verständnis des Embodiment geht es vielmehr um Regulationsmöglichkeiten des Erlebens über körperliches Verhalten.« (ebd., S. 78)

Einfluss auf das sexuelle Erleben haben auch kognitive und emotionale Komponenten. So kann sich eine Berührung gänzlich anders anfühlen, wenn sie beispielsweise von der Traumfrau oder dem Traummann ausgeführt wird als von einer Person, mit der man Konflikte hat. Ebenso kann eine sexuelle Begegnung unabhängig von der Qualität, allein durch die zugeschriebene Bedeutung, mehr oder weniger befriedigend empfunden werden – z. B. dadurch, dass man sich geliebt und begehrt fühlt oder aber missachtet und nicht gesehen. In der Verliebtheitsphase kann die emotionale Bedeutung so machtvoll sein, dass eine Kombination aus Hormonen, Neurotransmittern und der Einsatz der Muskulatur Erregung und Orgasmen auslösen kann. In einer längeren Beziehung ist die Bindung oft zur Selbstverständlichkeit geworden und das Begehrtwerden nichts Besonderes mehr, sodass die emotionale Spannung abnimmt und nur wenig zur Erregung beitragen kann.

6.4.2 Erklärung von sexuellen Problemen

Grundsätzlich werden sexuelle Probleme im Sexocorporel als ein Ausdruck dafür angesehen, dass die betroffene Person in ihrem sexuellen Lernen an Grenzen gekommen ist. Die Ursachen dafür können vielfältig sein. Es beginnt bei fehlendem Wissen über Sexualität wie beispielsweise über die Lage und Größe der Klitoris oder die normale Größe des Penis. Auch *negative Botschaften* über Sexualität oder Masturbation, die von den Eltern oder der Gesellschaft vermittelt werden, können das Lusterleben einschränken.

Neben mangelndem Wissen über Sexualität sind fehlende *taktile Lernerfahrungen* bedeutsam: Beschäftigt sich ein junger Mensch nur selten oder nie mit dem eigenen Genitale, werden auf der neuronalen Ebene nicht genügend Synapsen gebildet. Das kann bei Frauen der Hintergrund von Erregungs- und Orgasmusproblemen sein. Auch bei Männern kann die eingeschränkte Beschäftigung mit ihrem Genitale, z. B. durch ausschließliche Stimulation der Eichel oder durch den Einsatz von viel Reibung oder starkem Druck, dazu führen, dass sie Mühe haben, beim Geschlechtsverkehr zu Erektion und Orgasmus zu kommen. Durch Übung und Ausdehnung der taktilen Stimulation können Männer wie Frauen das Erlebnisspektrum ihres Genitales erweitern.

Beim partnerschaftlichen Sex ist eine hohe Muskelspannung in Kombination mit einer flachen Atmung und eingeschränkter Bewegung bei Männern und Frauen weit verbreitet, was die Wahrnehmung der sexuellen Erregung und das sexuelle Lusterleben begrenzt. Anhaltend hohe Spannung führt zu Sauerstoffmangel und reduziert die Wahrnehmungsfähigkeit im Körper. So werden sexuelle Begegnungen als nicht ausreichend erstrebenswert eingestuft und das sexuelle Begehren nimmt ab.

Neben den Erregungsmodi können auch eingeschränkte Anziehungscodes für sexuelle Probleme verantwortlich sein: Wenn die Bandbreite der Aspekte, die als sexuell erregend wahrgenommen wird, stark begrenzt ist – es beispielsweise immer Objekte wie rote Schuhe oder bestimmte Körperformen oder Lebensalter braucht – kann es schwierig werden, wenn diese nicht zur Verfügung stehen.

6.4.3 Therapeutisches Vorgehen

Bei der Sexualtherapie nach Sexocorporel geht es um *Lernen durch Erfahrung*: Wissen um Funktionsabläufe oder die Vorteile von Selbstbefriedigung werden in Übungseinheiten und Impulsen zur Selbsterfahrung erlebbar gemacht. So können Grenzen der bisherigen Lernerfahrungen erweitert und neue, sinnliche und lustvolle körperliche Erfahrungen ermöglicht und in das bisherige Erleben integriert werden. Auch die sexuelle Selbstsicherheit, die positive Beziehung zum eigenen Körper und zur eigenen Weiblichkeit bzw. Männlichkeit sowie die Genussfähigkeit können durch Übungen gefördert werden.

Die zentrale Übung im Sexocorporel ist die Beckenschaukel, die dem oben beschriebenen wellenförmigen Modus entspricht. Die Schaukelbewegung des Beckens wird mit einer atemsynchronisierten An- und Entspannung des Beckenbodens verbunden. Die sogenannte *Doppelte Schaukel* besteht aus der gleichzeitigen Bewegung des Oberkörpers (*Obere Schaukel*), die ein gedankliches und emotionales Loslassen fördert, mit der kraftvollen, lust- und erregungsfördernden Bewegung des Beckens (*Untere Schaukel*, ▶ Kap. 11.3.2). Die Doppelte Schaukel ist keine Kunstbewegung, sondern entspricht natürlichen Impulsen wie sie auch beim intensiven Lachen, Schluchzen, Husten oder Niesen vorkommen.

Im Beratungsgespräch wird das Symptom als Lösungsversuch für ein Problem gesehen. So können beispielsweise Ängste, die sich im erhöhten Muskeltonus und einer verschlossenen Körperhaltung äußern, als Schutzfunktion gewürdigt und auf Wunsch verändert werden. Handlungsleitend ist hier die Polyvagaltheorie: Eine sympathische Aktivierung gilt nur soweit als sinnvoll wie sie etwa beim Sport ein Gefühl von Vitalität auslöst. Sobald die sympathische Aktivierung überhandnimmt, sind Gedanken darauf ausgerichtet, sich selbst und das Gegenüber zu bewerten. Der Einsatz der Doppelten Schaukel und einer tiefen Bauchatmung aktivieren den Vagus und ermöglichen eine Steigerung der Erregung und eine prosoziale Interaktion (▶ Kap. 4.2).

Für die körperliche Begegnung mit dem Partner wird eine *autozentrierte* Haltung vermittelt, mit der Sexualität erfüllend erlebt werden kann. Autozentrierung bedeutet, dass auch im Kontakt mit dem Partner der Fokus auf der Wahrnehmung der eigenen Empfindungen, Bedürfnisse und Wünsche liegt. Das Ziel ist eine Balance zwischen der Wahrnehmung von sich selbst und dem anderen (Rescio, 2014). Im Praxisteil dieses Buches zeigen wir eine Paarübung zur Autozentrierung (▶ Kap. 11.3.2).

6.4.4 Stärken des Ansatzes für die Paarberatungspraxis

Das Besondere dieses Ansatzes ist, dass mit den angebotenen Übungen direkt an der sexuellen Lust und Erregung gearbeitet werden kann. Die Selbstwirksamkeit der Klienten wird gestärkt und Gefühle von Unfähigkeit, Versagen und Hilflosigkeit werden abgebaut, denn »das Selbsterleben – emotional wie genital – lässt sich beeinflussen durch die körperliche bzw.

sensomotorische Qualität der Handlung« (Sztenc, 2020, S. 133). Alle Übungen werden mit professioneller Distanz, in bekleidetem Zustand und in stilisierter Form gezeigt.

Viele Menschen haben beim Sex eine hohe Körperspannung und spüren dadurch weniger. Durch die Übungen des Sexocorporel entspannt sich das Nervensystem, der Organismus kommt über eine tiefere Atmung und mehr Bewegung in einen gelösteren Modus, kann so Körperempfindungen besser wahrnehmen und Erregung aufbauen.

Der Ansatz Sexocorporel stellt eine wohltuende Ergänzung zur sonst eher kopflastigen Paartherapie und -beratung dar. Die Körperübungen bewirken, dass Erkenntnisse aus den Paargesprächen körperlich erfahrbar gemacht werden.

Teil III: Praxis der Arbeit mit Paaren

In Teil II dieses Buches haben wir die paar- und sexualtherapeutischen Ansätze und Konzepte beschrieben, die die Grundlage für unsere Arbeit bilden. Jeder Ansatz hat seine Stärken, aber auch seine Begrenzungen. Wer auf die Vielfalt der Menschen und ihre Themen gut vorbereitet sein möchte, braucht ein breites Repertoire.

Im dritten Teil soll nun die Umsetzung der vorgestellten Theorien in die Praxis dargestellt werden. Wir erklären Aufbau und Rahmen unserer Arbeit, wobei die *Integration* unterschiedlicher Konzepte eine zentrale Rolle spielt. Verschiedene Ansätze in die Paartherapie zu integrieren wird im angelsächsischen Bereich schon seit den 1990er Jahren gefordert (Roesler, 2015). Diese Haltung entspricht auch unserem Arbeiten: Wir integrieren körperorientierte, sexual- und traumatherapeutische Methoden in die klassischen paartherapeutischen Ansätze. Die neurobiologische und traumatherapeutische Forschung liefert Belege für die Notwendigkeit der Integration dieser Ansätze, denn effiziente Therapie muss nach van der Kolk (2017) folgende Aspekte beinhalten:

1. das Erlernen verbesserter Selbstwahrnehmung innerer Körperprozesse und der Gefühle
2. eine Verbesserung der Regulation der physiologischen Erregung einschließlich der Herzratenvariabilität und
3. die Umsetzung der Wahrnehmungen in effektive Handlung.

Die Emotionsregulation ist folglich das Herzstück wirksamer Therapien und spielt auch in der Arbeit mit Paaren eine zentrale Rolle: In der Paartherapie geht es einerseits um Selbstregulation und andererseits um die Regulation mithilfe des Partners.

Dieser dritte Teil des Buches beginnt mit unserem *Stabilisierungs-Wachstumsmodell*, das den Prozess der Beratung oder Therapie abbildet. Dort unterscheiden wir eine Einstiegsphase, eine Stabilisierungshase und eine Wachstums- bzw. Vertiefungsphase. Danach zeigen wir, wie der Rahmen, das Setting und die therapeutische Beziehung gestaltet werden können.

Schließlich folgt der für Praktikerinnen vermutlich spannendste Teil: Die Beschreibung und praktische Integration von geeigneten Methoden in den Beratungsprozess. Im Ablauf orientieren wir uns an den Phasen des Stabilisierungs-Wachstumsmodells und unterscheiden Methoden für die jeweiligen Phasen.

Unsere Methodenauswahl soll eine Anregung darstellen und kann aufgrund der Fülle der Möglichkeiten nicht vollständig sein. Die Unterscheidung in Methoden zur Stabilisierung bzw. zur Vertiefung ist eine Konstruktion und hat vor allem didaktische Gründe. In der Praxis sind Übergänge fließend bis austauschbar. Ob ein Tool eher stabilisierend oder vertiefend wirkt, hängt maßgeblich vom Kontext, der therapeutischen Beziehung und dem gegenwärtigen Moment ab. So können auch »einfachste« Interventionen wie etwa die VW-Regel (d. h. das Ersetzen von Vorwürfen durch Wünsche), achtsam und passend eingesetzt, auch nach längerer therapeutischer Arbeit eine vertiefende Wirkung haben und Wachstum anregen. Andererseits können vertiefende Interventionen, oberflächlich oder zum falschen Zeitpunkt eingesetzt, wirkungslos verpuffen. Die Entscheidung, welche Interventionen wann eingesetzt werden, basiert auf einem achtsamen Kontakt der Paarberaterin zu beiden Partnern und der feinen Wahrnehmung ihres Embodiments und der Dynamik zwischen ihnen beiden. Weiterhin spielen die Selbstwahrnehmung und die Selbstregulation der Paarberaterin eine Rolle.

7 Stabilisierungs-Wachstumsmodell für das integrative Arbeiten mit Paaren

Mit diesem Modell möchten wir einen Rahmen zur Verfügung stellen, der eine Übersicht über den Ablauf einer Paartherapie bietet, bestehend aus den Phasen Einstieg, Stabilisierung und Wachstum bzw. Vertiefung. In jeder Phase geht es um beide Partner in ihrer Ganzheit: mit ihren Kognitionen und Emotionen, mit ihren Körpern, ihrem Verhalten und auch ihren sozialen Bezügen. In Abbildung 7.1 stellen wir mit dem Symbol ∞ den Kontakt beider Personen zueinander sowie den introspektiven Kontakt jeder Person mit sich selbst dar.

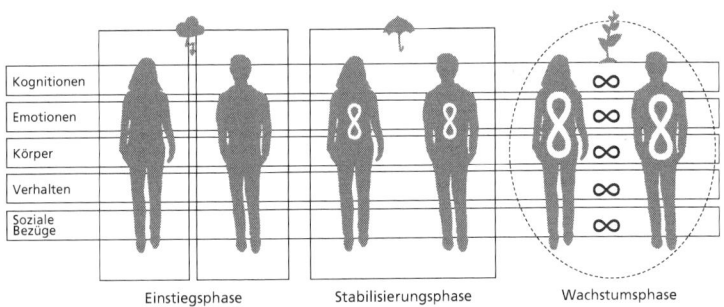

Abb. 7.1: Stabilisierungs-Wachstumsmodell

Wir betrachten das Paar aus allen fünf Perspektiven. Was denken die beiden Personen in der jeweiligen Situation? Was fühlen sie? Was lösen bestimmte Gedanken und Gefühle im Körper aus? Was tun sie, um eine aus gewissen Gedanken/Gefühlen resultierende Situation zu lösen oder sich zu regulieren? Wie sind sie eingebettet in die sie umgebenden Beziehungen? Alle biopsycho-sozialen Aspekte sind relevant und wir versuchen beide Personen mit ihrem Erleben und Verhalten zu verstehen. Je nach Situation, Anliegen und Phase des Beratungsprozesses konzentrieren wir uns auf einen bestimmten oder mehrere Aspekte und nutzen dazu auch unterschiedliche therapeutische Ansätze und Methoden.

Die Arbeit mit dem Paar entwickelt sich dabei nach dem Prinzip des *stepped care*. Das ist eine stufenweise Intensivierung der Beratung mit einer zunächst niederschwelligen, sicherheitsspendenden und anliegenorientierten Ressourcenaktivierung, die viele psychoedukative Elemente enthält und dann in Wachstumsthemen übergeht.

7.1 Einstiegsphase

Wenn zwei Menschen in die Paarberatung oder -therapie kommen, haben sie sich oftmals lange gegenseitig verletzt und jeder hat einen *Schutzmantel* um sich gelegt. Dieser soll vermeintlich helfen, die Vulnerabilität zu reduzieren, lässt aber keinen echten Kontakt zum anderen mehr zu. Das Stressnervensystem beider Menschen ist mehr oder weniger ständig aktiviert und im *Angriffs-* oder *Verteidigungsmodus*, weshalb sie nicht gut in Kontakt mit sich selbst und dadurch nicht im Vollbesitz ihrer logisch-rationalen und empathischen Fähigkeiten sind (▸ Kap. 4.1). Beide reagieren hochgradig vulnerabel aufeinander und können die Dynamik selbständig kaum stoppen. Da sie spüren, dass sie nicht mehr in der Lage sind, in einen wirklichen Kontakt miteinander zu treten, suchen sie Unterstützung.

In der Einstiegsphase geht es darum, die Lebenssituation des Paares kennenzulernen, und die Schwierigkeiten, aber auch Ressourcen des Paares zu erfassen. Dabei werden sowohl die Kognitionen, Emotionen und das Verhalten der beiden Partner exploriert als auch ihre Körperempfindungen und sozialen Bezüge. Die Anliegen des Paares, der Auftrag beider Partner und die Ziele der Therapie werden geklärt.

Damit sich beide Partner entwickeln und in einen echten Kontakt miteinander kommen können, brauchen sie ein Gefühl von Sicherheit.

Zentral in der Einstiegsphase ist daher eine sicherheitsvermittelnde therapeutische Beziehung zu beiden Partnern. Dazu nimmt die Therapeutin oder Beraterin eine allparteiliche Haltung ein, fühlt sich empathisch in beide Partner ein und validiert deren Wahrnehmungen und Empfindungen. Durch das Mit-Tragen teilweise überwältigender Gefühle co-reguliert die Therapeutin das Nervensystem der jeweiligen Partner. Die Therapie wird zu einem Ort der Sicherheit. Die Ressourcen des Paares, wie z. B. noch vorhandene Positivität oder Berührungen, werden hervorgehoben und gestärkt.

7.2 Stabilisierungsphase

Die Paartherapeutin übernimmt so lange den sicherheitsspendenden Part, bis die Partner sich nicht mehr verletzen und wieder empathisch reagieren können. Dazu erarbeitet sie mit beiden Partnern, wie Eskalationsprozesse entstehen, wodurch sich ein Paar in seinen Interaktionszyklen gegenseitig triggert und wie es möglich ist, die Kommunikation wieder konstruktiver werden zu lassen.

Achtsam übernimmt die Therapeutin die Führung: Sie leitet das Paar an, weitere Verletzungen zu vermeiden, Eskalationen zu stoppen und gewaltfrei zu kommunizieren. Anstelle von Bewertungen und Vorwürfen entsteht ein Raum für Bedürfnisse und Wünsche, wodurch auch ein introspektiver Kontakt jeder Person mit sich selbst gefördert wird. Durch das Validieren der Gefühle beider Partner beruhigt die Therapeutin denjenigen Partner, der eine angreifende Rolle einnimmt, und unterstützt den sich zurückziehenden Partner. So kann langsam auch in der Partnerschaft wieder ein Gefühl von *Sicherheit* entstehen.

Um im Bild des Schutzmantels zu bleiben: Dieser war in der Verbarrikadierung der Einstiegsphase um das Individuum gezogen, jetzt wird er mit Unterstützung der Therapeutin um das Paar gelegt. So können die Partner es riskieren, sich etwas zu öffnen, um einander für kurze Momente in die Herzen zu schauen. Das *Soziale Kontakt System* kann wieder die Führung übernehmen (▶ Kap. 4.1).

Für die Stabilisierung gibt es keine festgelegte Zeitspanne: Es gibt Paare, die sich einen konstruktiven Umgang bewahrt haben und direkt in die Vertiefungs- oder Wachstumsarbeit einsteigen können. Andere benötigen zwei oder drei Sitzungen, um die wesentlichen Regeln zu verinnerlichen und sich wieder sicherer miteinander zu fühlen. Wieder andere kommen aus der gegenseitig verletzenden Streitdynamik lange Zeit nicht heraus und brauchen nachhaltig den Schutz der Therapeutin. Die Moderation bleibt dann straff geführt und es kommt nur langsam zu vertiefender therapeutischer Arbeit.

7.3 Wachstums- oder Vertiefungsphase

Wenn sich das Paar stabilisiert hat, geht der Prozess fließend in die wachstumsorientierte und vertiefende Arbeit über. Dieser Übergang ist eine Konzeptualisierung der Therapeutin und muss den Klienten gegenüber nicht so deklariert werden. Nun braucht es keinen von der Therapeutin gelegten Schutzmantel mehr um das Paar. Dieser wird zu einem natürlichen, vom Paar selbst hergestellten, Schutzraum um beide Partner herum, der sowohl stabil als auch durchlässig für soziale Kontakte ist.

Beide Personen treten mit Hilfe von Methoden zur Selbstwahrnehmung und -regulation zunehmend in Kontakt mit sich selbst, mit ihrem Körper und ihren Bedürfnissen und finden dadurch eine innere Balance. Der Blick fällt auf Muster und Schemata, die einst funktional waren, sich heute jedoch für beide Partner nicht mehr als hilfreich erweisen. Sich über die Schemata bewusst zu werden und Verantwortung für das eigene Handeln zu übernehmen bedeuten sowohl einen großen Schritt in Richtung *Persönlichkeitswachstum* als auch Vertrauensbildung und *emotionale Intimität* innerhalb der Partnerschaft. Durch die Förderung des gegenseitigen Verstehens und Validierens geschieht Emotionsregulation auf der Paarebene und das Paar findet einen wirklichen Kontakt zueinander. Durch die Weiterentwicklung der Sexualität wird eine *Intensivierung körperlicher Nähe* und erotischer Anziehung möglich.

Der Wachstumsteil einer Paartherapie kann große Ähnlichkeit mit einer Psychotherapie im Einzelsetting haben. Wenn es beiden Partnern gelingt, einander offen und wertschätzend in ihrer Entwicklung zu begleiten, dabei den Kontakt zu sich selbst nicht zu verlieren und immer wieder reflektierend und validierend in einen Austausch zu kommen, können beide Persönlichkeiten im Kontakt reifen. Sie reifen in ihrer Ganzheit unter Einbezug ihrer im Stabilisierungs-Wachstumsmodell dargestellten Aspekte: den Kognitionen, Emotionen, dem Körper, dem Verhalten und den sozialen Bezügen. Die Therapeutin arbeitet hier auf der Basis ihr vertrauten Repertoires und setzt auch einzeltherapeutische Tools ein.

8 Rahmen und Grundlegendes

Bevor wir in die inhaltliche Arbeit einsteigen und zu den Themen kommen, die den meisten Paaren unter den Nägeln brennen, ist es wichtig zu reflektieren, inwiefern sich das Paarsetting vom einzeltherapeutischen Setting unterscheidet: Wie gestaltet man die Rahmenbedingungen? Wie verändert sich die Haltung der Therapeutin, wenn zwei Personen vor ihr sitzen? Und wie kann sie der Sexualität des Paares und der Dynamik einschließlich der starken Emotionen gerecht werden? Diesen Fragen möchten wir uns im folgenden Kapitel zuwenden.

8.1 Rahmenbedingungen

Bei der Gestaltung des Rahmens einer Paarberatung oder -therapie stellen sich einige spezifische Fragen: Soll nur im Paarsetting gearbeitet werden oder gibt es auch Einzelgespräche? Wie soll, falls Einzelgespräche geführt werden, mit Geheimnissen der Partner umgegangen werden? Welche Frequenz ist für die Sitzungen sinnvoll und sind für die Zeit dazwischen Hausaufgaben hilfreich? Die Arbeit mit Paaren ist nicht immer von Erfolg gekrönt. Daraus ergibt sich die Frage, wie es mit Insuffizienzgefühlen der Paartherapeutinnen und -beraterinnen aussieht und welche Rolle Supervision und Intervision bei deren Bewältigung spielen.

8.1.1 Besonderheiten des Paarsettings

Während einige Behandlungskonzepte standardmäßig auch Einzelsitzungen innerhalb eines Paarprozesses vorsehen (Sachse et al., 2013), erachten andere diese weder als notwendig noch als sinnvoll, da grundsätzlich in der Paarkommunikation an den Themen beider Partner gearbeitet wird (Clement, 2011; Bodenmann, 2012). Wir setzen unseren Schwerpunkt auf das Paarsetting. Bei bestimmten Themen, bei denen es um die Auseinandersetzung einer Person mit sich selbst geht, wählen wir in Absprache mit dem Paar das Einzelsetting.

Doch auch im Paargespräch liegt der Fokus zeitweise auf einem Partner. Die individualpsychologische Arbeit ist dann Teil des Paarprozesses (Gottman, 1999). Der andere Partner hört dem konzentrierten Dialog zwischen der Therapeutin und seinem Partner zu und kann dadurch ein tieferes Verständnis gewinnen und empathisch reagieren. So können wichtige korrektive Prozesse in der Paardynamik ausgelöst werden.

Im Paarsetting zu arbeiten unterscheidet sich grundlegend von der Einzelarbeit. Im Einzelsetting hat die Beraterin *ein* Gegenüber, kann sich vollumfänglich auf den Klienten einlassen und ihn effektiv co-regulieren. Die Arbeitsatmosphäre ist mit einer Person ruhiger, langsamer, sowie weniger komplex und weniger störanfällig.

Im Paarsetting ist der andere, mutmaßlich leidverursachende Partner anwesend. Das verändert zuerst die Komplexität der Anforderung und dann auch das Timing. Kann die Therapeutin im Einzelsetting auch einmal einen Moment still zuhören, etwas nachklingen lassen kann, so springt im Paarsetting oft der Partner in den Ring. Das Angriffs- oder Verteidigungsmuster wird aktiviert, die Interaktionsdynamik beschleunigt sich. Keiner der Partner ist weiterhin fähig, den Worten und Gefühlen ungestört nachzuspüren – die Dynamik kann entgleisen.

Die Ruhe und entschleunigenden Impulse der Paarberaterin sind hier unverzichtbar. Sie wirkt mit ihrer Ausstrahlung und beruhigt durch ihr Verständnis die »Angreifenden«. Sie nutzt moderierende Tools wie etwa das Aufstellen von Gesprächsregeln zur Verletzungsminimierung und Entschleunigung und fördert das Zuhören und die Empathie durch Zusammenfassungen des Gesagten.

Gelingt es der Paarberaterin den Prozess zu steuern, kann das Erlebnis eines gemeinsamen Gespräches über brisante Themen ohne Eskalation eine wichtige *korrigierende Erfahrung* sein. Zwar erleben sich beide dabei zunächst nicht als besonders selbstwirksam, weil die Paarberaterin stark strukturiert. Dennoch kann es heilsame und motivierende Effekte haben zu erleben, dass trotz vorhandener, aktualisierter Trigger die Paardynamik nicht entgleist, man die eigene Kontrolle nicht verliert und neue Gesichtspunkte deutlich werden.

8.1.2 Integration von Einzelgesprächen

Auch bei der Arbeit mit Paaren gibt es Anliegen und Themen, bei denen es hilfreich ist, einer Person mehr Raum und Zeit zu geben, um ihr eigenes Erleben zu reflektieren. Viele Klienten in Paarberatungen leiden unter psychischen Belastungen und Erkrankungen. Diese stehen oft mit Beziehungsproblemen in Zusammenhang (Barlow, 1988; Craske et al., 1990). Auch schwierige Entscheidungen oder Themen wie ein geringes Begehren haben im Einzelsetting einen geschützten Raum, um den Blick besser auf das Eigene richten zu können (Eck, 2014).

Die Paarberaterin muss bei der Integration von Einzelgesprächen darauf achten, dass sie beiden Partnern *gleichermaßen* gerecht wird. Sie sorgt dafür, dass nicht einer der Partner pathologisiert wird oder einer sich weniger wichtig oder verstanden fühlt. Dies kann durch das Anbieten von Einzelgesprächen an beide Partner geschehen.

Die Ziele der Einzelgespräche sollten angesprochen werden – auch um deutlich zu machen, dass derjenige Partner, der sich mit bestimmten Themen auseinandersetzt, nicht die Verantwortung oder gar »Schuld« an der Thematik trägt. Weiterhin sollte transparent sein, wie mit den Inhalten der Einzelgespräche umgegangen wird: Wird alles, was im Einzelgespräch gesagt wird, in die Paargespräche eingebracht oder werden die Inhalte diskret behandelt? Die Paarberaterin sollte für sich klären, wie sie mit »Geheimnissen« umgehen will und kann.

8.1.3 Umgang mit Geheimnissen

Durch das Führen von Einzelgesprächen im Rahmen einer Paartherapie – oder durch die Bearbeitung getrennter Fragebögen im Vorfeld – kann die Paartherapeutin zur Trägerin von Geheimnissen werden. Das können Affären oder Nebenbeziehungen sein. Öfter handelt es sich um auf den Partner bezogene Gedanken und Gefühle, die noch nicht mitgeteilt wurden. Das kann zu dem *Dilemma* führen, einerseits persönlich Mitgeteiltes diskret behandeln und andererseits das Vertrauen des anderen Partners nicht aufs Spiel setzen zu wollen.

Geheimnisse gehören zum Leben und zu Partnerschaften. Viele Dinge werden nicht um der Geheimhaltung willen verschwiegen, sondern weil sie unwichtig scheinen oder niemand explizit danach fragt. Andere Dinge werden bewusst zurückgehalten, es wird also ausdrücklich gelogen. Ein Geheimnis preiszugeben oder es zu bewahren, ist immer das Ergebnis einer mehr oder weniger bewussten Abwägung: Was passiert, wenn ich es sage? Was, wenn ich es nicht tue? Diese Entscheidungen kann nur der Geheimnisträger selbst treffen, ist er es doch auch, der mit den Konsequenzen leben muss.

Für die Paarberaterin gibt es unterschiedliche Umgangsweisen mit Geheimnissen:

- auf Einzelgespräche verzichten
- darauf hinweisen, dass keine Geheimnisse mitgeteilt werden sollen
- ankündigen, dass alles, was im Einzelgespräch geschieht, auch ins Paarsetting eingebracht werden kann
- zu Beginn erklären, dass im Einzelgespräch bleibt, was dort gesagt wird.

Wir halten es für ratsam, die eigene Haltung gegenüber Geheimnissen zu klären, eine für sich selbst stimmige Haltung zu finden und diese dem Paar mitzuteilen. Diese Haltung stellt dann die Regel dar, von der es Ausnahmen geben kann. Was als Ausnahme gilt, muss die Paartherapeutin jeweils selbst einschätzen und verantworten. Droht das Geheimnis beispielsweise ihre Allparteilichkeit zu gefährden, muss ein neuer Weg gefunden werden.

Der Umgang mit Geheimnissen und Inhalten aus Einzelgesprächen stellt für die Paarberaterin meist eine Herausforderung dar: Sie muss die

Komplexität des Geschehens selbst (er)tragen können und dabei weiterhin für beide Partner gleichermaßen zur Verfügung stehen. Das erfordert eine ständige verantwortungsvolle und auch selbstfürsorgliche Reflexion des Geschehens.

8.1.4 Frequenz und Dauer

Grundsätzlich orientiert sich die Behandlungsfrequenz an der therapeutischen Schule der Anwenderin. Systemikerinnen tendieren z. B. eher zu größeren und Analytikerinnen und Verhaltenstherapeutinnen zu kürzeren Abständen zwischen den Terminen.

Die Frequenz hängt außerdem mit dem Behandlungsabschnitt zusammen: Zu Beginn einer Therapie in der Einstiegs- und Stabilisierungsphase macht es Sinn, dichtere Termine zu legen. Eskalierte Partnerschaften brauchen oft eine engmaschige Unterstützung, da es den Partnern noch nicht gelingt, selbst für eine verletzungsfreie Zone zu sorgen. Die Termine können dann z. B. wöchentlich erfolgen. Sobald wichtige Kommunikationsregeln verinnerlicht sind und die Dynamik stabiler ist, finden Gespräche in der Regel 14-tägig bis monatlich statt. Bei manchen Paaren sowie in der Prävention oder Nachsorge können die Abstände noch größer sein.

Für uns gibt es keine festgelegte Dauer einer Paarberatung oder -therapie. Manche Paare haben bereits nach einer oder wenigen Sitzungen die nötige Stabilität und Sicherheit zurückgewonnen, um ihren Weg allein zu gehen. Andere Paare nehmen unsere Begleitung für Monate oder Jahre in Anspruch. Das Setting und der Rahmen müssen für alle Beteiligten stimmen. Niemand soll weder vorzeitig »aus dem Nest gestoßen« noch unnötig lange gebunden werden. Viele Paare wünschen sich mit dem Abschied auch die Sicherheit, zurückkommen zu dürfen, sollte es nötig sein. Diese Einladung sprechen wir gerne aus und sie wird auch häufig von Paaren genutzt.

8.1.5 Zeit zwischen den Sitzungen

Ein sehr großer Anteil (40 %) der Wirkung einer Psychotherapie liegt außerhalb der Therapie (Asay & Lambert, 2001). Auch in Paarberatungen gibt es einflussreiche äußere Faktoren, wie etwa Veränderungen der beruflichen, finanziellen oder gesundheitlichen Situation. Eine wichtige Rolle spielt weiterhin, wie sehr sich ein Paar zwischen den Sitzungen für die Partnerschaft engagiert und bemüht, die gewonnenen Erkenntnisse umzusetzen.

Gerade in der Stabilisierungsphase, in der ein neues Verhalten eingeübt wird, ist es sinnvoll, dass das Paar auch zu Hause daran arbeitet. »Hausaufgaben« können hilfreich sein, insbesondere wenn Paare explizit den Wunsch äußern, eine Aufgabe mitnehmen zu können. Gemeinsam mit der Paarberaterin wird besprochen, was hilfreich sein und was das Paar sich selbst vornehmen könnte. So kann auch Therapiezeit eingespart werden, wenn Übungsteile bereits zu Hause vorbereitet oder weitergeführt werden.

In der Vertiefungsphase werden Anregungen der Paarberaterin für die Zeit zwischen den Sitzungen seltener. Die Paare haben dann oft schon gelernt, dass es sinnvoll ist, am Ende der Sitzung zu reflektieren, was ihnen aus dem Gespräch und für die kommende Zeit wichtig erscheint, worauf sie achten oder worüber sie nachdenken wollen. Viele Methoden wie etwa das Einüben von Kommunikationsregeln, Atemtechniken oder Körperübungen leben von der Wiederholung. Es braucht entsprechend viele korrigierende Erfahrungen, um fest verinnerlichte Muster umzuschreiben.

Hausaufgaben sollten jedoch nur verordnet werden, wenn das Paar dies ausdrücklich wünscht. Viele Menschen haben negative Erfahrungen aus der Schulzeit. Die Aufgabe triggert dann alte Erinnerungen und löst Widerstand aus, der einer Integration des Erlernten eher im Wege steht. Ein rigides Pochen auf Regeln oder gar persönliche Enttäuschung bei nicht erledigten Hausaufgaben kann die therapeutische Beziehung belasten.

8.1.6 Insuffizienzgefühle der Paarberaterin

»Ein schwieriges Paar!« – das haben wohl alle Paarberaterinnen und -therapeutinnen schon einmal gedacht. Alle haben schon Sitzungen erlebt, in denen die Defensivsysteme der Partner so stark aktiviert schienen, dass beide nicht mehr zu erreichen waren. Vermutlich geht jede Paarberaterin irgendwann einmal nach Hause mit einem Gefühl von:»Ich bin nicht gut genug« oder: »Ich habe keine Lust mehr auf Paarkonflikte«. Warum ist Paararbeit manchmal so belastend? In die Paarberatung oder -therapie kommen – wie in Einzeltherapien – Menschen mit teilweise alten Verletzungen und belastenden Gefühlen. Die emotionale Spannung, welche die Paartherapeutin von jedem einzelnen aufnimmt, wird als *Containing* bezeichnet und ist bei zwei Menschen natürlich doppelt so hoch wie etwa im Einzelsetting. Hinzu kommt eine festgefahrene Dynamik zwischen einem Paar, was sich bei traumatischen Themen noch potenziert.

Im einzeltherapeutischen Setting hat eine Beratungsperson die Aufgabe, die Klienten zu co-regulieren, das heißt, sie durch Verständnis, eigene Stabilität und verschiedene Interventionsmethoden in ihrer Emotionsregulation zu unterstützen. Ruhe, ein fein abgestimmter Takt und Pausen zur Bewusstwerdung sind dabei wesentliche Parameter. Die Möglichkeit, einzelne Klienten auf diese Weise wirksam zu co-regulieren, steht im Paarsetting oft nicht zur Verfügung. Denn gleichzeitig anwesend ist der andere Partner, der sich ebenso dringend Verständnis und positive Resonanz wünscht und so die Co-Regulation »stört«. Die Interaktion gewinnt an Tempo und muss von der Paartherapeutin getragen und gesteuert werden.

Das Tragen der geballten Konfliktspannung ist eine Herausforderung, der sich die Paartherapeutin nicht entziehen kann. Versuche, die vorhandene Dynamik intellektuell zu erklären, können in manchen Phasen hilfreich sein, in anderen aber scheitern, denn zur Bewältigung emotionaler Verletzungen und für korrigierende Erfahrungen muss das Schmerzthema aktualisiert sein.

Die Paarberaterin ist dabei die Leitfigur. Sie unterstützt und lehrt die Partner, sich in dieser Situation zu regulieren und miteinander in eine Verbindung zu treten. Dafür muss sie sich selbst gut regulieren können und in der Lage sein, komplexe Prozesse zu tragen. Die Anforderungen an die Bewältigung hoher Komplexität und Konfliktspannung sowie Selbstregulation sind also hoch und können auch misslingen: Ein Gefühl von Unzulänglichkeit kann entstehen. Das Thema der Insuffizienzgefühle ist uns daher ein besonderes Anliegen, auch weil es in der Fachliteratur unterrepräsentiert ist.

Eine mögliche Lösung ist der Besuch von Fort- und Weiterbildungen. Wir brauchen ein breites Repertoire, um passgenau intervenieren zu können. Doch das Erlernte in die Praxis umzusetzen birgt auch Herausforderungen. Wenn die im Kurs so beeindruckend präsentierte Intervention nicht klappt, liegt die Folgerung nahe:»Ich habe es nicht kapiert, bin eben nicht so gut…«. Das kann natürlich daran liegen, dass etwas nicht verstanden oder falsch umgesetzt wurde. Es kann aber auch sein, dass eine Methode oder Intervention nicht zu einem passt und dadurch vielleicht künstlich wirkt. Oder der Kontext ist zu unterschiedlich und lässt die gleiche Intervention leer und wirkungslos verpuffen. Interventionsmethoden müssen der eigenen Person entsprechen. Es ist wichtig, ihre Wirkungsweise wirklich zu verstehen und sie mit Bekanntem zu verknüpfen, um sie schließlich in einem ganz eigenen Stil kongruent vermitteln zu können. Die Persönlichkeit muss mit der Technik mitwachsen und sie»leben« – sonst bleibt sie eine leere Technik.

Bei aller Kompetenz und Stilsicherheit braucht es jedoch auch Demut und eine menschliche Restunsicherheit sowie eine neugierige Offenheit, genau diese Menschen, die vor uns sitzen, in genau diesem Moment wirklich verstehen zu wollen. Wenn wir zu früh»wissen«, um was es geht und was die Lösung ist, verlieren wir den Kontakt zum Klienten. Eine Möglichkeit ist, unser voriges Wissen imaginär auf Null zu setzen und den anderen neugierig suchend darin zu unterstützen, sich zu verstehen. Wer wirkungsvoll sein will darf sich nicht in den spannenden Lebensgeschichten verlieren oder verleiten lassen zu werten.»Es ist die höchste Form menschlicher Intelligenz, zu beobachten, ohne zu bewerten«, sagt der Philosoph Krishnamurti. Oder wie Gunther Schmidt in Fortbildungen und Supervisionen oft sagt:»Wissen Sie, ich komm' vom Land. Erklären Sie's mir!« Diese Haltung ermöglicht einen empathischen Kontakt zum Klienten, entlastet vom Druck, wissen und den nächsten Schritt schon kennen zu müssen und reduziert auch Insuffizienzgefühle.

Einige Kollegen haben sich für diesen Beruf entschieden mit dem Anliegen, anderen Menschen wirklich richtig gut helfen zu wollen. Wenn das unser Leitgedanke ist, dann laufen wir Gefahr, unsere Kompetenz am Ergebnis zu messen:»Wenn es so läuft, bin ich gut, wenn es anders läuft bin ich schlecht«. Oder:»Jetzt trennen sie sich doch… Ich war einfach nicht gut genug«. Wer so reagiert, macht sein Befinden abhängig vom gehörten oder selbstdefinierten Ergebnis. Nach David Schnarchs Differenzierungskonzept hat er ein gespiegeltes Selbstempfinden: Er braucht die Reaktion des anderen als Spiegel dafür, okay zu sein.

Auch in Paarberatungen und -therapien können wir, wie viele Wirksamkeitsstudien belegen, nicht immer wirkungsvoll sein. Auch lässt sich nicht alles vollständig klären. Wir können dazulernen, solange wir wollen – manche Verläufe werden wir bis zum Schluss nicht wirklich verstehen. Und auch wenn wir sie verstehen: Manchen Dynamiken stehen wir machtlos gegenüber. Es ist unsere Aufgabe, einerseits ein gutes Maß an Expertise, Reflexion eigener Anteile und Bereitschaft zur Weiterentwicklung, andererseits aber eine demütige Haltung zur Begrenztheit unserer Wirksamkeit zu finden.

Was wir Insuffizienzgefühlen gegenüberstellen können ist eine gesunde *Selbstfürsorge* und *Selbstakzeptanz*. Das bedeutet, zu leben, was man selbst in der Paarberatung lehrt: zu sich stehen, achtsam sein und seine Belastungs- und Leistungsgrenzen sowohl erkennen als auch anerkennen. Es bedeutet, sich selbst zu akzeptieren, auch wenn etwas nicht gelingt. Oder frei nach Michael Bohne (2016):»Auch wenn das, was ich in dieser Sitzung geliefert habe, ziemlich daneben war, liebe und akzeptiere ich mich, wie ich bin!«

8.1.7 Supervision und Intervision

Eine Stagnation des Behandlungsprozesses, die Einengung des eigenen Blicks, Gefühle von Hilflosigkeit oder Ärger sind Themen, die mit professionellen Kolleginnen reflektiert werden können. Supervision ist eine Reflexion der eigenen Arbeit unter der Leitung einer Supervisorin, die zum eigenen Arbeitsstil, zur Methode und der eigenen Person passt. Supervision bedeutet, dass eine qualifizierte Fachperson quasi einen Blick von oben auf die Arbeit wirft, um zur Reflexion, Weiterentwicklung und damit Verbesserung der Qualität der Arbeit anzuregen. Durch die Reflexion ist es möglich, typische Fehler und Fallen und auch eigene blinde Flecken frühzeitig zu erkennen und alternative Strategien anzuwenden. Auch professionelle Psycho- und Paartherapeutinnen oder -beraterinnen haben Probleme, eigene Lebensgeschichten und wunde Punkte. Die professionelle Reflexion kann z. B. verdeutlichen, ob Verschmelzungstendenzen der Paarberaterin mit dem Paarsystem oder einem der Partner begonnen haben, welche Themen die Paarberaterin selbst triggern oder welche Aspekte sie etwas vernachlässigt hat. Dies ermöglicht es, zu einer professionellen Distanz zurückzufinden. Supervision ist sowohl in der Gruppe als auch im Einzelsetting äußerst wirkungsvoll.

Intervisionen sind Supervisionen ohne Supervisor, dafür aber mit professionellen Kollegen auf Augenhöhe. Intervisionsgruppen sind wirkungsvoll und lehrreich, und dazu noch kostenlos. Ihre besondere Stärke liegt darin zu sehen und zu erleben, dass auch andere Fehler machen, Schwächen haben und dass Insuffizienzgefühle schon fast eine Berufskrankheit sind.

Insbesondere die Paararbeit mit ihrer hohen Konfliktspannung kann immer wieder eigene Themen triggern. Zur Bewältigung dieser komplexen Arbeit und um den Kontakt zum Paar nicht zu verlieren, braucht es ein reifes Wissen um die eigenen Verletzlichkeiten und die Fähigkeit, sich gut und wirksam selbst zu regulieren. Klienten lesen es neurozeptiv, wenn die Therapeutin innerlich umschaltet, weil sie sich selbst getroffen, herabgewürdigt oder verletzt fühlt. Sie schalten dann selbst impulsiv in ein Defensivsystem, entweder des Kampfes, der Flucht oder des Rückzugs und der Resignation – der Entwicklungsprozess ist dann unterbrochen.

Eine Reflexion dieser Prozesse, ein umfassendes Wissen um die eigenen Verletzlichkeiten, ein achtsamer Umgang mit sich selbst und die effiziente Fähigkeit zur *Selbstregulation* sind also wesentliche Elemente wirkungsvoller Paarberatung.

8.2 Haltung

Über unser Auftreten im Internet oder den Tonfall am Telefon schätzen unsere Klienten ein, wie sympathisch und authentisch wir ihnen erscheinen und was sie wohl bei uns erwartet. Anhand dieser Einschätzungen entscheiden sie, ob sie mit uns arbeiten wollen. Während der Sitzungen nehmen unsere Klienten wahr, wie interessiert, zugewandt und wohlwollend wir ihnen gegenüber sind, aber auch wie es uns geht und wie wir zu unserer Arbeit stehen. Sie spüren, ob wir unsere Arbeit gerne machen, ob wir werten, parteilich sind oder pathologisieren. Sie spüren unsere Haltung, unsere Achtsamkeit und Offenheit gegenüber allen Themen – auch der Sexualität.

8.2.1 Achtsamkeit oder therapeutische Präsenz

Achtsamkeit ist für uns ein Grundelement professioneller Arbeitshaltung und der therapeutischen Beziehung. Wir begegnen uns selbst und unseren Klienten mit Wertschätzung und Sorgfalt. So werden wir auch zum Modell und setzen den Grundstein für eine neue Achtsamkeit beim Paar. *Achtsamkeit* ist eine Form der Aufmerksamkeit und Bewusstheit, bei der die Wahrnehmung gelenkt und entweder fokussiert oder auch geweitet wird. Nach Jon Kabat-Zinn ist es eine Form der Aufmerksamkeit, die absichtsvoll, nicht wertend und im gegenwärtigen Moment ist (2013).

Die Achtsamkeit der Therapeutin wird auch als *therapeutische Präsenz* bezeichnet. Geller und Greenberg (2002) betonen aufgrund ihrer qualitativen Analyse erfahrener Therapeutinnen die entscheidende Rolle therapeutischer Präsenz. Präsent zu sein bedeutet, sich ganz auf den Moment und die Klienten einzulassen sowie sich zugleich auf verschiedenen Ebenen zu befinden – einer physischen, einer emotionalen, einer kognitiven und einer spirituellen (Geller & Greenberg, 2012). Die Therapeutin wird sich dabei sowohl ihrer eigenen Erfahrungen, ihrer körperlichen Empfindungen und Emotionen als auch derjenigen der Klienten bewusst.

Die Aussagen von Geller und Greenberg zur therapeutischen Präsenz beziehen sich auf das Einzelsetting, sind aber nach unserer Erfahrung für das Paarsetting besonders bedeutsam, da die Arbeit mit Paaren eine besonders hohe Präsenz erfordert: Die Paarberaterin muss beiden Partnern ausreichend Aufmerksamkeit geben und sie empathisch verstehen, bei den Rückmeldungen berücksichtigen, dass der Partner zuhört und sich bewertet fühlen kann, und die Interaktion der beiden im Blick haben.

Kabat-Zinn hat wesentlich zur Verbreitung der Achtsamkeitspraxis in der westlichen Welt beigetragen. Er entwickelte das wissenschaftlich fundierte und gut operationalisierte Programm der *Mindfulness-Based Stress Reduction* (MBSR), welche Elemente des Zen, des Vipassana und des Hatha Yoga enthält. Die stressreduzierende Wirkung auf das autonome Nervensystem und die gesundheitsfördernde Wirkung der Methode sind wissenschaftlich belegt. Ziel von Kabat-Zinns Arbeit war ursprünglich die Schmerzbewältigung bei chronisch kranken Schmerzpatienten (Kabat-Zinn, 2013).

Die MBSR ist ein strukturiertes mehrwöchiges Lernprogramm, das eine tägliche Übungspraxis erfordert. Zentrale Elemente sind der Bodyscan, eine achtsame, nicht wertende Wahrnehmung des Körpers, weiterhin eine Anzahl einfacher Yoga-Stellungen, die stille Sitzmeditation (Zazen) sowie der Transfer der Achtsamkeit in alltägliche Handlungen wie das Essen, das Gehen, das Duschen oder das Autofahren (Kabat-Zinn, 2013).

Inzwischen gibt es mehrere Behandlungsansätze, die die neuesten Erkenntnisse der Hirnforschung berücksichtigen und eine auf achtsamer Körperwahrnehmung basierende Behandlung und Bewältigung vorschlagen. Eine dieser Behandlungsformen ist die Mindfullness-Based Cognitive Therapy (MBCT). Es handelt sich um eine achtwöchige Gruppentherapie, welche Elemente der MBSR mit Methoden der kognitiven Verhaltenstherapie kombiniert. In der MBCT sollen zur Prävention und Behandlung von Depression und Angststörungen negative Gedankenmuster durch Achtsamkeit erkannt und unterbrochen werden. Auch in der Behandlung Traumatisierter zeigt das Erlernen von Achtsamkeit gute Ergebnisse: Karameros (2018) stellte ein Gruppentraining »Achtsame Sexualität« vor und belegte dessen Wirkung. Demnach zeigten sich in den Bereichen »Vermeidung« und »Intrusionen« ein deutlicher Rückgang der Symptomschwere.

Im paartherapeutischen Bereich sind u. a. die Emotionsfokussierte Paartherapie (Grenberg & Goldman, 2010; Johnson, 2009), die Pragmatisch Erfahrungsorientierte Methode nach Atkinson (2015), Schnarchs neurobiologischer Ansatz (2018), der körperpsychotherapeutisch basierte Ansatz der Europäischen Akademie für Paartherapie von Revenstorf und Weiss (2006), die systemisch-integrative Paartherapie nach Jelluschek (2018) oder die traumasensible Paartherapie nach Klees (2018) zu nennen.

In der Arbeit mit Paaren nutzen wir die Achtsamkeit zur *Selbstregulation* und damit für unsere eigene Psychohygiene sowie als diagnostisches Instrument und therapeutisches Tool. Unsere Wahrnehmung pendelt ständig zwischen uns selbst und dem Paar und nimmt unsere eigenen körperlichen Empfindungen und Emotionen als auch diejenigen der

Klienten auf. Unser Gehirn »scannt« dabei achtsam die eigene Person und das Gegenüber und gleicht so immer wieder die wahrgenommene Situation mit eigenen Erfahrungen ab. Dasselbe geschieht beim Paar in Bezug auf uns und in Bezug aufeinander, ist dort jedoch teilweise unbewusst. Mithilfe der bewussten Wahrnehmung unseres Körpers, unserer Atmung, unserer Gefühle und Gedanken können wir uns selbst regulieren und werden auch zum Co-Regulator für unser Gegenüber und die Paardynamik (▶ Kap. 8.3 u. ▶ Kap. 9.1).

Eine sehr effiziente Methode, Achtsamkeit zu erlernen, ist die, sich einer Gruppe oder einem Kurs anzuschließen und regelmäßig zu üben. In der Paar- und Sexualberatung sowie im Einzelsetting können kleine Übungen von Achtsamkeit in Form von Atemübungen, Körperwahrnehmungsübungen oder kleinen Mediationen angeboten oder Internetseiten, Meditations-Apps und Literatur empfohlen werden. Achtsamkeit und die Arbeit mit dem Atem sind *die* zentralen Instrumente zur Regulation des vegetativen Nervensystems und damit auch zur *Emotionsregulation*. Aufgrund der Einfachheit können sie überall und in jedem Moment praktiziert werden.

Auch im Bereich der Sexualität spielt Achtsamkeit eine wichtige Rolle, denn sie entmachtet den »Autopiloten«, der meist ohne bewusste Wahrnehmung und entsprechende Steuerungsmöglichkeiten ein altes Bewertungs- und Bewältigungsprogramm abspult. Gerade in der Sexualität gibt es viele Situationen mit starkem Triggerpotenzial. Einfache Sinnesreize können komplexe körperliche und emotionale Reaktionen auslösen. Das getriggerte Bewältigungsverhalten hat oft einen älteren Bezugsrahmen und weniger mit der gegenwärtigen Situation zu tun. Achtsamkeit hilft, die Wahrnehmung wieder auf das Hier und Jetzt zu lenken und genauer zu spüren, was man *in diesem Moment* gerade erlebt (Rescio, 2014). Mit dem Erlernen der Achtsamkeit fördern wir die Autozentrierung, bei der der Fokus der eigenen Wahrnehmung – selbst im Kontakt mit dem Partner – auch auf den eigenen Empfindungen liegt. Das Ausleben des eigenen sexuellen Profils, also der eigenen Bedürfnisse, Vorlieben und Wünsche, wird gefördert und kann zu einer erfüllten Sexualität führen (▶ Kap. 11.3).

Bekannte Vertreterinnen achtsamer Sexualität sind Diana Richardson (2011) und Eva-Maria Zurhorst (2014). Bei beiden Therapeutinnen steht die achtsame Wahrnehmung des Körperkontakts und der genitalen Vereinigung sowie die Entschleunigung der Sexualität im Mittelpunkt.

Leistungsdruck, Erektion und Orgasmus werden zur Nebensache. Der Fokus der Wahrnehmung liegt auf der Beziehung, der Präsenz beider Partner und der Intimität im gegenwärtigen Moment (▸ Kap. 11.3.5).

8.2.2 Konstruktneutralität

In der Arbeit mit Paaren erhalten wir als Beraterinnen viele unausgesprochenen Einladungen, uns zu positionieren. Besonders in den ersten Sitzungen haben oft beide Partner das Bedürfnis zu hören, dass wir ihre Konstruktion der Wirklichkeit übernehmen, also dass sie selbst, im Gegensatz zum anderen, richtig liegen. Das eigene Leid erscheint als Resultat des Fehlverhaltens, der Schuld, des Tuns oder Lassens des anderen. Auch wenn beide Partner derart selbstreflektierend sind, dass sie mit dem Wissen in die Therapie kommen, ihre Paarprobleme zusammen entwickelt zu haben, so taucht doch spätestens in Detailfragen der Wunsch nach Bestätigung der eigenen Position durch die Paarberaterin auf.

Wir hören von einem der Partner über das pauschalisierende, destruktive und verletzende Verhalten des anderen und haben eine Meinung dazu. Doch wenn wir uns verleiten lassen, uns zu positionieren, verlieren wir den Kontakt zum anderen. Wir müssen also auf eine Parteinahme für oder gegen eine Sichtweise verzichten und vielmehr eine Haltung entwickeln, aus der klar hervorgeht: »Ich unterstütze euch darin, euch wieder zu begegnen, aber ich beurteile nicht. Ich löse keine Probleme oder beantworte Streitfragen. Und ich entscheide auch nicht für euch.«

8.2.3 Allparteilichkeit

Die Lösung ist die Allparteilichkeit. Durch die Einführung der Dimension der Zeit, also des *Nacheinanders* kommen wir nicht in das Dilemma, uns positionieren und entscheiden zu müssen: Es gibt kein Richtig-oder-Falsch, kein Gut-oder-Böse. Wir begeben uns in eine forschende Position und versuchen zuerst den einen zu verstehen und dann den anderen. Wir sind überzeugt davon, dass die Dynamik durch beide entsteht und jeder etwas dazu beiträgt.

Durch dieses Vorgehen machen beide Partner wertvolle korrigierende Erfahrungen: Partner A berichtet von seinem Leid und erlebt oft zum ersten Mal seit Langem vom anderen nicht gleich unterbrochen oder abgewiesen zu werden. Stattdessen merkt er: »Ich sage, was mich belastet, und es wird verstanden« (zumindest von der Paarberaterin), »Es darf sein.«

Partner B muss in diesem Moment den Impuls, sich zu rechtfertigen oder zu kontern, zurückhalten und hört dadurch neue Aspekte und Emotionen des anderen. Er war bisher eher mit seiner Seite der Dynamik beschäftigt. Jetzt wird er Zeuge davon, wie akzeptabel und nachvollziehbar die Position des anderen für eine professionelle, neutrale Person anscheinend ist. Das ist eine wertvolle neue Erfahrung.

Wenn die Paarberaterin sich zu einer Position mehr hingezogen fühlt als zur anderen, sollte sie sich klarmachen, dass sie, wenn sie die Allparteilichkeit verlässt, um für einen Partner ein ihr verständliches Ziel zu erreichen, den anderen Partner verliert. Es gibt allerdings eine Ausnahme, bei der wir als Paarberaterinnen eine klare Meinung haben und uns positionieren: das Thema Gewalt. Gewalt ist per Gesetz verboten und wird auch von uns nicht toleriert. Hier bleibt die Paarberaterin den Personen gegenüber weiterhin allparteilich, spricht sich jedoch eindeutig gegen die Gewalt aus (▶ Kap. 2.1).

8.2.4 Veränderungsneutralität

Wir haben eine Vorstellung davon und Kenntnisse darüber, was für eine Partnerschaft gut und förderlich ist. Veränderungsneutralität bedeutet aber, dass wir trotzdem offenbleiben, ob und wie schnell sich in einer Beziehung etwas verändert und was sich bewegt. Nicht wir sind diejenigen, die etwas verändern müssen. Und das Paar darf sich auch nicht verändern.

Wenn wir mehr wollen als das Paar kann oder will, strengen wir uns an, aber das Paar ändert nichts. Je größer der Druck der Beraterin, desto größer können die Widerstände der Partner werden. Es gilt die Spannung auszuhalten, d. h. nicht zu schnell zu verstehen, eher zu paraphrasieren, sich zu wundern, zu staunen und eventuell den Auftrag neu zu reflektieren. Vermutlich gibt es gute Gründe, die der Erreichung des Zieles entgegenstehen.

Wir haben eine Mitverantwortung für den Prozess und zeigen die Konsequenzen der Nicht-Veränderung auf. Die Verantwortung für die

Entscheidung, was sie tun wollen und was nicht, lassen wir beim Paar. Die Dinge dürfen auch so bleiben, wie sie sind. Und die Partnerschaft darf auch auseinandergehen.

8.2.5 Zupackender Umgang mit dem Thema Sexualität

Nicht nur Paare, sondern auch viele Fachleute sind unsicher oder verlegen, wenn es um das Thema Sexualität geht. Nach Welter-Enderlin (2000) bleiben Letztere gerne bei den vordergründig präsentierten »Schauplätzen« eines Paares hängen und klammern dadurch den »Nebenschauplatz Sexualität« aus, der manchmal jedoch der Hauptschauplatz ist.

Nach der Zufriedenheit mit der Sexualität sollte so selbstverständlich gefragt werden wie nach allen anderen Bereichen. Dabei sollte die Paarberaterin auf die Sprache eingehen, die das Paar selbst verwendet. Von »Geschlechtsverkehr« zu sprechen, nachdem ein Partner z. B. vom »Bumsen« gesprochen hat, kann reglementierend und begrenzend wirken, denn mit ihrem Ausdruck beschreibt die Person, wie sie ihre Sexualität erlebt, lebt oder leben möchte.

Für Klienten ist es oft hilfreich, wenn die Paarberaterin einen Schritt vorausgeht, also Dinge, die »zwischen den Zeilen« liegen, benennt und die Themenbereiche, über die gesprochen wird, Schritt für Schritt erweitert. So kann auf die Antwort »Es läuft gut«, die Frage folgen »Was läuft gut?«. Oder die Äußerung »Es läuft halt schnell« aufgegriffen werden, um zu schauen, was genau schnell geht und wie die Person dieses erlebt. Dabei achtet die Paarberaterin auf das Tempo des Paares: Sie versucht zu ermutigen, ohne zu bedrängen. Wenn jemand eine Grenze zieht, wird diese selbstverständlich respektiert. Der Umgang mit dem Thema Sexualität sollte »zupackend«, aber sorgfältig und respektvoll sein.

Beim Thema Sexualität sind Paare unserer Erfahrung nach sehr sensibel: Sie spüren anhand kleiner verbaler und vor allem feiner körpersprachlicher und stimmlicher Reaktionen der Paarberaterin, ob sie ablehnend reagiert oder es eine eigene Scheu gibt, mit dem Thema umzugehen. Wenn Klienten keine annehmende Reaktion erfahren, Angst oder Scham spüren, ziehen sie sich mit dem Thema meistens wieder zurück. Obwohl die

Themen Partnerschaft und Sexualität zusammengehören (▶ Kap. 3.1) ist es wichtig, die eigenen Grenzen zu kennen, gegebenenfalls daran zu arbeiten und sich mit dem Thema Sexualität in Weiterbildungen auseinanderzusetzen.

8.3 Emotionsregulation

Das Thema Emotionsregulation gehört zur grundlegenden Gestaltung eines Paarprozesses. Denn die Aufgabe der Fachperson »ist nicht die Lösung von Problemen oder die Kontrolle von Emotionen, sondern die Wiederherstellung wechselseitiger Emotionsregulation zwischen den Partnern« (Roesler, 2015, S. 343). Neben der Emotionsregulation beim Paar braucht es die Selbstregulation als Paartherapeutin: Unsere Arbeitsfähigkeit und die therapeutische Beziehung basieren auf unserem eigenen regulierten Nervensystem.

8.3.1 Emotionsregulation beim Paar

Emotionsregulation ist eine Grundlage für das Gelingen von Paarbeziehungen und die Partnerschaftszufriedenheit: Sowohl die eigenen Emotionen regulieren als auch auf die Emotionen des Partners beruhigend einwirken zu können, sind wichtige Kompetenzen des Paares (▶ Kap. 5.3). Eine wichtige Rolle spielt das Erkennen von Triggern.

Trigger sind Sinneswahrnehmungen, die wie Schalter wirken. Sie entstehen aus mit diesen Sinneswahrnehmungen assoziierten Erinnerungen, die in neuronalen Netzwerken gespeichert sind. Einmal ausgelöst, setzen sie unwillkürlich ein Set an Reaktionen des autonomen Nervensystems in Gang und bringen den Organismus in ein Defensivsystem: eine Kampf- oder Fluchthaltung oder in die Immobilisierung.

Solange körperliche Defensivsysteme aktiviert sind, machen Auseinandersetzungen mit dem Partner keinen Sinn. Weiteres Handeln in diesem Modus dient nur der Abfuhr des eigenen Frustes und ändert nichts zum Guten. Der Partner reagiert intuitiv auch defensiv und verschließt sich oder schlägt zurück. Wirklich wichtige Dinge können nur dann befriedigend bearbeitet werden, wenn sich beide Partner im *Sozialen Kontaktsystem* befinden (▸ Kap. 4.1).

Den Hintergrund und die Geschichte der Trigger zu kennen oder zu erarbeiten ist hilfreich. Aber noch wichtiger ist, dass eine Person anhand ihrer somatischen Marker, wie der Muskelspannung und der Atmung, erkennt, *dass* sie getriggert ist. Dieses Registrieren funktioniert wie ein *Alarmsystem*: Achtung! Die körperliche Anspannung steigt. Der Muskeltonus erhöht sich im Schulter- und Nackenbereich, in Armen und Händen, im Gesicht. Ich spüre ein Kloßgefühl im Hals, eine Beklemmung im Brustbereich. Ich fühle mich bedroht. Gefühle von Wut, Angst oder Resignation kommen auf und ich empfinde einen Impuls zum Kampf, zur Flucht oder zur Erstarrung.

Die Beraterin zeigt den Klienten, wie sie in Konfliktsituationen anhand der körperlichen Anzeichen Trigger früh erkennen und wie sie ihren Körper zur Regulierung im weiteren Bewältigungsprozess nutzen können.

Kommt es zu einem Ereignis mit Triggerpotential (eine »typische« Äußerung, ein Blick, ein Schnauben oder ein Augenverdrehen des Partners, ein bestimmtes Geräusch, das Erleben eines wiederkehrenden Ablaufs…), so kann der eigene Körper achtsam wahrgenommen werden: Registriere ich den Trigger und bleibe trotzdem ruhig und entspannt? Reagiert mein Körper mit Anspannung? Wie kann ich mich selbst beruhigen?

Entsprechend gestaltet sich die Bewältigung: Bei der Wahrnehmung von Entspannung wird der Trigger kognitiv registriert, die Emotionen jedoch bleiben ruhig und der Mensch ist weiter vollumfänglich denk- und handlungsfähig. Bei mittlerer Anspannung oder deutlichem Alarm mit starken Gefühlen, defensiven Handlungsimpulsen oder einem »Tunnelblick« braucht es vor jedem weiteren Handeln Maßnahmen zur Selbstberuhigung. Das können ein kurzer Moment des Innehaltens, verschiedene Atemtechniken, stabilisierende Affirmationen oder auch ein Ausstieg aus der Situation und eine Auszeit sein (▸ Kap. 11.1).

Bei der *partnerschaftlichen Emotionsregulation* liegt der Fokus mehr beim Partner als bei sich selbst. Die Trigger des Partners und ihre Hintergründe zu kennen, ist hilfreich, um Verständnis und Toleranz aufzubringen und auf schwierige Verhaltensweisen nicht mit Vorwürfen zu reagieren. In der Paartherapie lernen die Partner, ihre Gefühle und Bedürfnisse auch in Triggersituationen so auszudrücken, dass der andere diese annehmen kann. So werden gegenseitiges Verstehen und empathische Reaktionen möglich. Das gegenseitige Validieren und uneingeschränkte Akzeptieren der Gefühle und Bedürfnisse hat einen regulierenden Einfluss auf den emotionalen Stress der Partner und eine starke Wirkung auf die Paardynamik. Diesen Prozess und wie sich die Partner bei Stressbelastungen auch problembezogen unterstützen können, stellen wir in Kapitel 11.2.1 dar. Die Paarberaterin wirkt co-regulierend – insbesondere dadurch, dass sie das Validieren der Gefühle so lange übernimmt, bis den Partnern die gegenseitige Validierung wieder möglich ist.

8.3.2 Emotionsregulation der Paarberaterin

Sich als Paarberaterin durchgängig selbst in einem entspannten Zustand zu befinden, ist nicht möglich. Wir arbeiten in oftmals spannungsgeladenen Interaktionen und haben unsere eigenen Themen und Trigger.

Bei der Arbeit mit einem Paar sollten wir uns jedoch stets bewusst sein, in welchem *Modus* wir uns selbst gerade befinden: Sind wir entspannt, sympathisch aktiviert oder ermüdet? Damit orientieren wir uns an den drei Energiesystemen und checken, in welchen Modus unser Nervensystem autonom schaltet. Möchten wir es gut machen, eigene verinnerlichte Aufträge erfüllen? Fühlen wir uns angegriffen oder abgewertet? Je stärker unsere eigenen Defensivsysteme aktiviert sind, umso weniger können wir unser Gegenüber vollständig sehen und den Prozess unterstützen. Wir brauchen unser volles psycho-physisches System als Resonanzkörper, in dem wir wahrnehmen, was zwischen den Partnern, was in jedem Einzelnen und was in uns selbst passiert. Dabei sollte sich auch das eigene Nervensystem im ventrovagalen Komplex befinden, um eine tragende therapeutische Beziehung anbieten zu können (▶ Kap. 4.1).

Um das zu erreichen, nutzen wir das gesamte Regulationsrepertoire, das wir im Laufe des Behandlungsprozesses auch den Paaren anbieten (▶ Kap. 11.1). Zunächst versuchen wir uns selbst in der Dreierdynamik zu beobachten: Bin ich gerade zu aktiv? Bin ich zu kämpferisch? Das wäre ein Hinweis auf die Aktivierung meines sympathischen Nervensystems, welches Beruhigung bräuchte.

Weiterhin braucht es die Fähigkeit zur wertfreien Beobachtung unserer eigenen Gedanken und Gefühle, eine feine Wahrnehmung für eigene innere Prozesse und für somatische Marker. Wir fragen uns: Will ich eine Veränderung mehr als die beiden? Gibt es in mir einen Impuls zum Zurückweichen oder zum Angriff? Kann ich nur noch schwer folgen? Gebe ich auf? Wie ist meine Muskelspannung und wie atme ich? Dieses innere Geschehen beobachten wir mit gewisser Distanz, ohne dabei das Paar und die Dynamik aus dem Blick zu verlieren.

Es ist völlig normal, dass wir als Therapeutin im Paarprozess ebenfalls ständig eigenen leichten oder schmerzhafteren Triggersituationen ausgesetzt ist. Im Laufe der Jahre können wir uns in Weiterbildungen und Selbsterfahrungen einen Überblick über diese Situationen verschaffen, welche nahezu immer in Verbindung mit der eigenen Biografie stehen. Gibt es beispielsweise wunde Punkte bei aufkommender Aggression einer der Partner? Gibt es einen Impuls mitzustreiten, mitzukämpfen, weil ein Thema eigene Sensibilitäten und Vulnerabilitäten hochkommen lässt? Spüre ich ein Zurückweichen in mir, eine Resignation, weil ich selbst meiner aggressiven Herkunftsfamilie oder der Dynamik in einer Paarbeziehung ohnmächtig ausgeliefert war? Fühle ich mich abgewertet, ungeliebt oder insuffizient, wenn ein Paar sagt, die Beratung nützte nichts – so wie ich mich auch als Kind gefühlt habe?

Die Therapeutin reguliert ihre Triggersituationen im Gespräch mit dem Paar fortlaufend selbst, um weiterhin im ventrovagalen Komplex verankert und ruhig, offen und handlungsfähig zu bleiben. Dazu ist die beschriebene Wahrnehmung des eigenen Triggergeschehens das Fundament. Auf diesem Fundament kann sie weitere Regulationsmöglichkeiten aufbauen: Sie kann sich mithilfe ihres Körpers und ihrer Atmung selbst beruhigen, indem sie sanfte Körperbewegungen, Modulationen des Muskeltonus oder einfache Atemtechniken nutzt. Sie kann kognitive Umstrukturierungen vornehmen, sich Selbstakzeptanzsätze generieren oder bekannte Kraftsätze abrufen und sich selbst damit von zu viel Leistungsdruck befreien.

Und sie kann sich immer wieder aktiv selbstfürsorglich auch den eigenen Bedürfnissen zuwenden. Erkennt sie z. B. ein Erschlaffen in sich, einen Abfall der eigenen Energie oder eine Resignation, so sind mobilisierende Maßnahmen hilfreich: Sie kann sich selbst etwa durch eine Veränderung der Sitzposition mobilisieren, dynamischere Themen anschneiden oder – als sehr wirksame Maßnahme – eine körperliche Aktivität im Raum initiieren.

Um die komplexe Situation einer Paartherapie tragen zu können ist es also zentral, dass die Therapeutin selbst in der Lage ist, ihren Körper, ihre Gedanken und Gefühle achtsam wahrzunehmen und schnell und effektiv zu regulieren.

9 Einstiegsphase

Nachdem wir nun die grundlegende Gestaltung einer Paartherapie und die wichtige Basis der Emotionsregulation angeschaut haben, soll es um das Vorgehen zu Beginn einer Paartherapie gehen. Weiterhin wird der Umgang mit Trennungsandrohungen oder -ambivalenzen beschrieben, die in der Einstiegsphase verdeckt oder transparent eine Rolle spielen können.

Wenn Paare sich für eine Paarberatung entscheiden, sind sie an einem Punkt, an dem sie zu zweit nicht mehr weiterkommen. Viele sind in kraftzehrende Auseinandersetzungen verstrickt, andere vermeiden Streitigkeiten und leiden unter der emotionalen Distanz, in der sie sich befinden. Die meisten Paare spüren, dass sie sich in einem Teufelskreis befinden, aus dem sie nicht mehr allein herausfinden.

In der Einstiegsphase der Paarberatung, also in der Regel beim Erstgespräch, geht es darum, dass beide Partner ihre *Probleme deponieren* und auch klagen dürfen. Die Paarberaterin strukturiert die von beiden Partnern genannten Themen und verschafft sich und dem Paar einen Überblick, sie fragt vertiefend nach und meldet zurück, was sie über Strukturen, innere und äußere Prozesse verstanden hat und validiert die Gefühle und Bedürfnisse beider Partner. Hilfreich sind hier Tools aus der systemischen Therapie, allem voran die systemischen Fragen.

Selten kommen die Partner dabei mit einem konkreten gemeinsamen Auftrag. Das Anliegen ist schlicht, aktuelles und vergangenes Leid zu mindern. Ein greifbarer *Auftrag* und *konkrete Ziele* müssen daher meist erst erarbeitet werden. Nach der Problemschilderung bietet sich an, die Beziehungsgeschichte und vor allem die Kennenlernsituation zu explorieren. Dadurch werden dem Paar Ressourcen deutlich und die Therapiemotivation wird gestärkt.

9.1 Aufbau der therapeutischen Beziehung oder: Sicherheit geben

Der Frage, was an Paartherapie wirkt, geht Schär (2016) nach: Der wichtigste Faktor ist demnach, wie in der Einzeltherapie auch, die therapeutische Beziehung. Therapeuten und Forscher schreiben der therapeutischen Beziehung bis zu 30 % der Wirkung einer Psychotherapie zu (Adito & Rabellini, 2011). Dennoch wurde sie bisher wenig empirisch untersucht.

Für die Arbeit mit Paaren stellt Schär (ebd.) fest, dass es aber bedeutsam ist, dass beide Partner die therapeutische Beziehung positiv einschätzen (Symonds & Horvarth, 2004). Diese Einschätzung bleibt von der ersten bis zur achten Sitzung relativ stabil (Knobloch-Fedders, Pinsof & Mann, 2007). Das Erstgespräch ist also wegweisend. Zwei Faktoren in Bezug auf die Therapeutin sind entscheidend für die Wirksamkeit einer Paartherapie (Bedi, Davis & Williams, 2005):

- Wärme und persönliche Spürbarkeit
- eine fordernde, aber auch unterstützende Haltung

Was bedeuten diese Erkenntnisse, wie setzt man sie in der Arbeit mit Paaren um und was bewirken sie?

Eine Therapeutin aufzusuchen oder zum ersten Mal in eine Paarberatung zu gehen, ist für die meisten Menschen nicht alltäglich. Dieser Schritt ist begleitet von gesellschaftlichen Ressentiments und verinnerlichten Klischees und Vorurteilen. Hinzu kommt die Sorge, dass der Partner von der Therapeutin bestätigt und man selbst beschuldigt werden könnte. Wenn Menschen zum ersten Mal zu uns kommen, sind sie also in den seltensten Fällen entspannt, sondern meist sympathisch aktiviert. Der Körper ist angespannt und erregt, der Geist eingeengt. Im Stresszustand des aktivierten Sympathikus ist jedoch weder eine warme, einfühlende Reflexion mit dem Partner noch eine vertrauensvolle Beziehung mit der Paartherapeutin möglich. So wird schnell bewertet, ob die Therapeutin hilfreich oder parteilich ist oder nicht. Es gehört also zu unserer primären

Aufgabe, eine Atmosphäre zu schaffen, in der sich beide Partner wohl und in Sicherheit fühlen.

Sicherheit zur Verfügung zu stellen, ist ein elementarer Bestandteil des Prozesses oder, wie Stephen Porges sagt: »Sich sicher zu fühlen *ist* die Behandlung« (2018, S. 135). Dazu nutzen wir die von Porges beschriebenen Instrumente zur Herstellung einer *sicheren Atmosphäre*. Wir achten bei uns selbst auf eine tiefe Atmung; wir sorgen dafür, dass unsere Stimme warm und prosodisch, d. h. melodisch moduliert, ist; die Körperhaltung sollte aufrecht, jedoch nicht starr sein; der Blick ist weich, rezeptiv und interessiert. Eine solche Körpersprache aktiviert bei den Partnern über die Spiegelneuronen den ventrovagalen Komplex, vermittelt Wärme und schafft Vertrauen. Echt und authentisch kann diese Körpersprache allerdings nur dann sein, wenn wir selbst gut reguliert sind, wie wir es in Kapitel 0 beschrieben haben. Bereits Carl R. Rogers hat die Echtheit oder *Kongruenz* als wichtigste Bedingung für den Erfolg einer Therapie beschrieben (1983). Kongruenz ist aus unserer Sicht unabdingbar für die persönliche Spürbarkeit der Therapeutin. Das bedeutet aber nicht, dass die Therapeutin alles ausspricht, was sie empfindet oder denkt. Ruth Cohn bezeichnet das als *selektive Authentizität* (2016): Therapeutinnen sollen nicht alles sagen, was sie denken. Aber alles, was sie sagen, soll authentisch sein. Die selektive Authentizität der Therapeutin vermittelt Sicherheit – auf ihre Äußerungen ist Verlass; sie stimmen mit ihrer Körpersprache überein. Es entsteht keine Irritation bei den Klienten.

Die *Co-Regulation* der Paarberaterin spielt weiterhin eine wichtige Rolle zur Herstellung von Sicherheit: Sie unterstützt die Klienten darin, ihr Nervensystem zu beruhigen und damit die Selbstregulationsfähigkeit weiterzuentwickeln. Wie eine Mutter, auf die das Kind seine überfordernden Gefühle projiziert, welche sie auffängt und bewahrt, und die dann dem Kind hilft, sich wieder zu beruhigen, so unterstützt die Beraterin das Paar darin, sich zu entspannen. Die Co-Regulation geschieht mittels schlichtem Da-Sein, Mit-Tragen und Mit-Aushalten der für das Paar teilweise überwältigenden Gefühle. Gefühle, die die Betreffenden vorher überfluteten, denen sie sich ausgeliefert fühlten und die entsprechend angstbesetzt waren, sind nun mit der Hilfe der Paarberaterin nicht nur erträglich, sondern auch zu bewältigen.

Dieser Prozess ist für die Klienten eine *korrigierende Erfahrung* (Zanotta, 2018). Die belastenden Situationen sind kognitiv aktualisiert, das Defensivsystem des vegetativen Nervensystems ist aktiviert und doch kommt es nicht zu einer Überwältigung durch alte Emotionen. Körperliche Aspekte wie der Muskeltonus, die Atmung und der Herzschlag werden einbezogen und mit dem emotionalen Erleben und bekannten oder reframten Kognitionen neu verknüpft. »Durch fortwährende Koregulation mit dem Therapeuten kann der Klient allmählich Selbstregulation lernen und zu mehr Stabilität gelangen, allesamt Voraussetzungen für das Gelingen einer Therapie« (Zanotta, 2018, S. 33).

Die Wärme und persönliche Spürbarkeit der Therapeutin vermittelt dem Paar auf einer neurobiologischen Ebene Sicherheit. Und das ist die Basis, auf der eine fordernde, aber auch unterstützende Haltung Veränderung einleiten kann. Mithilfe von Moderations- und Gesprächsführungstechniken nimmt die Therapeutin diese Haltung ein. Sie leitet die Klienten an, Angriffe, Vorwürfe und Forderungen durch eine bedürfnisorientierte Kommunikation zu ersetzen und sich so mitzuteilen, dass der andere es annehmen kann (▶ Kap. 10.2). Solange die Partner noch nicht empathisch und validierend aufeinander reagieren können, übernimmt die Therapeutin diese Rolle. Sie exploriert, vertieft und validiert allparteilich nacheinander die Gefühle und Bedürfnisse beider Partner und bemüht sich um sensibles und präzises einfühlendes Verstehen. Dabei ist sie Modell dafür, klar zu kommunizieren, schwierigen Themen nicht auszuweichen und nicht zu vermeiden – aber dennoch nicht zu verletzen.

Die therapeutische Beziehung ist also entscheidend: Sie ist wichtig, damit Interventionen wirksam werden können – wie ein Instrument, auf dem Tools wie Töne eingesetzt werden, die langsam zu einer Melodie werden.

9.2 Explorieren der Wahrnehmungen, Gefühle und Bedürfnisse

Um die Probleme eines Paares zu erfassen, eruiert die Therapeutin bei jedem Partner, was das Paar in die Therapie geführt hat und was die

Partnerschaft belastet. Sie achtet darauf, dass keine neuen Verletzungen entstehen und beispielsweise Vorwürfe möglichst neutral – wie von Außenstehenden beobachtet – sowie mit eigenen Gefühlen und Bedürfnissen verbunden formuliert werden.

Hierfür gibt es Werkzeuge, die im gesamtem Therapieprozess Anwendung finden, weil sie je nach Kontext sowohl explorierenden, stabilisierenden als auch vertiefenden Charakter haben können. Allen voran sind das systemische Fragen, aber auch das Strukturieren, Explizieren und Visualisieren von Gedanken, Gefühlen und Prozessen.

9.2.1 Systemisches Fragen

Systemische Fragen sind mehr als Fragen: Sie sind *Exploration und Intervention* zugleich. Fragen dienen der Beschaffung von Informationen und leiten gleichzeitig Denkprozesse. Sie können Implizites explizit machen, Prozesse verlangsamen, bewusster werden lassen und vertiefen. Wir nutzen Fragen, um dysfunktionale Wirklichkeitskonstruktionen oder Muster zu hinterfragen, sie zu unterbrechen und so eine Neuorientierung zu ermöglichen.

Bei der *systemischen Neugier* handelt es sich um ein von tiefem Respekt getragenes Interesse am anderen Menschen, an der Art und Weise, wie er ist und wie er seine Wirklichkeit konstruiert. Mit einem »Helfen Sie mir zu verstehen ...« sind wir in Kontakt, zeigen Akzeptanz und Interesse und verhelfen dem anderen, sich selbst besser zu verstehen.

Die für uns wichtigsten Fragen können in folgende Kategorien eingeordnet werden.

Ressourcenaktivierende Fragen

Diese Fragen knüpfen an dem an, was noch gut in der Beziehung ist, machen diese Ressourcen deutlich und beleben sie: »Wo gibt es kleine Momente von Kontakt?«, »Was kann so bleiben, wie es ist?«, »Wo haben Sie sein/ihr Bemühen registriert?«

Skalierungsfragen

Mit systemischen Skalierungsfragen und Fragen nach Unterschieden werden *Veränderungen* verdeutlicht, was eine wesentliche Voraussetzung für das Erleben von Selbstwirksamkeit ist.

»Angenommen, wir hätten eine Skala von 0 bis 10. Die 0 stünde für: ›Wir berühren uns gar nicht‹. Die 10 für: ›Wir haben ein erfülltes Sexualleben‹. Dazwischen sind Stufen wie ›Wir küssen uns kurz zur Begrüßung.‹ und ›Es gibt auch erotische Momente‹. Wo sehen Sie sich heute?« Beide Partner schätzen nun die Situation und ein und beschreiben sie.

Dann kann mit folgenden Fragen weitergearbeitet werden:»Wo standen Sie beide zu Beginn der Krise? Ist es besser oder schlechter geworden? Wann war Ihr schlimmster Moment, wo waren Sie da auf der Skala, wie sah der Moment aus?« Auch die Ressourcenseite ist wichtig:»Wann war Ihre beste Zeit? Wie sah die aus? Was war da möglich?«. Die Antworten können in eine improvisierte Grafik eingetragen und mit Namen, Datum oder begleitenden Lebensumständen markiert werden.

Darauf aufbauend können *Entwicklungsschritte* differenziert herausgearbeitet werden:»Wie haben Sie es geschafft, von drei auf fünf zu kommen?«, »Was haben Sie dazu beigetragen, was Ihr Partner?«,»Wo möchten Sie hinkommen?«»Was wäre da möglich?« Und:»Was wäre der nächste kleine Schritt?«,»Wie kommen Sie (z. B.) von fünf auf sechs?«

Zirkuläre Fragen

Interpersonelle oder zirkuläre Fragen dienen dazu, aus dem Ursache-Wirkungsdenken bzw. der linearen Zuschreibung von Verantwortung herauszukommen. Durch das»Um-die-Ecke-Fragen« werden Perspektivenübernahme und Empathie angeregt. Klassische zirkuläre Fragen im Paarsetting sind beispielsweise:»Was denken Sie, wie Ihre Frau/Ihr Mann diese Frage beantworten würde?« oder»Was müssten Sie tun, damit Ihre Frau denkt: ›Wow, jetzt macht er mir gar keinen Druck mehr wegen Sex?‹«

Die übliche spontane Antwort ist:»Das weiß ich nicht, da müssen Sie meine Frau fragen«. Hier machen wir deutlich, dass es nicht darum geht, etwas sicher zu wissen, sondern es einzuschätzen und damit die vorhandenen, verinnerlichten Bilder des anderen explizit zu machen.

Hypothetische Fragen

Diese Kategorie systemischer Fragen eröffnet neue Horizonte. Sie führt aus der Problemtrance in eine Lösungstrance. Kreiste die Wahrnehmung bisher hauptsächlich um das Problem, wird nun langsam wieder vorstellbar, wie ein Weg herausgehen könnte. Klassisch und bekannt dafür ist die *Wunderfrage* von de Shazer und Berg:»Was wäre, wenn über Nacht ein Wunder geschehen würde und Ihr Problem gelöst wäre?«, und dann:»Woran würden Sie das merken?« Die klassische Wunderfrage kann abgewandelt werden, z. B. zu: »Angenommen, wir treffen uns in fünf Jahren zufällig im Supermarkt, Ihnen geht es hervorragend miteinander, und ich würde Sie fragen, wie Sie das geschafft haben. Was würden Sie sagen?«

Hypothetische Fragen können auch dazu beitragen, Unaussprechliches oder Worst-Case-Szenarien bearbeitbar zu machen:»Angenommen, Sie sind in einem schönen erotischen Kontakt miteinander und dann passiert es doch wieder: Sie verlieren die Erektion. Wie wäre das für Sie?« Wichtig ist, es nicht bei einer kurzen, pauschalen Antwort bewenden zu lassen, sondern nun das gesamte Erleben durchzugehen:»Wie würden Sie sich fühlen?«, »Was würden Sie denken?«, »Wie würden Sie sich verhalten?«, »Was könnten Sie tun, was Ihre Frau?«,»Was wäre hilfreich, was gerade nicht?« Hypothetische Fragen können *angstreduzierend* wirken, weil sie das innere Gespenst sichtbar machen, und helfen Visionen zu entwerfen.

9.2.2 Strukturieren und Explizieren

Die Wahrnehmungen und Empfindungen beider Partner werden zusammenfassend dargestellt und dabei auch eingegrenzt und strukturiert (Schär, 2016):

- zeitlich:»Im Moment ist xy problematisch …«
- thematisch:»Konflikte haben Sie bei den Themen …«
- verhaltensbezogen:»Wenn Ihr Partner xy tut …«

Hilfreich sind dabei *Metaphern*, mit denen z.B. die »Baustellen« benannt werden oder der »Rucksack« ausgepackt wird. So wird die komplexe und überfordernde Situation übersichtlicher und erscheint dem Paar eher bewältigbar.

Der Umgang des Paares miteinander und die Art und Weise der Schilderung der Probleme gibt erste Hinweise auf die Fragen zu den Beziehungstypen und -dynamiken: Ist es ein kämpferisches Paar, bei dem es darum geht, Verantwortungsübernahme und Selbstreflexion zu unterstützen? Haben wir ein vermeidendes Paar vor uns, bei dem die Therapeutin dafür zuständig ist, Dinge ansprechen und bei dem es um die Entwicklung von der Fremdvalidierung zur Selbstvalidierung geht? Oder sind die Partner unterschiedlich, greift der eine an und der andere zieht sich zurück? Wer hat hier welche Rolle und was ist das Anliegen?

Neben dem Strukturieren der Aussagen der Partner durch die Therapeutin werden die Wahrnehmungen und Empfindungen beider Partner auch expliziert. *Explizieren* bedeutet, dass die Therapeutin verbal ausdrückt, was sie über Strukturen, Bedeutungen, innere und äußere Prozesse verstanden hat, und dass sie noch *darüber hinausgeht*. D.h. im Unterschied zur reinen Paraphrasierung kommt zum Gehörten immer noch ein bisher unausgesprochener, oft emotionaler Aspekt hinzu. So kann aus einem »Ich mache das nicht mehr mit« ein »Sie sind am Ende Ihrer Kräfte angekommen? Es muss ein Ende haben, weil es für Sie nicht mehr gesund ist?« werden. Oder aus der Aussage »Ich bin für sie nur noch zum Bezahlen gut« kann der Versuch werden »Sie fühlen sich als Mensch nicht mehr gesehen? Und haben das Gefühl, nur noch wegen des Geldes gemocht zu werden?« Explizierungen sind immer eine Mischung aus dem Gehörten und einer Hypothese. Die Ideen dazu generieren sich aus dem Bild der Klientin, ihrem gesprochenen Wort, dem theoretischen Wissen der Therapeutin und deren Erfahrungshintergrund. Je weiter man sich dabei vom Gesagten entfernt, umso riskanter wird es für die therapeutische Beziehung. Idealerweise werden Explizierungen darum als Fragen angeboten und gemeinsam mit der Klientin validiert (Schär, 2016).

Mit Explizierungen wird das Erlebte für die Betroffenen verständlicher und überprüfbar und der Therapieprozess kommt oft schlagartig und deutlich voran (Sachse, Sachse & Fasbender, 2016). Für das Paar werden durch zutreffende Explizierungen Erlebnisse von einer reinen Berichtebene auf eine innere Ebene gehoben und dort bearbeitbar gemacht. Durch die emotionale Vertiefung wird das Gesagte nachvollziehbarer, verstehbarer und annehmbarer und der Partner wird dadurch empathiefähiger. Damit geht das Paar einen Schritt in Richtung Bindungssicherheit.

9.2.3 Visualisieren

Visualisierungen sind die bildliche Veranschaulichung von Gefühlen, Gedanken oder auch Prozessen. Wir unterscheiden zwei Arten von Visualisierungen: innere und äußere.

Innere Visualisierungen oder *Imaginationen* bedeuten ein Erzeugen von Bildern vor unserem *inneren* Auge, also in der Vorstellung. Sie werden generiert aus Erinnerungen und Erfahrungen aus der Vergangenheit oder Vorstellungen von der Zukunft. In der hypnosystemischen Arbeit nutzen wir innere ressourcenstärkende Erinnerungsbilder beispielsweise über Fragen zur anfänglichen Liebesbeziehung oder zu funktionierenden Bereichen der Paarbeziehung. Dynamiken oder auch Symptome können visualisiert und externalisiert werden:»Angenommen, Ihre Lust wäre eine Person. Was würde sie sagen, warum sie weg ist? Wohin hat sie sich verzogen? Wie möchte sie eingeladen werden?«

Auch Symbolisierungen oder Metaphern können als innere Bilder verstanden werden: z. B.»Bei uns ist Eiszeit.« Innere Bilder sind Erinnerungen im emotionalen und episodischen Teil unseres Gedächtnisses. Sie lösen als Teil unseres Nervensystems assoziierte Gedanken, Gefühle und Körperreaktionen aus und beeinflussen so die innere Dynamik und die Paardynamik. Sobald sie expliziter werden, können sie bearbeitet werden.

Äußere Visualisierungen bedeuten die *optische Darstellung* von Gefühlen, Gedanken, Prozessen oder Dynamiken. Paarprozesse sind meist hochkomplexe Situationen und es ist hilfreich, sie skizzenhaft darzustellen, um die Komplexität zu reduzieren. Dazu braucht es keine künstlerischen Fähigkeiten oder großen Leinwände (Prior, 2008). Wir skizzieren im Gespräch wichtige Passagen oder Aussagen und setzen sie mit Pfeilen und Symbolen in Verbindung zueinander. Das Paar selbst kann mit seinen Wahrnehmungen ebenfalls skizziert werden. Mit einfachsten Symbolen können Gefühle,

Gedanken, Interaktionen dargestellt werden. Auch Trigger oder Skalen lassen sich leicht visualisieren und damit verdeutlichen.

Visualisierungen haben in verschiedenen traumatherapeutischen Methoden einen wichtigen Stellenwert, sei es in Form von Skizzen, Aufstellungen oder der Skulpturarbeit (▶ Kap. 11.1.1 u. ▶ Kap. 11.4.1). Durch die optische Darstellung des Unausprechlichen verändert sich etwas an der Abkapselung des Traumas im Gehirn: Es bekommt einen Realitätsgehalt, der ihm bisher subjektiv nicht zugestanden wurde (Weinberg, 2006).

9.3 Verflüssigen von Positionen und neue Perspektiven

Die Minimax-Interventionen von Manfred Prior (2016) sind kleinste sprachliche Veränderungen, welche im Gespräch und in der Wahrnehmung der Klienten eine große Wirkung erzielen können, da sie reflexhafte Widerstände umschiffen. Wichtig in der Anwendung mit Paaren scheinen uns das Verflüssigen von Dimensionen der Zeit und Positionen sowie das Eröffnen neuer Perspektiven.

Das *Verflüssigen von Dimensionen der Zeit* setzt an Generalisierungen an: Praktisch jede Verallgemeinerung ist falsch, denn bei differenzierter Betrachtung gibt es immer Ausnahmen. Insbesondere, wenn Paare sich im Veränderungsprozess der Paartherapie befinden und hierin Energie investieren, ist es schmerzhaft und ein Motivationskiller zu hören »Von ihm kommt nie irgendeine Initiative« oder »Die Therapie hat bei ihr noch gar nichts gebracht«.

Als Paartherapeutin validieren wir das Gesagte, bauen aber eine Minimax-Intervention ein und verändern die Aussage minimal, indem wir die Dimension der Zeit korrigieren und die Aussage differenzieren. Wir bieten die Umformulierung dem Klienten als Ich-Botschaft und Alternative zu seiner Formulierung an: »Bisher kam für mich noch zu wenig Initiative von dir« oder »Für meine Bedürfnisse gibt es noch viel zu wenig

Veränderung. Ich bräuchte noch häufiger, dass …«. Die Motivation bleibt erhalten und kann wieder neu ausgerichtet werden.

Eine weitere Variante ist die *Verflüssigung der Positionen*: In nüchternen Alltagsgesprächen geht es oft um Entscheidungen und klare Positionen. In therapeutischen Gesprächen geht es sehr viel mehr um das Wie, Warum, Wann, Wo, Weil…. Wenn wir wirklich an die innere Erfahrungswelt unserer Klienten herankommen wollen, sollten wir weniger nach dem »Ob« fragen. Auf W-Fragen bekommen wir meist gehaltvollere Antworten. Statt:»Ich frage mich, ob Sie sich schon Gedanken gemacht haben, wie Sie damit jetzt umgehen wollen«, fragen wir:»Ich frage mich, wie Sie damit jetzt umgehen wollen«.

Oder wir machen aus der Aussage einer Klientin:»Mich interessiert es nicht mehr, ob du abends noch nach Hause kommst oder nicht« ein:»Mich interessiert das nicht mehr, *weil* …?« Damit lenken wir das Gespräch mit minimalen sprachlichen Interventionen in selbstoffenbarende oder vertiefende Dimensionen.

Neue Perspektiven eröffnen wir durch kleine sprachliche Veränderungen, wo für unsere Klienten ein Prozess schon beendet scheint: Mit »*noch* nicht« oder »öfter« differenzieren wir zwischen gestern und heute und öffnen damit neue Türen. Wenn eine Klientin sagt »Wir schaffen es einfach nicht, normal miteinander zu reden«, ergänzen wir:»Wir schaffen es *noch* nicht so gut …«.

Mit einem »Sondern?« wird der Blick vom Problem auf die Lösung gelenkt: Klient:»Wir haben uns in den letzten Wochen gar nicht gestritten.« Wir paraphrasieren und ergänzen:»Wir haben uns gar nicht gestritten, *sondern* …? Was haben Sie stattdessen gemacht?«

9.4   Klären von Auftrag und Motivation

Um herauszufinden, wer was in der Paartherapie erreichen will, sind die de Shazer'schen Typologien hilfreich, welche zwischen Kunden, Besuchern und Klagenden unterscheiden (2002). *Kunden* sind nach de Shazer Klienten, die aktiv an ihrer Entwicklung arbeiten wollen. *Besucher* werden oftmals von anderen in die Beratung geschickt und haben keinen eigenen Auftrag und *Klagende* leiden zwar, aber sehen die Verantwortung ausschließlich beim anderen.

Im Paarsetting haben wir es häufig mit einer Mischkonstellation zu tun: So kommt beispielweise ein Paar in die Beratung, bei dem einer der Partner aktiv an der Veränderung arbeiten möchte, der andere jedoch resigniert hat und eher in die Kategorie des Klagenden gehört oder aber einfach einmal mitkommt, um zu schauen, ob denn so ein Gespräch etwas bringen könnte. Anhand der de Shazer'schen Typisierung entscheiden wir über das Setting. Mit zwei Kunden kann gut gearbeitet werden. Mit Klagenden und Besuchern macht eine Therapie nur dann Sinn, wenn ein Auftrag gefunden werden kann, an dem auch beide Partner arbeiten möchten und der sie zu Kunden macht.

Wirkliche therapeutische Veränderungsarbeit ist in einer Paartherapie nur mit zwei »Kunden« möglich, die einen klaren Auftrag haben. Nur wenn es gelingt, Klagen in einen Auftrag zu verwandeln und bei Besuchern eine Therapiemotivation herzustellen, können konkrete Therapieziele erarbeitet und umgesetzt werden. Einen Partner im Paarsetting zu haben, der überzeugt ist, ausschließlich der andere sei verantwortlich für die Probleme, blockiert den Veränderungsprozess.

Wir können das respektvoll und würdigend ansprechen und damit den Partner wohlwollend verabschieden. Unsere Einstellung lautet, dass derjenige, der denkt, von professioneller Hilfe profitieren zu können, in die Therapie kommen sollte – auch wenn er glaubt, der andere hätte es nötiger. Denn nur er ist Kunde im de Shazer'schen Sinn und kann etwas bewegen. Auch im Einzelsetting kann systemisch an der Partnerschaft gearbeitet werden, indem Dynamiken reflektiert werden und der Partner durch zirkuläre Fragen oder imaginativ immer wieder einbezogen wird. Durch Veränderungen bei einer Person passiert systemisch etwas in der Partnerschaft. Nicht selten möchte dann irgendwann auch der andere Partner in den Prozess einbezogen werden.

Eine andere Möglichkeit ist, *verborgene Aufträge* mit dem klagenden oder als Besucher auftretenden Klienten herauszuarbeiten. Auch wenn dieser zunächst nur mitkam, um die Therapeutin kennenzulernen oder seinen Teil der Geschichte zu berichten, gibt es wahrscheinlich bei ihm Anliegen, die sich auf die Partnerschaft beziehen. Diese sind noch nicht ausgespro-

chen worden und unter Umständen auch nicht bewusst. Eine Gesprächssequenz dazu kann folgendermaßen aussehen:

Therapeutin:	*Und Sie sind einfach mal mitgekommen. Weil Ihre Frau sich das wünschte?*
Herr P.:	*(nickt)*
Therapeutin:	*Ansonsten haben Sie eigentlich kein besonderes Anliegen? Und es wäre für Sie okay, wenn Ihre Frau weiterhin allein zu mir kommen würde, stimmt das?*
Herr P.:	*Ja, schon.*
Therapeutin:	*Sie hatten vorhin mal erwähnt, dass Sie sich gewünscht hätten, es wäre sexuell mehr gelaufen. Ist das noch so oder ist das jetzt gut so für Sie, wie es ist?*
Herr P.:	*Naja, gut ist vielleicht zu viel gesagt. Aber das kann ich ja nicht alleine machen, wenn sie nicht will ...*
Therapeutin:	*Das stimmt. Wäre es denn für Sie interessant, mehr darüber zu erfahren, warum sie nicht will oder was genau sie nicht will oder welche Rolle Sie da eventuell spielen?*
Herr P.:	*(denkt nach) Joo, das wäre schon interessant ..., wenn's da was gibt?*
Therapeutin:	*Und dafür wäre es auch gut, hier bei mir noch mal mit dabei zu sein oder möchten Sie das lieber zusammen angehen?*
Herr P.:	*Hmm ... ein bisschen Unterstützung wäre dabei vielleicht schon hilfreich ... Allein haben wir's bisher schließlich nicht geschafft.*
Therapeutin:	*(an Frau P.) Und Sie wären dabei bei diesen Fragen?*

9.5 Formulieren von Zielen

Den meisten Menschen fällt es in der Paarberatung leichter zu sagen, was sie
nicht wollen, als was sie erreichen möchten. Um aus der Problemtrance
heraus zu kommen und neue Wege zu gehen, müssen Therapieziele jedoch

positiv formuliert werden. Bei negativ formulierten Zielen wie »Wir wollen nicht mehr so viel streiten« oder »Ich möchte nicht mehr gleich resignieren« verharrt die Wahrnehmung auf dem Streit und der Resignation.

Darum stellen wir dem Paar unsere *Übersetzungshilfe* zur Verfügung: Wir übersetzen fortlaufend, was uns die Beteiligten bei der Beschreibung ihrer Probleme erzählen in eine bedürfnis- und ressourcenorientierte sowie zukunftsgerichtete Sprache. Das können wir laut und explizit z. B. an einem Flipchart tun oder wir arbeiten still daran, ohne den Prozess dabei zu stören, auf einem Blatt Papier. Wir beginnen mit dem Entwurf der Zielformulierung bereits in der ersten Sitzung und ergänzen eventuell später.

Aus einem »Ich bin ihm völlig egal« wird ein »Ich möchte wieder öfter hören und spüren, dass ich wichtig für dich bin«. Aus einem »Wir haben nur noch zweimal im Jahr Sex« wird ein »Ich brauche mehr körperliche Berührung und Zärtlichkeit zwischen uns. Ich möchte herausfinden, wie wir das wieder schaffen können und was ich dazu tun kann.« Manchmal kann der andere einhaken, sodass ein gemeinsames Ziel definiert werden kann.

So kommen beide in einen veränderten Wahrnehmungsmodus, der auch emotional spürbar ist: eine *Lösungstrance*. Wenn wir ein Ziel haben, sehen wir einen Weg. Wenn wir unser Ziel konkret beschreiben können, wird es vorstellbar und überprüfbar. Es lässt sich beispielsweise skalieren, wo die eine Person früher stand und wo sie heute steht. Oder es wird deutlich, dass ein Ziel hinfällig geworden und ein neues Anliegen entstanden ist, weil die Situation oder die Person sich beispielsweise verändert haben. Therapieziele müssen also positiv formuliert, konkret und prozesshaft beschrieben sowie attraktiv und realistisch sein (Benaguid & Schramm, 2016).

Manchmal ist eine Zielformulierung noch nicht möglich und es ist für eine Lösungstrance noch zu früh. Dann müssen die Probleme noch intensiver gehört und gewürdigt werden. Durch Achtsamkeit und Empathie erkennt die Paartherapeutin, wann der Zeitpunkt gekommen ist, von der Problem- zur Lösungstrance zu wechseln.

Oft ist die erste Sitzung derart gefüllt mit Informationen, Ereignissen und Emotionen, dass es schwierig ist, eine Liste mit guten Zielen zusammenzustellen. Das kann sowohl mit der Übung und Erfahrung der Therapeutin zusammenhängen, aber auch ein Indikator dafür sein, noch einmal genauer hinzuschauen: Warum ist es so schwierig? Ist die Atmosphäre so destruktiv, dass es erst einmal dringende Maßnahmen zur »Entgiftung« braucht? Liegen die Aufträge zu weit auseinander? Will einer gar nicht? Wurde jemand noch nicht gut genug darin gesehen, was er genau braucht? Oder ist das Ziel, erst einmal herauszufinden, ob es in dieser Beziehung überhaupt noch Ziele gibt?

Im Prozess der Zieldefinition dürfen auch Trennungsgedanken kein Tabu sein. Auch ein kooperativer Trennungsprozess oder die Auseinandersetzung mit dem Thema Trennung können Ziele sein, wie beispielsweise: »Ich möchte herausfinden, ob ich die Beziehung weiterführen will oder ob sie für mich zu Ende ist.«

Die prozesshafte Zielkonstruktion in einem Paargespräch kann beispielsweise folgendermaßen aussehen:

Frau F.:	*Dir ist es ja völlig egal, wie es mir geht. Alles ist selbstverständlich.*
Herr M.:	*Bei mir ist es ja auch selbstverständlich. Mich fragt ja auch keiner, wie ich etwas finde …*
Therapeutin:	*Sie haben beide das Gefühl, es ist selbstverständlich, was Sie leisten, es wird vom anderen nicht gesehen. Wäre es manchmal schön, auch wieder mehr mit dem gesehen zu werden, was man einbringt?*
Frau F.:	*Ja, darüber sprechen wir gar nicht mehr.*
Therapeutin:	*Darüber, wer was braucht? Oder darüber, dass auch mal was gut ist und einen freut?*
Frau F.:	*Über beides nicht.*
Therapeutin:	*Können Sie das selbst? Über das Sprechen, was Ihnen wichtig ist, was Sie brauchen und worüber Sie sich auch beim anderen freuen?*
Frau F.:	*Ich weiß nicht. Eigentlich schon. Aber ich glaube, ich habe es verlernt …*
Therapeutin:	*Also wäre es für Sie gut, in diesem Punkt in Zukunft wieder etwas mutiger und offener zu werden?*
Frau F.:	*Das wäre wahrscheinlich schon wichtig.*
Therapeutin:	*(an Herrn M.) Und wie schätzen Sie das ein?*
Herr M.:	*Ich glaube auch, dass uns das gut tun würde. Ich könnte da auch wieder ein bisschen offener werden.*

> *Therapeutin:* Gut, dann schreibe ich mal auf die Liste:»Wir möchten beide gern wieder offener und mutiger miteinander über unsere Bedürfnisse sprechen, dem anderen auch sagen, wenn uns was an ihm gefällt oder guttut.« Passt das so für Sie?

9.6 Erheben der Beziehungsgeschichte

Eine Möglichkeit, die Beziehungs- oder Liebesgeschichte des Paares zu erfragen, ist das *Oral History Interview* aus der Verhaltenstherapie mit Paaren (Schindler, Hahlweg & Revenstorf, 1998; Bodenmann, 2012). Die Fragen zur Beziehungsgeschichte beginnen bei der Kennenlernsituation:»An was erinnern Sie sich? Wie war der erste Eindruck vom anderen? Was hat Sie an Ihrem Partner fasziniert?«

Es folgen weitere Treffen, Höhepunkte und besondere Zeiten im weiteren Beziehungsverlauf, wobei ausschließlich positive Erfahrungen in den Blick genommen werden. Auf negative Bemerkungen geht die Therapeutin nicht ein und lenkt den Fokus darauf, was beide Partner ursprünglich aneinander angezogen hat:»Was führte zu der Entscheidung, gerade diesen Menschen zu heiraten? Was gefiel Ihnen besonders an Ihrer Frau?«

Auch die Ehephilosophie wird angesprochen:»Was denken Sie, braucht eine Ehe, um glücklich zu sein? Wie haben Sie es geschafft, vor der Krise, glücklich zu sein? Wie haben Sie schwierige Momente bewältigt?«

Durch die Exploration der Beziehungsgeschichte zeigt sich, ob noch *positive Gefühle* bei den Partnern vorhanden sind. Sie zeigen sich in Form einer warmen Stimme, eines Lächelns und eines Funkelns in den Augen, aber auch durch ein »Schwärmen« von den ersten Begegnungen.

Das vergangene Erleben wird im Nervensystem aktualisiert und wirkt dadurch als *Ressource*. Dem Paar wird auch bewusst, dass die Eigenschaften, die jetzt als mühsam empfunden werden, zu Beginn oftmals spannend und anziehend waren. Das kann dazu führen, dass der Blick darauf wieder etwas milder wird.

9.7 Umgehen mit Trennungsambivalenz und -absicht

Grundsätzlich können wir davon ausgehen, dass Paare, die zu uns in die Praxis kommen, mindestens noch etwas Hoffnung haben und die gemeinsame Partnerschaft weiterführen möchten. Diese Absicht ist in der Wut der Eskalation oft nicht erkennbar. Insbesondere in den ersten Gesprächen wird der geballte Frust gezeigt und die Trennungsabsicht betont. Das ist Teil der Paardynamik, in der oft und lange verzweifelt um Veränderung gerungen wurde und jetzt mit dem potenziellen Ausstieg Druck erzeugt werden soll. Es entspricht aber auch oft einer inneren Ambivalenz: Der Haltung »Ich will es doch so gern schaffen, die Beziehung ist mir viel wert« steht die Einstellung »Ich kann nicht mehr, es geht nicht mehr« gegenüber.

Auch wenn uns klar ist, dass es sich um eine Ambivalenz handelt, ist es wichtig, die *Trennungsimpulse* sehr ernst zu nehmen. Etwa vergleichbar mit dem Thema Suizidalität gibt es bei Therapeutinnen oft ein Zurückweichen vor dem Erschreckenden, Unerwünschten. Die Therapeutin signalisiert ihrem Klienten dadurch: »Das ist schlimm, das darf nicht sein«. Dieser spaltet es weiter ab und setzt sich nicht mit diesem inneren Anteil auseinander und läuft Gefahr, dass dieser ein Eigenleben bekommt und zu einem überraschenden Ausbruch kommt.

Im Paargespräch ist es für den Partner mit Trennungsgedanken ebenso wichtig wie für den anderen, dass beide Seiten der Ambivalenz gesehen werden und gelebt dürfen. Wir reflektieren beide nacheinander und nehmen den Menschen damit als Ganzes an.

Therapeutin:	*In manchen Momenten sind Sie völlig hoffnungslos und denken, dass es keinen Sinn mehr hat, Ihre Ehe noch aufrechtzuerhalten?*
Frau B.:	*Ja, ich bin dann völlig am Ende, weil es einfach zu anstrengend ist. Wir streiten uns viel zu oft. Das macht mich fertig.*
Therapeutin:	*Das ist der Teil in Ihnen, der sagt, es geht nicht mehr, ich kann nicht mehr… Gibt es auch andere Momente? In denen Sie doch ein bisschen Hoffnung haben?*

149

Frau B.:	*Ja, in den Momenten denke ich, dass es doch nicht sein kann, das nicht zu schaffen. Wir haben ja auch noch Gefühle füreinander. Manchmal ist noch was da...*
Therapeutin:	*Da sind also diese beiden Teile in Ihnen. Und mal wiegt der eine schwerer und mal der andere?*
Frau B.:	*Genau ... ich würde sogar sagen, dass wir uns noch lieben. Es wäre schon schade, wenn wir es nicht versuchen.*

Indem die Therapeutin die verschiedenen inneren Anteile ihrer Klientin ernst nimmt, können sich alle Teile entspannen und neu organisieren. Nicht selten ist dann wieder eine Öffnung für diejenige Seite der Ambivalenz möglich, die bis jetzt keinen Raum hatte und nun als eine neue Option erlebt wird. Auch der Partner kann das bis dahin beängstigende »Trennungsgespenst« oder das vielfach schon als Drohung eingesetzte Trennungsszenario durch die offene Reflexion differenzierter wahrnehmen.

Es gibt auch Situationen in Erstgesprächen, in denen sich zeigt, dass ein Partner sich schon zur Trennung entschieden hat, ohne es bisher so deutlich anzusprechen. Der Partner zeigte etwa im Vorfeld Therapiemotivation, hat jedoch innerlich mit der Beziehung abgeschlossen und sucht nun nach einem sicheren Rahmen, um das mitzuteilen. Die Therapeutin soll lediglich die Trennung moderieren oder begleiten. Auch das ist ein legitimes Anliegen. Ohne Begleitung würden vielleicht zusätzliche Verletzungen entstehen oder beide wären nicht in der Lage das, was wirklich wichtig ist, zu sagen. Ein sinnvoller Abschluss einer Beziehung kann beispielsweise eine Bilanzierung durch beide Partner sein: »Wofür bin ich dir dankbar?«, »Was tut mir leid, dass ich es dir nicht geben konnte?« Und natürlich die Frage: »Wie wollen wir auseinander gehen?«

Im Rahmen der Auftragsklärung kann besprochen werden, ob es guttun würde, in ein oder zwei Sitzungen das Ankommen in der neuen Situation zu begleiten. Manchmal bietet sich hier ein Übergang in das Einzelsetting an, manchmal bleibt es bei dieser einen Sitzung und manchmal kommt es in der Beziehung dadurch zu einer Wende.

10 Stabilisierungsphase

Im Erstgespräch und in den ersten Kontakten zeigt sich, wie sehr das Paar in einer Streit- oder Vermeidungsdynamik mit gegenseitigen Vorwürfen und Blockaden feststeckt. In dieser Einstiegsphase der Paarberatung sorgt die Paarberaterin für die Therapie als sicheren Ort, an dem beide Partner ohne Angst vor weiteren Verletzungen über ihre Anliegen, Gefühle und Bedürfnisse sprechen können (▶ Kap. 9.1).

Mit welchen Interventionen sie die Stabilisierung fördern kann, sodass auch die Beziehung wieder zum sicheren Ort wird, zeigen wir in diesem Kapitel. Es geht darum, wie die Kommunikation wieder konstruktiver werden kann und Paare aus entstandenen Eskalationsspiralen herausfinden. Erstes Verstehen von Abläufen und das Stärken vorhandener Ressourcen unterstützt den respektvolleren, positiveren Umgang miteinander.

Psychoedukation, d. h. die systematische und strukturierte Aufklärung über beziehungsdynamische Themen, spielt bei diesen Methoden eine große Rolle: Die Paarberaterin macht Eskalationsprozesse und Kommunikationsfallen des Paares deutlich. Das Verstehen von Interaktionszyklen, Polarisierungen und Triggern hilft den Partnern, Gefühle und Verhaltensweisen einzuordnen und wirkt *normalisierend.* Die Erkenntnis zwar in einer Krise, aber doch »normal« zu sein, entlastet viele Paare. Die Therapeutin bagatellisiert dabei nicht, sondern würdigt uneingeschränkt das Leid beider Partner. Aufgrund ihrer Erfahrung und ihrer Metaperspektive ist sie in der Lage, einen Entwicklungsweg wahrzunehmen und glaubwürdig zu vermitteln.

In der Stabilisierungsphase arbeiten Paarberaterinnen eher wie Moderatorinnen oder Coaches: Sie haben sichernde Funktion, strukturieren stark das Gespräch und unterbrechen Eskalationen. Sie unterstützen das Paar dabei, Vorwürfe zu vermeiden, über Gefühle und Bedürfnisse zu sprechen,

Wünsche auf eine nicht-fordernde Art zu kommunizieren und die Anliegen des Partners zu verstehen. Es ist ein Balanceakt zwischen den Polen »Korrigieren/Konfrontieren« und andererseits einer sensiblen, wohlwollenden Leitung des Paares durch den Prozess.

In dieser Anfangszeit der Therapie kann auch die Paartherapeutin selbst ins Visier der Partner geraten. Insbesondere bei heftigen Streitpaaren kann es anfangs Dynamiken geben, in denen die Defensivmuster auch auf die Paartherapie und die Therapeutin übertragen werden. Beide Partner befinden sich im mobilisierten, wachsamen und vielleicht auch kämpferischen Zustand: Der Blick ist eng, blitzschnell wird eine Intervention, ein Wort, eine Geste als weiterer Angriff gedeutet – auch diejenigen der Therapeutin. Sie wird nun ebenfalls attackiert oder die Sinnhaftigkeit der begonnenen Therapie in Frage gestellt. Hier ist es besonders wichtig, dass die Therapeutin die Dynamik (er-)kennt und selbst stabil bleibt, dass sie den »Angriff« als Ausdruck der Angst und Verzweiflung der Partner versteht und beide souverän »an die Hand« nimmt.

10.1 Aufzeigen der Eskalationsprozesse

In der Paarberatung werfen wir mit den Paaren einen Blick auf die entstandene Dynamik, erklären diese und helfen ihnen so, eine Weichenumstellung einzuleiten.

10.1.1 Eskalationsspiralen erkennen

Bei den auch als Zwangsprozessen bekannten Eskalationsspiralen nehmen beide Partner *gegensätzliche Positionen* ein, die sich immer weiter verfestigen und entfernen können. Mit steigendem Stresspegel sinkt die Kontrolle und die Destruktivität steigt. Auslöser sind meistens Bagatellen, hinter denen unbewusste Trigger stehen. Diese signalisieren dem autonomen Nervensystem, dass die Person bedroht wird, da zentrale Bedürfnisse nicht mehr befriedigt werden.

Die Eskalation beginnt meist innerlich und kann sich durch das Stresserleben wechselseitig aufbauen. Die steigende Anspannung des anderen ist neurozeptiv an seiner Körperhaltung und seinem Gesicht ablesbar und erzeugt unwillkürlich eine Defensivreaktion. Der Tonfall wird schärfer, die Stimme lauter oder höher und die Sprache härter und destruktiver. Oft werden, noch bevor der innere Stress abgebaut ist, neue Schauplätze eröffnet, ein zusätzliches Thema wird aufgegriffen, das ebenfalls triggert; folglich wird weiter polarisiert und die Stimmung wird immer feindseliger. Im fortgeschrittenen Stadium der Eskalationsspirale werden Dinge gesagt, die die Partner in einem ruhigen, bewussten Zustand so nie gesagt hätten und die meist auch nicht so gemeint sind. In höheren Eskalationsstufen können auch schon einmal Gegenstände geworfen werden oder es kommt zu Tätlichkeiten.

Der ungefilterte Ausdruck der Gefühle dient der inneren *Entladung*. Das Problem dabei ist: Auch wenn einem der Partner die verletzenden Aussagen oder Tätlichkeiten später leidtun, so bleiben sie auf dem inneren »Schuld-und-Verdienstkonto« des Gegenübers, also im episodischen oder deklarativen Gedächtnis, gespeichert und tauchen später wieder auf: »Du hast gesagt, dass du mich noch nie geliebt hast.«

Wenn ein Paar leicht in Eskalationsspiralen gerät, hat es sich bewährt, einige der genannten Etappen der Debatte auf dem Flipchart in Form einer größer werdenden Spirale zu visualisieren. Wichtig ist es dabei folgende Aspekte aufzuzeigen:

1. Die Spirale bekommt eine *Eigendynamik*, die sich, wenn sie nicht gestoppt wird, immer weiter steigert.

2. Ab einem gewissen Punkt verlassen die Partner den Bereich der nach ihren eigenen Maßstäben *akzeptablen Kommunikation*. Diese Verletzungen müssen später langwierig aufgearbeitet und vergeben werden, was teilweise nicht mehr gelingt, weil das Vertrauen grundlegend beschädigt ist.

3. Es gibt aus jeder Eskalationsspirale viele *Ausfahrten*. In jeder Schleife, die gedreht wird, steckt die Möglichkeit, aus der Spirale auszusteigen. Wer eine Ausfahrt verpasst hat, kann die nächste nehmen.

10.1.2 Kommunikationsfallen aufdecken

Was Partnerschaften auf Dauer zerstört, sind vier Kommunikationsformen, die Gottman »Die schlimmsten Vier« nennt (1999): globale Kritik (Vorwürfe und Anklagen), Defensivität (Rechtfertigung und Gegenvorwürfe), Verächtlichkeit (herablassender Tonfall, den anderen verspotten) sowie Mauern (sich verschließen, den anderen »abprallen« lassen) (► Kap. 2.1). In der Paarsitzung können *die schlimmsten Vier* beispielsweise anhand eines Arbeitsblattes vorgestellt werden. Anschließen sollte jeder die Frage, welche der Aspekte er bei sich selbst beobachtet hat, beantworten. Den Partner zu analysieren, wäre natürlich einfacher, ist aber nicht hilfreich. Die Reflexion kann auch fließend ins Paargespräch eingeflochten werden, indem das Paar etwa eine eigene Gesprächssequenz reflektiert und dabei selbst identifiziert, wie sie in einen Kreislauf aus Vorwürfen und Rechtfertigungen geraten. Auch das Arbeiten mit Videoaufzeichnungen kann hier hilfreich sein.

10.2 Ausstieg aus der Eskalation

Da das Gehirn in der getriggerten und zunehmend eskalierenden Situation immer weniger rational funktioniert, müssen sich die Partner zuerst beruhigen. Nur dann kann an den Ursachen gearbeitet werden. Durch die Visualisierung der Eskalationsspirale wird deutlich, wie jeder der beiden eine den Konflikt verstärkende Rolle einnimmt und welche Möglichkeiten bestehen, eine »Ausfahrt« zu nehmen.

Zufriedenen Paaren gelingt es eher, nach ein oder zwei Streitetappen einzulenken und wechselseitig nachzugeben. Hoch eskalierenden Paaren gelingt das nicht. Wenn die Dynamik einmal angefangen hat, können sie nicht mehr loslassen. Das Erkennen von »Ausfahrten« zeigt erste Lösungswege aus der Eskalation. So haben beide Partner die Möglichkeit, Verantwortung für ihr Handeln zu übernehmen und die Überzeugung »Jetzt ist es eh schon zu spät« wird widerlegt.

10.2.1 Stoppen der Eskalation

Eine wirksame Möglichkeit, um aus einer laufenden Eskalation auszusteigen, ist ein *Stopp-Signal* zu setzen, ohne den Kontakt abzubrechen. Es ist wichtig, das Gespräch später wieder aufzunehmen. Einfach zu gehen und zu schweigen entspräche dem vierten der oben beschriebenen schlimmsten vier Kommunikationsfehler.

Die Verantwortung für die Eskalation darf dabei nicht dem anderen gegeben werden nach dem Motto »Du bist ja völlig durchgedreht, mit dir kann man nicht mehr reden«. Eine Unterbrechung des Gesprächs mit klarer Selbstverantwortung kann etwa folgendermaßen aussehen: »Wenn wir so weitermachen, rege *ich mich* so auf, dass *von mir* nichts Gescheites mehr kommt. Darum steige ich jetzt aus. Mir ist es wichtig, dass wir darüber sprechen, aber jetzt geht es *für mich* nicht mehr. Lass es uns heute Abend um acht/morgen/am Wochenende nochmal aufgreifen«. Und dieses Aufgreifen muss dann auch aus eigener Initiative erfolgen. Der Ausstieg sollte dazu genutzt werden sich selbst zu beruhigen (▶ Kap. 11.1).

Auch in der Paarsitzung kann es zu derart eskalierten Situationen kommen, in denen selbst die Paartherapeutin die Partner nicht mehr erreicht. Wird deutlich, dass einer oder beide Partner immer angespannter, konfrontierender, lauter und verletzender werden, so muss die Eskalation gestoppt werden. Das geschieht zunächst mit prosozialen Einladungen und Appellen und kann dann bis hin zur konsequenten Unterbindung dieser Art von Auseinandersetzung gehen. Die Spanne dazwischen sollte nicht zu lange dauern, weil die Eigendynamik immer stärker wird und somit noch schlechter reguliert werden kann. Diese Art von Intervention im Paargespräch sollte allerdings eine Notfallreaktion bleiben. Unsere Aufgabe ist es primär, die Partner über Empathie und Verständnis zu erreichen. Die Situation kann allerdings modellhaft genutzt werden, um zu skizzieren, wie die Eskalation entsteht und dass der Ausstieg immer schwieriger wird. Dazu gehört auch die Anleitung zur Selbstregulation beispielsweise durch Atemtechniken oder Fragen wie: »Was tun Sie normalerweise, um sich nach solchen Streitigkeiten wieder zu fangen?« So können die Klienten sich auf einen Ausstieg aus der Eskalation besinnen.

10.2.2 Angreifer beruhigen – Rückzügler engagieren

In der Emotionsfokussierten Paartherapie (Johnson, 2009; Greenberg & Goldman, 2010) wird zunächst der »Angreifer« beruhigt, indem die mit dem Angreifen oder Fordern verbundenen Gefühle und Bedürfnisse - wie das Bedürfnis nach Bindung oder auch das Bedürfnis nach Identität – herausgearbeitet und validiert werden. Anschließend kann die Therapeutin mit dem »Rückzügler« dessen Gefühle und Bedürfnisse explorieren.

Sind beide Partner beruhigt, kann die Therapeutin mit dem *Angreifer* erarbeiten, dass seine Anliegen gut und wichtig sind, aber sein Verhalten das Gegenteil bewirkt. Dem *Rückzügler* wird aufgezeigt, welche Anliegen hinter den Attacken des Angreifers versteckt sind, die sich mit seinen decken, und dass es sich lohnt, wieder mutiger auf den anderen zuzugehen.

Frau K. hatte berichtet, wie unerwünscht es in ihrer Kindheit war, Angst zu haben. Sie hatte früh gelernt, Angst in Aggression zu verwandeln.

Therapeutin: *Und mit Ihrem Mann ist es Ihnen wichtig, dass Sie den Kontakt nicht verlieren? Sie streiten mit ihm, weil es sonst gar kein Gespräch mehr gäbe?*

Frau K.:   *Er zieht sich oft tagelang zurück. Ich kriege nichts mehr von seinem Leben mit und er von meinem …*

Therapeutin: *Aha. Und das macht Ihnen Angst, dass der Kontakt ganz verloren gehen könnte und Sie einander verlieren?*

Frau K.:   *(nickt)*

Therapeutin: *Wie war das früher bei Ihnen? Sie hatten erzählt, wenn Sie Angst hatten, durften Sie es nicht zeigen, weil es von den Eltern abgewertet wurde? Aggressiv zu sein war akzeptabler?*

Frau K.:   *Ja, es gab eigentlich ständig Streit. Angst zu haben wäre Schwäche gewesen.*

Therapeutin: *Ich verstehe. Dabei hätten Sie in manchen Situationen doch vermutlich eher Trost und Schutz gebraucht als Streit, oder?*

Frau K.:   *(zögerlich) … ich weiß nicht, … vielleicht …?*

Therapeutin: *(zum Partner gewandt) Was löst das in Ihnen aus, wenn Sie Ihre Partnerin so wütend erleben?*

Herr K.:	*Das ist schlimm. Ich denke, ich ziehe mich besser zurück.*
Therapeutin:	*Mhmm ... was passiert in Ihrem Körper?*
Herr K.:	*(nachdenklich, rollt den Oberkörper etwas zusammen) Ich glaube, ich verschließe mich. Versuche mich zu schützen und werde stiller.*
Therapeutin:	*Was denken und fühlen Sie?*
Herr K.:	*Ich denke dann: Jetzt passiert es wieder ... Sie attackiert mich ... ich habe keine Chance ... ich bin nicht in Ordnung ...*
Therapeutin:	*(zu Frau K.) Was löst das in Ihnen aus, wenn Sie Ihren Mann so erleben?*
Frau K.:	*Das möchte ich nicht ... (nachdenklich). Im Streit werde ich dadurch noch wütender ... Aber es ist ja genau das Gegenteil von dem, was ich will ...*

10.2.3 Wünsche statt Vorwürfe und zermürbende Wiederholungen

Eine der ersten Interventionen, die wir zur Verbesserung der Kommunikation einsetzen, ist die *VW-Regel* (Prior, 2016). *V* steht für *Vorwurf* und *W* für *Wunsch* und es geht darum, aus dem Vorwurf einen Wunsch zu machen. Der Name ist so plakativ, dass die Paare ihn gut verinnerlichen können. Wir machen immer wieder modellhaft deutlich, wie ein zunächst alternativlos scheinender Vorwurf in einen Wunsch umformuliert werden kann. Die berührenden Momente, die entstehen, wenn ein bekannter Vorwurf als Bedürfnis ausgedrückt wurde, sind äußerst wirksam.

Die Kernbotschaft der VW-Regel ist folgende: »Dein Anliegen ist gut, aber so kommt es nicht an. Mache aus Deinem Vorwurf einen Wunsch! Sage genau dasselbe, sage es mit genauso viel Herzblut und Emotion, aber nicht als Vorwurf, sondern als Wunsch.« Und: »Mache aus der Du-Botschaft eine Ich-Botschaft. Sprich von dir und deinen Bedürfnissen anstatt von den Fehlern des anderen!«

Wir ergänzen die VW-Regel mit zwei weiteren elementaren Kommunikationsregeln: »Vermeiden Sie Verallgemeinerungen! Verallgemeinerungen stimmen nie!« Und: »Vermeiden Sie zermürbende Wiederholungen!« Wenn Dinge zum zigsten Mal gesagt werden, schaltet das Gegenüber auf

Durchzug und hört die Botschaft nicht mehr. Darum trägt die Wiederholung nicht zur Klärung, sondern zur weiteren Zerrüttung bei. Das Einzige, was viele Male wiederholt werden kann und sollte, sind Wünsche und Bedürfnisse.

Um die schnelle Verinnerlichung der Regel zu unterstützen, visualisieren wir sie mit einem Blatt auf dem Tisch oder am Flipchart, weisen im Gespräch immer wieder darauf hin und formulieren aufkommende Vorwürfe fortlaufend modellhaft um.

Frau Z.:	*Stefan kommt abends nach Hause und zieht sich immer sofort hinter seinen Bildschirm zurück. Er interessiert sich einen Scheiß für mich ...*
Therapeutin:	*(weist noch mal auf das Blatt mit der VW-Regel auf dem Tisch und sagt mit weichem, aber bestimmtem Tonfall und mit Blick zum Partner)*
	Ich brauche mehr Kontakt zu dir! Für mich wäre wichtig, dass du abends erst mal zu mir reinschaust und mir zeigst, dass du dich für mich interessierst!
	(Zur Klientin gewandt): Stimmt das so?
Frau Z.:	*(nickt, wirkt etwas beschämt und weicher)*
Herr Z.:	*(wütend, aber doch etwas besänftigt) Ich bin nach zehn Stunden einfach fertig, alle. Ich kann da nicht gleich in die nächste Arbeit einsteigen, mich dafür auch noch fertigmachen lassen. Dir kann ich es ja nie recht machen ...*
Therapeutin:	*Probieren Sie es auch mal mit der VW-Regel. Machen Sie aus dem Vorwurf einen Wunsch.*
Herr Z.:	*(zögert)*
Therapeutin:	*(stellvertretend zu Frau Z.) Ich brauche nach meinem Arbeitstag selbst erst mal eine Pause. Ich wünsche mir, dass du das akzeptierst. Ich würde mich echt freuen, ab und zu von dir zu hören, dass es reicht, was ich tue.*
	(Zu Herrn Z.) So etwa?
Herr Z.:	*Genau!*

Durch diese nicht-belehrende Übersetzung der Kommunikation in eine bedürfnisorientierte Sprache zeigen sich sofort Effekte auf der Körperebene der Partner: Die Züge werden weicher, die Körperhaltung offener und die Stimme wärmer. Ist die neue Form der Kommunikation etwas eingeübt, genügt oft einfach ein kurzer Hinweis der Therapeutin durch eine freundliche Aufforderung:»Sagen Sie's doch noch mal mit VW.«

10.2.4 Gewaltfreie Kommunikation

Um die bedürfnisorientierte Kommunikation weiter zu fördern bietet sich die *Gewaltfreie Kommunikation* (GfK) von Marshal Rosenberg (2016) an. Sie kann bereits in der Stabilisierungsphase der Paarberatung eingesetzt werden, aber auch in der Vertiefung Anwendung finden. Auf einer tieferen Ebene ist die GfK keine Sprache, sondern eine Haltung: Jeder übernimmt Verantwortung für die eigenen Gefühle und Bedürfnisse:»Ich fühle mich so, weil ich das Bedürfnis x habe.«

Die Mitteilung an den anderen besteht aus vier Teilen: a) kurze, rein deskriptive Beschreibung der Situation, b) ausgelöste Gefühle, c) dahinterstehende Bedürfnisse, d) Wunsch an den anderen ohne den Anspruch, dass dieser den Wunsch erfüllt.

In Kurzform:»*Wenn ich a sehe, dann fühle ich b, weil ich c brauche. Deshalb möchte ich gern d.*«

Im Gespräch erklären wir das Vorgehen, notieren die vier Aspekte und helfen dem Paar dann fortlaufend, ihr Gespräch in diese Form zu bringen. Eine zuvor vorwurfsvolle Mitteilung kann dann etwa folgendermaßen aussehen:

a) »*Wenn ich dich berühre, wirst du ganz starr und wendest dich ab.*«
b) »*Das kränkt mich und ärgert mich. Und macht mir auch Angst.*«
c) »*Ich brauche mehr Körperkontakt zu dir, um zu spüren, dass du mich noch liebst.*«
d) »*Ich wünsche mir, dass wir auch körperlich in Kontakt bleiben.*«

Anschließend wird der Partner ebenso angeleitet, eigene Gefühle und Bedürfnisse in die beschriebene Form zu bringen:

a) »*Ich schlafe manchmal mit dir, auch wenn ich keine Lust habe.*«
b) »*Ich tue es, weil ich Angst davor habe, dass die Stimmung kippt.*«
c) »*Für mich wäre wichtig, dass ich frei entscheiden kann.*«
d) »*Ich wünsche mir, dass du das ohne Streit akzeptierst, wenn ich keinen Sex möchte.*«

Der Dialog bringt noch keine Lösung für ein lange bestehendes Problem, kann aber einen *Perspektivenwechsel* einleiten und aus der Abwehr und wechselseitiger Verletzung heraushelfen.

10.2.5 Kontrollierter Dialog

Eine wertvolle Methode, die ebenfalls bereits in den ersten Sitzungen zum Einsatz kommen kann, ist der *Kontrollierte Dialog*. Hierbei geht es darum, mithilfe von Gesprächsregeln den Gesprächsverlauf zu kontrollieren, zu entschleunigen und Empathie zu fördern, indem Mitteilungen zunächst zusammengefasst und erst dann beantwortet werden.

Beim Kontrollierten Dialog ist ein *Sprechmarker* hilfreich, der anzeigt, wer gerade reden darf. Das kann ein Stift, ein handschmeichelndes Symbol oder auch ein Kuscheltier sein. Die Sprecherin hält diesen kleinen Gegenstand in der Hand und schildert ihre Gedanken und insbesondere ihre Gefühle und Bedürfnisse. Die Therapeutin achtet darauf, dass die Äußerung nicht zu lang wird und der Zuhörende eine Chance hat, das Gehörte zusammenzufassen. Auch der Zuhörende sollte den Fokus auf die geäußerten Gefühle legen. Hat er richtig zusammengefasst, so wird der Gegenstand zum anderen gegeben (»grünes Licht«). Andernfalls wird das Gesagte noch einmal wiederholt. Anschließend kann der Partner mit dem Sprechmarker antworten und über sich sprechen. Er wird dann ebenfalls vom anderen zusammengefasst, bevor der Gegenstand wieder zurückwandert. Ein Dialog kann entstehen.

Der Kontrollierte Dialog hat mehrere Vorteile: Durch die Zusammenfassungen wird die *Gesprächsdynamik* entschleunigt und die Gefahr einer eskalierenden Eigendynamik reduziert. Beide Partner kontrollieren den Prozess selbst, was ihr Gefühl für *Selbstwirksamkeit* stärkt. Zusätzlich können beide Partner mithilfe der Wiederholungen überprüfen, ob sie sich richtig ausgedrückt oder richtig verstanden haben. Beim Sprechenden kommt dadurch das oft lang ersehnte Gefühl zustande, endlich verstanden zu werden.

Der Kontrollierte Dialog kann auch als vertiefende Methode im weiteren Verlauf der Therapie eingesetzt werden, um beispielsweise schwierige Ereignisse, welche bereits mehrfach leidvoll und unbefriedigt angesprochen wurden, auf eine neue Weise noch einmal gemeinsam zu reflektieren.

10.2.6 Auffangen von negativen Reaktionen und Herstellen von Kontakt

Im Alltag, aber auch in der Paartherapie, reagieren die Partner nicht immer so auf die Mitteilung von Gefühlen und Bedürfnissen, wie die mitteilende Person es bräuchte. Hier schützt die Therapeutin vor weiterer Verletzung, indem sie z. B. bei einer negativen Reaktion »die Kugel auffängt« (Johnson, 2009) und Formulierungs- und Verständnishilfen anbietet.

Herr S.:	*(zur Therapeutin) Ich glaube, sie interessiert sich mehr für andere Männer als für mich ...*
Frau S.:	*(fährt dazwischen) Du beschwerst dich ja auch dauernd, dass wir keinen Sex hätten.*
Therapeutin:	*(zu Frau S.) Es ist schwierig für Sie, das jetzt zu hören. Sie hören den Vorwurf und weisen es daher zurück. Vielleicht möchte Ihr Mann sagen, dass er darüber traurig ist, dass er sich als Mann nicht begehrt fühlt?*
Klientin:	*Hmh.*
Herr S.:	*(nachdenklich) Ich weiss gar nicht mehr, ob sie mich noch attraktiv findet oder ob sie mich noch begehrt ... oder männlich findet ...*
Therapeutin:	*Es verunsichert Sie nicht zu wissen, ob Sie für Ihre Frau noch anziehend, attraktiv und männlich wirken. Können Sie ihr das direkt sagen, welche Sorge Sie haben?*

Diese Aufforderung der Therapeutin dient dazu, einen direkten Kontakt des Paares in einem emotional bedeutsamen Moment herzustellen und wird *Enactment* genannt. Diejenige Person, mit der gerade explorierend gearbeitet wird, soll ihren Partner direkt ansprechen. Manchmal braucht es dazu Formulierungshilfen oder Satzanfänge wie:»Es fällt mir schwer dir zu sagen ...«. Das Formulieren klarer emotionaler Aussagen ermöglicht, dass die Person Verantwortung für ihr Erleben übernimmt. Wir können das Enactment vertiefen, indem wir beide Partner fragen, was dadurch bei ihnen geschehen ist.

10.3 Erstes gegenseitiges Verstehen

Erst wenn die Gefahr gebannt ist, dass mit jeder Äußerung eines Partners neue Verletzungen entstehen, kann tiefergehend exploriert werden. In diesem Abschnitt ist der Kontakt der Therapeutin weiterhin sehr dicht, sie moderiert stark und sichert den Rahmen für weitere Schritte der Exploration und Selbstöffnung.

10.3.1 Negativer Zyklus des Paares

Die zirkuläre Interaktion eines Paares zu explorieren, kann helfen, den Streit darüber zu beenden, wer Schuld hat. Beide tragen mit ihrer spezifischen Rolle etwas zum Konflikt bei.

Der *negative Zyklus* des Paares lässt sich mithilfe einer liegenden Acht darstellen (angelehnt an die Idee der»Streit-Achterbahn« von Halko Weiss[3]): Auf der linken Seite werden oberhalb der Acht das Verhalten von Partner A in Stichworten eingetragen, unterhalb seine Gefühle, auf der rechten Seite entsprechend oben das Verhalten von Partner B, unten wiederum dessen Gefühle. Pfeile stellen dar, wie das Verhalten von A auf

---

3   siehe hierzu das Seminar»Paartherapie. Liebe und persönliches Wachstum« unter www.meg-tuebingen.de/downloads/Paartherapie-Praesentation-Liebe_und_persoen liches_Wachstum.pdf

die Gefühle von B Einfluss nimmt oder sie auslöst, was dort wiederum ein Verhalten auslöst, das auf As Gefühle Einfluss hat, welche wiederum sein Verhalten bestimmen. Ein zirkulärer Prozess entsteht.

Herr S. ist in einem Konflikt wütend, er reagiert über und beginnt zu schreien. Sein Verhalten löst bei Frau S. Angst aus. Sie fühlt sich hilflos und zieht sich zurück. Dieser Rückzug löst bei Herrn S. Gefühle der Verzweiflung und Einsamkeit aus. Diese Gefühle sind jedoch so schwierig auszuhalten für ihn, dass er wütend wird.

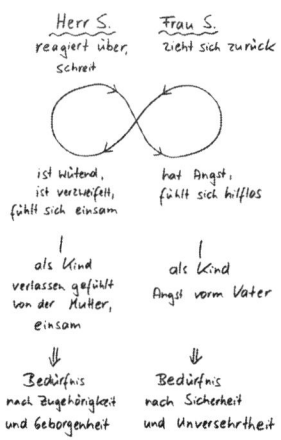

Abb. 10.1: Der negative Zyklus des Paares

Die Therapeutin beschreibt die Interaktion so: »Je mehr Sie, Herr S. überreagieren und schreien, desto hilfloser fühlt sich ihre Frau und zieht sich zurück. Und je mehr Sie, Frau S. sich zurückziehen, desto verzweifelter fühlt sich Ihr Mann, er reagiert dadurch über und schreit.«

Nun kann die Therapeutin mit beiden Partnern die Gefühle und Bedürfnisse weiter vertiefen. Verbindungen zur Vergangenheit, etwa Erfahrungen mit den Eltern, machen ihnen die biografischen Wurzeln ihrer Reaktionen deutlich. So kann der Rückzug von Frau S. beispielsweise deshalb für ihren Mann so schlimm sein, weil er sich in seiner

Kindheit oft einsam und verlassen gefühlt hat, wenn seine Mutter nach einem Konflikt tagelang nicht mehr mit ihm geredet hat. Frau S. dagegen fühlt sich in ihre Kindheit mit einem cholerischen Vater zurückversetzt und erlebt die gleiche Angst wie früher.

10.3.2 Familienstrukturen im Genogramm

Ein wichtiges diagnostisches Instrument, das auch therapeutisch genutzt werden kann, ist das *Genogramm*. Darin können Strukturen, Verhaltensweisen oder auch Wiederholungen in Familiensystemen visualisiert und damit analysierbar gemacht werden. Ein Genogramm ist eine piktografische, strukturelle Darstellung des Familiensystems über mehrere Generationen mit standardisierten Symbolen (Hildenbrand, 2015; McGoldrick, 2009).

In der Stabilisierungsphase dient das Genogramm der Therapeutin in erster Linie zur schnellen Analyse von Zusammenhängen, die dann mit dem Paar genauer angeschaut werden können.

Explorierende Fragen können sein:

- Wie war die Beziehung meiner Eltern? Wie wurde ich erzogen? Welche Botschaften über mich haben sie mir mitgegeben?
- Wie sind meine Eltern aufgewachsen? Wie wurden sie erzogen? Was waren wichtige Themen? Was waren ihre Leitsätze?
- Welche Position in der Geschwisterreihe und welche Rolle hatte ich in der Familie? Was bedeutete das für mich und was habe ich daraus gelernt?
- Gibt es sich wiederholende Themen, Ereignisse, Beziehungsmuster oder Krankheiten?
- Gibt es Geheimnisse, Tabus oder Themen, über die nicht gesprochen werden darf oder durfte?

In der Stabilisierungsarbeit wird das Genogramm beiläufig und fließend von der Therapeutin mitskizziert. Gibt es Hinweise auf Besonderheiten, kann das thematisiert und reflektiert werden. Hier werden den Klienten einige psychoedukative Erklärungen und Erkenntnisse angeboten und gefragt, ob sie das auch kennen und ob das etwas mit ihnen zu tun hat.

Damit ist die Exploration auch gleichzeitig Intervention: Anhand der Fragen werden Perspektiven erweitert, der Blick geht über das eigene momentane Leid hinaus und wird kontextualisiert, z. B. die Erkenntnis »Aha, ich wiederhole etwas. Es ist nicht meine Schuld.« Eigene verinnerlichte Einstellungen, Haltungen oder auch automatisierte Verhaltensweisen werden in ihrem Lebens- und Generationenfluss gesehen und können so auch wieder verflüssigt werden, z. B.: »Wenn etwas nicht passte, hat mein Vater einfach die Kommunikation für ein paar Tage abgebrochen – ich mache das auch. Möchte ich das wirklich oder möchte ich es anders machen?«

Auch Implikationen der Position innerhalb der Familie können mithilfe der Genogrammarbeit bewusster und dadurch veränderbar werden, z. B.: »Ich fühlte mich als Einzelkind allein zuständig für das Glück meiner Mutter. Muss und will ich das weiterhin?« oder »Ich musste als Ältester immer der Vernünftige sein. Jetzt ist es Zeit, auch mal meine freche Seite zu leben!«

10.3.3 Systemebenen und Parentifizierung

Minuchin entwickelte die Strukturelle Familientherapie (2015) und beschrieb die verschiedenen *Systemebenen* (die Generationen) und Subsysteme (z. B. die Kinder, die Frauen etc.) innerhalb eines Familiensystems. Der Begriff der *Parentifizierung* geht auf den Familientherapeuten Böszörmenyi-Nagy zurück. Er beschrieb damit das Verschwimmen der hierarchischen Grenzen innerhalb eines Familiensystems.

In einem gesunden Familiensystem gibt es klare Grenzen zwischen den Generationsebenen und die Eltern bilden dabei das zentrale Strukturelement mit dem höchsten Maß an Intimität zueinander, was sich auf die Kindergeneration entlastend auswirkt. Bei der Parentifizierung wird ein Kind auf Elternebene gehoben. Das Kind wird zum Ersatz für einen fehlenden oder als insuffizient erlebten Partner, was auch als Bindungsstörung des Partners betrachtet werden kann, der im Kind ein verlässliches Bindungsobjekt sucht.

Wir erleben in der Praxis häufig Paare, bei denen die Kommunikation und Struktur der Beziehungen durcheinandergeraten sind: Kinder werden zum Gesprächspartner für Krisen und Leid, weil der reale Partner aufgrund häufiger Abwesenheit, Substanzmissbrauch oder Störungen der Kommunikation nicht zur Verfügung steht. Die Beziehung erwachsener Partner zu den eigenen Eltern ist oft intimer und intensiver als zum eigenen Beziehungspartner. Die vertauschten Rollen können über Generationen weitergeben werden. Transaktionsanalytiker beschreiben diese Dynamik als ein *inneres Skript*, dem das Kind oft auch in späteren Beziehungen folgt. Erkennen wir solche strukturellen Störungen im System, so ist es hilfreich, darüber aufzuklären und diese offenzulegen. Die Generationsebenen können im Stil eines skizzierten Genogramms visualisiert und die Auswirkungen von Parentifizierung können erklärt werden. Mit systemischen Fragen und Reflexionen kann die eigene Position bewusster gemacht und damit veränderbar werden. Die neue Erkenntnis ist oft ein initialer Schritt zur *Restrukturierung* eines Familiensystems.

10.3.4 Polarisierung

In der Praxis haben wir es immer wieder mit Paaren zu tun, deren Einstellungen und Bedürfnisse z. B. in Bezug auf Nähe und Distanz soweit auseinandergedriftet sind, dass beide Partner darunter leiden und keinen Ausweg mehr sehen. In den ersten stabilisierenden Sitzungen erklären wir anhand einfacher Skizzen, was mit dem Paar geschehen ist.

Hintergrund ist die Prämisse, dass jedes lebende System nach *Homöostase*, also Gleichgewicht, strebt. Weiterhin wissen wir von David Schnarch (2011), dass es in jeder Partnerschaft einen Verlangensstärkeren und einen Verlangensschwächeren gibt – nicht nur in Bezug auf emotionale und körperliche Nähe, auch in Bezug auf Ordnung, Pünktlichkeit und vieles mehr. In einer gesunden, harmonischen Partnerschaft und zu Beginn praktisch jeder Beziehung liegen die Verlangensunterschiede recht nah beieinander. Entweder weil sie tatsächlich nicht so weit voneinander entfernt sind oder weil die Partner sich darum bemühen.

Im Laufe des Lebens kommt es durch Veränderungen der Lebenssituation – kleine Kinder, beruflicher Stress, die Pensionierung, körperliche Prozesse... – zu Veränderungen der Bedürfnisse. Während Männer beispielsweise unter Stress mehr Lust auf Sex haben, ist Stress für Frauen häufig ein »Lustkiller« (Bodenmann et al., 2007). Mindestens ein Partner entfernt sich also von der Mitte.

Doch das System strebt nach Homöostase. Der Verlangensstärkere fühlt sich vom Verlangensschwächeren unterversorgt und versucht eine Erfüllung seiner Bedürfnisse zu bewirken. Der Verlangensschwächere spürt, dass etwas von ihm erwartet wird, fühlt sich unter Druck und hat dadurch noch weniger Lust darauf. Seine einst vorhandenen Bedürfnisse erlöschen praktisch, während der andere das Gefühl hat, es mit so wenig nicht mehr auszuhalten. Die Entfernung zwischen den beiden nimmt zu. Verstärkend kommt hinzu, dass sich die Wahrnehmung beider Partner einengt und sie selektiv Bestätigungen für ihre Position suchen und finden, was den Druck weiter erhöht.

Im Gespräch merken oder notieren wir uns *polarisierte Äußerungen und Positionen*. Wenn wir die Dynamik dann skizzieren, beschriften wir sie mit den genannten Äußerungen und Einstellungen des Paares. Die Erklärung und Visualisierung der Dynamik bringt vielen Paaren eine gewisse Entlastung: Sie verstehen das Geschehen und erkennen, dass sie zur Entfernung selbst beigetragen haben. Damit können sie die Polarisierung auch wieder verlassen.

10.3.5 Triggermodell

Die moderne Hirnforschung bestätigt, was Körperpsychotherapeuten seit Jahrzehnten als Körpergedächtnis beschreiben: Wir speichern Erinnerungen bewusst und unbewusst körperlich ab. Sie können von dort durch bewusst-willentliche Erinnerung oder unwillkürlich durch sogenannte *Trigger* wieder aktiviert werden (▶ Kap. 8.3.1).

In Partnerschaften triggern wir uns ständig gegenseitig. Bei langer Beziehungsgeschichte kommen zu den Wunden aus der Kindheit oder vorherigen Beziehungen noch die in der aktuellen Beziehung erlebten Verletzungen hinzu. Das mit den Sinnen Gesehene, Gehörte, Gerochene, Geschmeckte oder Gespürte wird dabei neurozeptiv in Sekundenbruchteilen und noch unterhalb der Bewusstseinsschwelle mit den autobiografischen Erfahrungen im limbischen System abgeglichen: »Habe ich das schon einmal erlebt? Früher oder in dieser Beziehung? Werde ich entwertet? Ist das bedrohlich? Werde ich verlassen?« Wird eine Übereinstimmung festgestellt, so kommt es zu einer Kette autonomer körperlicher Defensivreaktionen.

Im Paargespräch erklären wir das *Triggergeschehen*: Wir greifen eine geschilderte Paarsituation auf und visualisieren die Paardynamik anhand einer einfachen Skizze. Ein wichtiges Element, das je nach intellektuellem Niveau und persönlichem Lerninteresse des Paares unterschiedlich vertieft werden kann, sind die drei neuronalen Energiesubsysteme von Porges (2018) des sozialen Engagements, der Mobilisierung und der Immobilitätsreaktion (▶ Kap. 4.1).

Hier handelt es sich um eine Intervention, die stark psychoedukativ wirkt. Allein das Wissen um die Existenz von Triggern und ihrer Herkunftsgeschichte hilft Paaren zu verstehen, was bisher als völlig unkontrollierbares und unverständliches Geschehen erlebt wurde. Das erhöht die Bereitschaft zur Verantwortungsübernahme und die Motivation, diese Trigger besser verstehen und regulieren lernen zu wollen.

10.4 Stärken von Ressourcen

In der Stabilisierungsphase geht es nicht nur darum, negative Dynamiken zu unterbrechen, sondern auch darum, die Ressourcen des Paares zu stärken. Denn jede partnerschaftliche Krise führt neben den Enttäuschungen und Verletzungen auch dazu, dass die Freude an- und miteinander abnimmt. Diese Entwicklung verstärkt sich selbst und führt zu immer weiter zunehmender Negativität und abnehmender Positivität.

10.4.1 Erhöhung der Positivität

In der ersten Sitzung befinden sich Paare durch die Schilderung ihrer Schwierigkeiten zunächst in einer Problemtrance. Deshalb ist es sinnvoll, nachdem die Paarberaterin auf die präsentierten Themen eingegangen ist, auch eine Brücke zum Positiven zu schlagen. Das kann durch Fragen nach positiven Erlebnissen aus der Beziehungsgeschichte – wie etwa dem Kennenlernen, der Anfangszeit oder weiteren positiven Ereignissen – geschehen (▶ Kap. 9.6). Auf diese Weise werden sich die Partner bewusst, dass es neben großen Problemen auch Ressourcen gibt.

Die Ressourcen können anschließend durch das *Reziprozitätstraining*, den Wiederaufbau der *positiven Wechselseitigkeit*, gestärkt werden (Schindler et al., 1998; Bodenmann, 2012). Es geht darum, zu reflektieren, welche Verhaltensweisen in schönen Phasen Freude gemacht haben, was reaktiviert werden kann und was an Positivem neu hinzukommen könnte.

Im ersten Schritt erstellt jeder Partner für sich zuhause eine *Verstärkerliste*: Er notiert Ideen, wie er dem anderen eine Freude machen kann:

- *soziale Verstärker*: Interesse und Aufmerksamkeit, Nachfragen, wie es geht, Lächeln, Lob und Komplimente
- *materielle Verstärker*: kleine Mitbringsel oder Geschenke
- *Handlungsverstärker*: soziale, sportliche oder kreative Aktivitäten
- *spirituelle Verstärker*: Gespräche über Träume und Lebenspläne, Religion und Philosophie

In der folgenden Sitzung wird mit dem anderen besprochen, ob die gefundenen Ideen tatsächlich eine positive Wirkung bei ihm haben oder ob sie modifiziert werden müssen. Bis zur nächsten Sitzung kann dann eine *Beobachtungsaufgabe* mitgegeben werden: Beide Partner sollen einander bei der Umsetzung beobachten und notieren, was sie bemerkt haben und was dadurch ausgelöst wird. So wird die vorher selektiv auf Negatives gerichtete Wahrnehmung wieder auf das Positive fokussiert.

Beide Partner machen beim Reziprozitätstraining die Erfahrung von Selbstwirksamkeit: Sie lernen, wie sie mit einfachen Handlungen positive Veränderungen bewirken und dadurch eine konstruktive Eigendynamik in Gang setzen können. Die Bedeutung positiver Verhaltensweisen für die Partnerschaftszufriedenheit zeigt die Balancetheorie der Ehe von Gottman (2014) auf, die aufgrund jahrzehntelanger Forschungsarbeit mit Paaren zustande gekommen ist:

> **Die Balancetheorie der Ehe 5:1**
>
> Fünf positive Verhaltensweisen – wie Bestätigungen, Lächeln, das Zeigen von Zuneigung oder Interesse am anderen – sind notwendig, um ein negatives Kommunikationsereignis wie einen Vorwurf, eine provozierende Bemerkung oder Kritik auszugleichen.

In der Stabilisierungsphase fragen wir die Paare, wie sie ihr eigenes Mischverhältnis aus Positivität und Negativität einschätzen. Die Erkenntnis, dass das eigene Verhalten oftmals konträr zur Balancetheorie ist, wirkt aufrüttelnd und motiviert zur Erhöhung der Positivität. Als einfache Formel »5:1« kann die Theorie gut erinnert werden.

10.4.2 Zeitinseln und Rituale

Eine Partnerschaft wiederaufzubauen und zu pflegen, braucht Zeit: Zeit für gemeinsame Erlebnisse, für Austausch und für körperliche Begegnungen. Schenkt ein Partner dem anderen Zeit, liegt darin auch die Botschaft: »Unsere Partnerschaft ist mir wichtig, du bist mir wichtig.«

Wieviel Zeit das sein sollte, ist unterschiedlich und kann in der Paartherapie reflektiert werden. Es gibt allerdings nicht nur ein *Zuwenig* an Paar-Zeit, was zu emotionaler Distanzierung führen kann; auch ein *Zuviel* kann problematisch werden und zu einer Art Symbiose führen. Entscheidend für eine zufriedene, stabile Paarbeziehung ist aber, wie ein Paar die gemeinsame Zeit verbringt: Der Austausch von Zärtlichkeiten erhöht nachweislich die Partnerschaftszufriedenheit, während Aktivitäten wie Fernsehen nicht dazu beitragen (Milek & Bodenmann, 2017).

Für vielbeschäftigte Paare hat sich die Einrichtung fester Paarzeiten bewährt, für die sich beide Partner gleichermaßen engagieren sollen. Ein Paarabend für persönlichen Austausch und zärtliche Berührungen – oder eine andere regelmäßige Zeitinsel zu zweit – kann zu einem *Ritual* in der Partnerschaft werden. Rituale vermitteln als Botschaftsträger Empfindungen und Einstellungen, ohne dass diese in Worte gefasst werden müssen, und bereichern die Partnerschaft (Birnbaum, 2012). Rituale sollten immer wieder überprüft werden: Haben sie noch eine Bedeutung oder sind keine Emotionen mehr damit verbunden? Und auch: Welche Rituale waren einmal üblich und sind im Laufe der Zeit weggefallen? Welche Auswirkungen hatte das?

10.4.3 Berührungen

Alltagsberührungen werden im Laufe der Partnerschaft immer seltener (Riedel, 2008) und im Beziehungsalltag reduzieren sich körperliche und sexuelle Begegnungen oft auf den kleinsten gemeinsamen Nenner. Besonders in einer Krise fällt es vielen Menschen schwer, sich noch auf Berührungen einzulassen. Im Hintergrund ist bei ihnen der Gedanke, dass erst die Konflikte gelöst sein sollten.

Wir erleben aber auch immer wieder Paare, die trotz Krise eine gemeinsame Sexualität leben und körperliche Begegnungen nutzen, um Kontakt zueinander zu halten. Körperkontakt ist möglich, auch wenn das Zusammenleben (noch) von vielen Konflikten geprägt ist.

Berührungen spielen bei der *Regulation von Gefühlen* eine wichtige Rolle: Sowohl die Stimmung des Empfängers als auch die des Gebenden verbessert sich (Debrot et al., 2013). Unsere vitalsten Botschaften können nach Satir (1983) nur durch Berührungen vermittelt werden. Zuneigung, Fürsorge und Anziehung werden so kongruent ausgedrückt, Bindung wird bestätigt. Der Körper produziert Hormone, wie etwa das »Kuschelhormon« Oxytocin, die nach Wiederholung streben lassen.

Einander berühren wird in unserer Gesellschaft jedoch vor allem mit Sexualität in Verbindung gebracht: Erst umarmt man sich, dann folgt das Küssen und schließlich der Sex (Zilbergeld, 2000). Im Laufe der Partnerschaft entsteht so oftmals eine ungünstige Verknüpfung von Berühren und Sex: Jede Berührung, jeder Kuss, jede Umarmung werden als Schritte zum Sex angesehen. Das führt bei vielen Paaren dazu, dass sie sich nur berühren, wenn sie auch Sex wollen. Und umgekehrt, dass Vermeidungsrituale wie »Früh-allein-ins-Bett-Gehen« entstehen.

Mit den folgenden Übungen wird diese Verknüpfung gelöst: Mit »ziellosen« und nicht-fordernden Berührungen kann körperliche Nähe und Sinnlichkeit ohne Druck genossen werden.

Umarmungszeit

Umarmungen dienen dem Aufbau emotionaler Intimität und können einem Paar z. B. in Form einer *Umarmungszeit* vorgeschlagen werden (Rosenberg, Kitaen-Morse & Fischer, 2011):

Das Paar nimmt sich jedes Mal, wenn es sich trifft oder verabschiedet, einen Moment Zeit, um sich ganz, also mit Berührung von Ober- und Unterkörper, zu umarmen. Die Aufmerksamkeit wird dabei auf das Spüren des Körpers und die eigenen Gefühle gerichtet. Dabei können auch negative Gefühle und Gedanken ausgelöst werden. Wichtig ist, diese zu registrieren und wieder loszulassen, indem man sich von neuem auf die Körperwahrnehmung konzentriert. Sich dabei zu küssen, ist auch empfehlenswert, wobei »uninspirierte spitze Küsschen« eher nachteilig für die Verbindung sind (ebd., S. 32).

Das *Umarmen bis zur Entspannung* (▶ Kap. 11.2) ist der Umarmungszeit ähnlich und fördert die Differenzierung: Es geht darum, im engen körperlichen Kontakt mit dem Partner bei sich selbst zu bleiben und sich selbst zu beruhigen.

Sinnliche Momente

Bei Zilbergeld sind zahlreiche Möglichkeiten zu finden, um miteinander sinnliche Momente zu gestalten (2000): Ein Paar kann damit starten, die Kleidung des anderen bewusst zu berühren und das Haar zu fühlen, zu streicheln oder zu kämmen; dann vielleicht den anderen beim Baden liebevoll und zärtlich waschen, abtrocknen und eincremen. Eine weitere Möglichkeit kann es sein, sich gegenseitig Teile des Körpers oder den ganzen Körper (mit Ausnahme der Genitalien) sanft zu massieren. Dabei kann sich jeder entweder vom eigenen Vergnügen leiten lassen (der andere greift nur ein, wenn ihm etwas nicht behagt) oder nach Anweisungen des anderen massieren. In der passiven Rolle lernen die Partner, sich auf die eigenen Körperempfindungen zu konzentrieren und sich hinzugeben.

Wenn der Wunsch entsteht, die körperlichen Begegnungen sexueller werden zu lassen, können *Achtsames Berühren* und *Achtsamer Sex* eine Weiterführung darstellen. Die erotische Anziehung kann durch *Spiel-Interventionen* gefördert werden (▶ Kap. 11.3.5).

11 Wachstums- oder Vertiefungsphase

Manche Paare schaffen es im stabilisierten Zustand allein, also ohne weitere Begleitung durch die Paartherapeutin, ihren gemeinsamen Weg weiterzugehen. Viele nutzen aber auch das entstandene Vertrauen, um begonnene Prozesse zu vertiefen und sich im *Persönlichkeitswachstum* begleiten zu lassen. Die Vertiefung ist kein abgeschlossener Abschnitt, der beginnt, sobald Stabilität hergestellt ist. Es handelt sich vielmehr um zwei ineinandergreifende Prozesse: Mit dem einen Paar muss länger stabilisierend gearbeitet werden und mit dem anderen können bereits in der ersten Stunde vertiefende Aspekte anklingen. Es handelt sich nicht um ein Entweder-oder, sondern um ein Weniger-oder-mehr.

In der Vertiefungsphase können auf dem Boden der tragenden therapeutischen Beziehung Wachstumsprozesse in kleinen Schritten entstehen und therapeutische Tools wirksam werden. Wachstum passiert jedoch nicht in einer Stunde. Häufig ist Stagnation ein Hinweis darauf, dass nicht *kleinschrittig* genug vorgegangen wurde. Der nächste Schritt, der aus der Sicht Außenstehender so leicht und selbstverständlich scheint, ist für die Betroffenen nicht zu bewältigen. Dafür braucht es gute Wachstumsbedingungen, eine tragende therapeutische Beziehung, Zeit und Übung.

Klienten fragen manchmal, warum diese Veränderungsarbeit so mühsam ist und lange dauert. Das hat damit zu tun, dass die belastenden Erfahrungen auch auf körperlicher Ebene abgebildet sind. Einfache Erkenntnis reicht da nicht aus. Habituelle Reaktionen müssen verändert und neuronale Muster neu vernetzt werden.

Im Wachstumsprozess braucht es neben der tragenden Funktion der therapeutischen Beziehung auch *therapeutische Interventionen*. Bewährte einzeltherapeutische Methoden können hier an den paartherapeutischen Kontext angepasst werden. Ein Zurückgreifen auf das eigene, bewährte und verinnerlichte Repertoire hat den Vorteil, Authentizität und Souveränität zu ermöglichen: Das Setting ändert sich, aber die Methode ist vertraut. Zum anderen gibt es hilfreiche paar- und sexualtherapeutische Tools, mit denen man gezielt an den Anliegen der Paare arbeiten und paarspezifische Ziele erreichen kann.

Die folgende Zusammenstellung stellt wieder unsere persönliche Auswahl dar und erhebt keinen Anspruch auf Vollständigkeit oder gar Überlegenheit. Sie soll zum Ausprobieren anregen und motivieren, sich in dem einen oder anderen Bereich persönlich weiterzubilden und weiterzuentwickeln. Wir stellen dabei teilweise die prototypische Anwendung einiger therapeutischer Tools und deren Ziele dar. In der Realität aber verläuft Therapie in den wenigsten Fällen prototypisch, weshalb wir in anderen Anwendungsbeispielen zeigen, wie wir die Methoden variieren und integrieren.

Wer weniger Erfahrung hat, läuft Gefahr, sich mit dem Einsatz »wirksamer« Methoden zu stark zu engagieren und dabei den Kontakt zum Paar zu verlieren. Hier ist aus unserer Sicht die Devise »So wenig wie möglich und so viel wie nötig« hilfreich. Um Paare souverän begleiten zu können, braucht es zwar ein breites Methodenrepertoire, eine gewisse Erfahrung und Sicherheit im Umgang damit, aber auch ein gutes Gespür für die Klienten und den Moment und die Ruhe und Souveränität, Gefühle und Misslingen oder auch Schweigen auszuhalten und mitzutragen.

Dieses Kapitel ist folgendermaßen aufgebaut: Wir beginnen mit der *Selbstregulation* sowie der *partnerschaftlichen Emotionsregulation*, die den Kern jeder (Paar-)Therapie darstellen.

Im Kapitel *Weiterentwicklung der Sexualität* geht es um die Erweiterung persönlicher und partnerschaftlicher sexueller Erlebnismöglichkeiten. Danach werfen wir einen Blick auf den *Umgang mit traumatischen Erlebnissen und Verletzungen*, insbesondere durch Außenbeziehungen.

11.1 Selbstregulation im Rahmen der Paartherapie

Die Verantwortung zur Regulation hat eine klare Hierarchie: Wird das vegetative Nervensystem durch Stress oder *Trigger* in Alarmbereitschaft versetzt, so ist es zunächst die Aufgabe eines jeden selbst, sich zu beruhigen, um wieder in den Vollbesitz der eigenen kognitiven Fähigkeiten zu gelangen und angemessen reagieren zu können. Erst im zweiten Schritt kommt die Regulation durch den Partner hinzu. Die Regel lautet also: Selbstregulation vor partnerschaftlicher Emotionsregulation. Auch Greenberg und Goldman (2010) unterscheiden zwischen »self-soothing« (Selbstberuhigung) und »other-soothing« (Beruhigung des Partners). In beiden Fällen geht es nicht um eine Kontrolle der Emotionen, sondern um den Prozess, der es ermöglicht *maladaptive Emotionen* (▶ Kap. 5.3) allein oder im Kontakt mit dem Partner bedürfnisbefriedigend anzupassen.

Hier zeigen wir eine kleine Auswahl an Möglichkeiten zur Selbstregulation, die sich für das Paarsetting eignen. Das sind zunächst Methoden zur Arbeit mit dem Körper und anschließend zur kognitiven und imaginativen Emotionsregulation. Diese vorgestellten Ansätze finden in der Positiven Psychologie und der Paartherapie zunehmend Einfluss. Abschließend wird die Kombination der Methoden in einem Fallbeispiel veranschaulicht.

11.1.1 Selbstregulation durch Arbeit mit dem Körper

Der Körper »lügt« nicht. Er produziert körperliche Veränderungen und steht dabei in ständiger Wechselwirkung mit unserem Geist und unseren Gefühlen. Viele Themen und Dynamiken sind sprachlich gut reflektier- und bearbeitbar. Doch es kommt auch vor, dass Menschen ihre Verletzlichkeit hinter sprachlicher Eloquenz verstecken oder dass sie Schwierigkeiten haben, ihre Gefühle und Bedürfnisse zu spüren und auszudrücken.

Durch den Einbezug des Körpers in die Arbeit mit Paaren kann die oft kommunikationslastige Paartherapie wertvoll bereichert werden. So kann eine Erfahrung vermittelt werden, die beide Partner »eher unvorbereitet, gewissermaßen abwehrfrei trifft, und sie mit etwas in Berührung bringt, dass sie aufgrund der körperlich wahrnehmbaren Betroffenheit nicht mehr leugnen können« (Revenstorf, 2006, S. 4).

In den folgenden Abschnitten wird eine Auswahl körperorientierter Methoden vorgestellt: eine Anleitung zur Körperwahrnehmung, die Arbeit mit dem Atem sowie Klopftechniken.

Körperwahrnehmung

Das Paar wird eingeladen, eine Streit- oder Eskalationssituation mental zu aktualisieren. Beide Partner entwickeln schrittweise das Geschehen, reflektieren nacheinander ihre Gedanken und Gefühle, während die Therapeutin die Reflexion immer wieder verlangsamt, um auf die aktuelle Körperwahrnehmung zu fokussieren. Das Schließen der Augen unterstützt das Hineinversetzen in den jeweiligen Moment. Mit *achtsamer Selbstwahrnehmung* analysiert jeder Partner den Wechsel der Körperspannung und des Atems, Gefühle der Beklemmung und auch ganz feine Veränderungen im Gesicht oder in der Stimme. Wichtig ist, dass jeder Partner nur sich selbst analysiert und nicht den anderen. So kann die Therapeutin das körperliche Erleben mit den Etappen der Streit- oder Eskalationssituation verknüpfen und mit dem Paar zirkulär beschreiben (▶ Kap. 10.3.1).

Der sichere Rahmen der Therapie ermöglicht es, beginnende Anspannung, Abwendung oder Angriffshaltungen bei sich selbst zu erkennen, während bisher nur der Beitrag des anderen gesehen wurde. Beide Partner werden darin unterstützt, sich der *Wechselseitigkeit* des Geschehens bewusst zu werden und zu erkennen, inwiefern sie selbst zur Eskalation beitragen. So entsteht eine Basis zur Verantwortungsübernahme. Abschließend können Ausstiegs- und Regulationsmöglichkeiten miteinander reflektiert werden.

Durch die detaillierte Exploration des Körpergeschehens werden *Anker* gesetzt, an die sich die Klienten in der nächsten Streitsituation erinnern. Die eigenen Körperveränderungen und die Körperreaktionen des Partners werden besser und schneller wahrgenommen. Dadurch entstehen Interventionsmöglichkeiten in Bezug auf den eigenen Körper und die Paardynamik.

Therapeutin:	Da sind also diese Gedanken »Er sieht mich nicht. Ich bin ihm egal« und die Gefühle der Verzweiflung und des Alleinseins. Wo und wie spüren Sie das in ihrem Körper?
Frau B.:	(schließt leicht die Augen, spürt nach) Im Bauch. Da verspannt sich irgendwas.
Therapeutin:	Da verspannt sich was im Bauch. Und was spüren Sie noch?
Frau B.:	Auch in der Brust wird es eng. Das Gefühl im Bauch breitet sich irgendwie aus.
Therapeutin:	Das Gefühl im Bauch breitet sich aus und in der Brust wird es eng. Sie zeigen nach oben ...? Es breitet sich nach oben aus?
Frau B.:	(spürt nach) Ja.
Therapeutin:	Aha. Und wo will es hin? Gibt es einen Impuls?
Frau B.:	Es will nach oben raus. Sich erleichtern. Vielleicht mit Tränen. Oder einem Schrei ...
Therapeutin:	(kurze Pause, dann zusammenfassend) Das Gefühl im Bauch breitet sich aus und will nach oben raus, um sich zu erleichtern, okay. Spüren Sie mal Ihr Gesicht. Was passiert da?
Frau B.:	(spürt nach) Es erstarrt irgendwie. Ich glaube, es wird maskenhaft ...
Therapeutin:	(nickt, kurze Pause. Dann zum Ehemann gewandt) Okay, und wenn Sie das dann sehen. Sie kommen von der Arbeit heim, begegnen sich, sprechen kurz, und nehmen Ihre Frau so wahr. Was passiert dann bei Ihnen?
Herr B.:	Ich denke sofort: »Was habe ich jetzt wieder falsch gemacht? Bestimmt habe ich wieder etwas verkehrt gemacht.«
Therapeutin:	Okay. Es gibt einen Schreck? Vielleicht Schuldgefühle?
Herr B.:	(nickt)
Therapeutin:	Spüren Sie mal in Ihren Körper rein. Wo spüren Sie das?
Herr B.:	Mein Herz schlägt schneller. Mir wird heiß. Wahrscheinlich steigt auch der Blutdruck.
Therapeutin:	Aha, das Herz schlägt schneller, Ihnen wird heiß, eventuell steigt der Blutdruck. Was noch? Was passiert mit Ihrer Atmung?
Herr B.:	Die wird flacher.

Therapeutin:	*Die wird flacher, okay. Spüren Sie mal Ihr Gesicht. Was passiert da?*
Herr B.:	*Ich muss mich anstrengen, was zu sehen. Mein Blick wird wahrscheinlich starrer. Ich wende das Gesicht ab.*
Therapeutin:	*Aha. (kurze Pause. Dann zu Frau B. gewandt) Und was passiert jetzt mit Ihnen? Sie nehmen wahr, dass Ihr Mann starrer blickt und den Blick abwendet.*
Frau B.:	*(nickt, nachdenklich) Ich verstehe... das triggert mich noch mehr. Jetzt fühle ich mich noch weniger von ihm gesehen und komme noch mehr in Kampfbereitschaft...*

Selbstregulation mithilfe des Atems

Eine zentrale Rolle bei der Selbstregulation spielt der *Atem*. Die Möglichkeit, Einfluss auf den Atem zu nehmen, steht uns in jeder Situation zur Verfügung – vom ersten bis zum letzten Atemzug.

Unter Stress zeigt unser *vegetatives Nervensystem* typische Reaktionen: eine Erhöhung des Muskeltonus, also einer Anspannung in verschiedenen Körperteilen wie Schultern und Nacken, aber auch Rücken, Gesicht, Armen, Händen, Bauch und Beinen. Weiterhin kommt es zu einer Beschleunigung des Pulses und der Atmung, die außerdem flacher wird. Weitere typische Körperzeichen können Zittern, Schweißausbrüche, ein Kältegefühl in den Extremitäten oder Blässe im Gesicht etc. sein. Diese Äußerungen des vegetativen Nervensystems können wir nicht direkt, jedoch aber indirekt beeinflussen.

Eine der wirkungsvollsten Möglichkeiten über den Vagusnerv auf das vegetative Nervensystem Einfluss zu nehmen, ist bewusst zu atmen. Beruhigenden Einfluss hat beispielsweise die wertfreie Beobachtung des Atems sowie dessen bewusste Steuerung. Dem einen Menschen liegt die eine Technik mehr, dem anderen die andere. Allen gemein ist folgende Regel: Durch Einatmen aktivieren wir das sympathische Nervensystem, mobilisieren uns also. Durch die Ausatmung aktivieren wir das parasympathische Nervensystem, was beruhigende Wirkung hat. Es geht also darum, nicht unnötig viel ein-, aber möglichst lange und langsam auszuatmen.

Tab. 11.1: Techniken der Selbstberuhigung

Schnelle Selbstberuhigung

Nase ein, Mund aus	Lenken Sie Ihre Wahrnehmung auf den Atem. Beobachten Sie den Atem, ohne ihn verändern zu wollen. Dann schwingen Sie sich ein in einen Rhythmus, bei dem Sie durch die Nase ein- und langsam wie durch einen Strohhalm durch den Mund ausatmen.
2:3	Geben Sie sich selbst einen langsamen Rhythmus z. B. indem Sie mit einer Hand an ihr Bein tippen. Schwingen Sie sich ein in diesen Rhythmus, indem Sie jeweils zwei Schläge ein und drei Schläge ausatmen (Varianten: 3:4 oder 5:7). Sie können den Rhythmus anfangs dem Grad der Erregung anpassen und dann immer langsamer werden.

Schmerzregulation

In den Schmerz atmen	Lenken Sie die Wahrnehmung auf Ihren Körper. Scannen Sie den kompletten Körper nach Anspannung oder Schmerz ab. Wenn Sie eine Stelle finden, verweilen Sie dort für einige Atemzüge: Bewusstes Einatmen in den Schmerz. Dann Ausatmen mit der Vorstellung, der Schmerz/die Anspannung werden durch den Körper nach außen/nach unten in den Boden gelassen/gespült/gepustet … Imaginieren Sie die schmerzende Stelle im Detail. Atmen Sie bewusst in jede Zelle ein und lassen Sie dann mit Schwung/Kraft/Erleichterung den Schmerz/die Anspannung über den Körper nach außen/ unten abgleiten.

Tiefe Selbstberuhigung

»Walfisch«	Stellen Sie sich vor, Sie hätten unten an den Fußsohlen und oben auf dem Scheitelpunkt des Kopfes ein Loch (wie ein »Walfisch«). Atmen Sie bewusst durch das obere »Walfisch«-Loch ein und unten durch die Fußsohlen aus. Beim nächsten Atemzug wechseln Sie die Richtung, atmen durch die Fußsohlen ein und wie ein »Walfisch« aus – und so fort. Sie können das Erleben intensivieren, indem Sie sich vorstellen, wie der saubere/frische/gesunde Atem beim Einatmen jede Zelle Ihres Körpers erreicht und durchpustet/durchspült, jede Anspannung/Sorge/Ballast findet und jeweils oben oder unten hinausbläst/hinausspült und Sie erlöst. Die Übung ist auch zum abendlichen Einschlafen geeignet.

Tab. 11.1: Techniken der Selbstberuhigung – Fortsetzung

Bodyscan	Beobachten Sie Ihren Atem, ohne ihn verändern zu wollen. Nun scannen Sie Ihren Körper im Detail von oben nach unten oder von unten nach oben. Nehmen Sie bewusst jede Stelle im Körper wahr. Prüfen Sie, was Sie spüren: Ist es da kalt/warm, feucht/trocken, ist da ein Schmerz/kein Schmerz, ein Pochen/Ziehen/Stechen, Leichtigkeit/Schwere, spüre ich den Stoff/die Unterlage? Beobachten Sie, ohne zu bewerten! Es ist nicht schlimm/toll/falsch/richtig ... Es ist, wie es ist. Wandern Sie so durch den kompletten Körper.
Lichtdusche	Auch gut im Anschluss an den Bodyscan: Stellen Sie sich ein Licht oder eine Farbe vor, die Sie beruhigt, und lassen Sie dies(e) in der Vorstellung in Ihren Körper strömen. Starten Sie bei den Füßen und machen Sie bei der Vorstellungsübung an verschiedenen Stellen halt, um nachzuspüren. Stellen Sie sich vor, wie dieses warme Licht/die angenehme Farbe Sie durchströmt, wärmt und entspannt. Stellen Sie sich jede Zelle vor, die genährt und entspannt wird bis hinauf zum Haaransatz. Spüren Sie immer wieder nach.

In Paargesprächen kommt es häufig zu Triggersituationen. Wenn wir merken, wie unsere Klienten in Defensivstrategien umschalten, können wir die Situation unterbrechen, einen *Moment der bewussten Körperwahrnehmung* einführen, den Fokus auf den Atem legen und eine oder einige Atemregulationsvarianten anleiten. Wir bieten unseren Klienten auch an, die Übung in einem Sprachmemo aufzunehmen, um sie zu Hause zu üben. Wenn eine Variante gut wirkt, sollte diese durch tägliches mindestens fünf- bis zehnminütiges Praktizieren gut eingeübt werden, um sie in der Krise zu beherrschen.

Klopftechniken

Das Klopfen nach der PEP (Prozessorientierten Embodimentfokussierten Psychologie (PEP) ist eine der *bifokal-multisensorischen Interventionsstrategien.* Bifokal bedeutet, dass die Methode auf zwei Systeme im Gehirn fokussiert: auf das limbische System, in dem parafunktionale[4] Emotionen und Schmerzen abgespeichert sind, und auf den präfrontalen Kortex, in dem parafunktionale Beziehungsmuster und damit verbundene Glaubenssätze gespeichert sind. PEP ist eine therapeutische Zusatztechnik sowie eine Selbsthilfe- und Coachingmethode, die von Michael Bohne aus Fred Gallos EFT (Emotional Freedom Technique (EFT) sowie hypnosystemischen Ansätzen entwickelt wurde (Bohne, 2016).

Die Wirkmechanismen des Klopfens sind noch nicht vollständig wissenschaftlich belegt. Aktuelle Forschungsergebnisse des Haptik Instituts in Leipzig weisen darauf hin, dass es sich um einen Oxytocineffekt handeln könnte, bei dem durch die Stimulation der Haut mittels Klopfen der Kortisolspiegel sinkt und somit das vegetative Nervensystem beruhigt wird (Grunwald et al., 2014). Auch andere Forscher bestätigen, dass Klopftechniken einen direkten Einfluss auf den Kortisolspiegel haben könnten, der mit einer Vielzahl psychosomatischer und somatischer Erkrankungen korreliert (Church, Yount & Brooks, 2012).

Beim PEP wird die Person zunächst angeleitet, ein belastendes Ereignis mental zu aktualisieren, so dass der aufkommende Stress körperlich und psychisch spürbar wird. Dann schätzt sie den Grad der Belastung auf einer individuellen Stressskala von null bis zehn ein. Nun werden 16 Punkte an Händen, Gesicht und Oberkörper leicht mit ein oder zwei Fingern beklopft. Ergänzend können das Summen von Melodien und bestimmte Augenbewegungen eingesetzt werden.

Wichtig ist, dass die Therapeutin das Klopfen selbst auch ausführt, um der etwas seltsam anmutenden Behandlungsmethode die schambesetzte Wirkung zu nehmen. Die Therapeutin beklopft im langsamen Tempo die 16 Punkte bei sich selbst und leitet den Klienten dabei mit ruhiger Stimme an, es ihr gleich zu tun. Dabei können Körper, Gefühle und innere Bewegungen neugierig beobachtet werden. Während die Punkte beklopft werden, verändert sich das Gefühl: Es »prozessiert«, d. h. es verstärkt sich, schwächt sich ab oder ein anderes Gefühl kommt zum Vorschein. Das führt häufig zur Beruhigung des Systems. Am Ende des Zyklus schätzt der Klient

---

4 Emotionen und Beziehungsmuster sind im systemischen Sinn nie »dys«-funktional, da sie adaptive Lösungsversuche waren und teilweise heute noch sind.

den Grad der Belastung auf der individuellen Stressskala erneut ein. Zeigt die Intervention gute Wirkung, so kann in weiteren Zyklen auch auf der kognitiven Ebene an verschiedenen Lösungsblockaden weitergearbeitet werden.

11.1.2 Kognitive und imaginative Selbstregulation

Neben der Arbeit mit dem Körper gibt es die Möglichkeit, über unsere kognitiven Fähigkeiten auf das vegetative Nervensystem und damit die Gefühle Einfluss zu nehmen. Beispielhaft stellen wir im Folgenden den Dreiklang, selbststärkende Affirmationen und die Arbeit mit inneren Bildern vor.

Dreiklang der Emotionsbewältigung

Viele Menschen können ihren Gefühlszustand weder identifizieren noch sich selbst erlauben so zu fühlen. Sie nehmen lediglich einen leidvollen Spannungszustand in sich wahr und fühlen sich schlecht. Um die Spannung zu lösen, suchen sie sich oftmals eine bald automatisierte und vielfältig wirksame Ersatzbefriedigung. Alkohol, Schokolade oder Pornografie können so zum schnellen und universal »wirksamen« Helfer gegen Wut, Angst, Einsamkeit oder Langeweile werden.

Aus der Emotionsforschung ist bekannt, wie wichtig es ist, Gefühle zu benennen. Denn in dem Moment, in dem einem Gefühl ein Name gegeben wird, beruhigt sich das Gefühlszentrum des Gehirns und der Mensch wird insgesamt ruhiger (Johnson, 2014).

Unser Modell der Emotionsregulation, das wir als *Dreiklang* bezeichnen, bildet den Kern vieler therapeutischer Interventionen und begleitet grundlegend den gesamten Therapieprozess. Es besteht aus drei Elementen:

1. *Benennen*: Das Gefühl bzw. die Gefühlsmischung wird vom Klienten bewusst wahrgenommen und verbalisiert. Dieser Schritt kann unterstützt werden, indem die Therapeutin Gefühle vorschlägt, die sie vermutet, in der Resonanz mit dem Paar selbst erlebt, oder durch ein Arbeitsblatt mit einer Auflistung von Gefühlen und Empfindungen.

2. *Erlauben*: Das Gefühl wird vom Klienten liebevoll angenommen; er erlaubt sich, so zu fühlen. Hilfreich sind Affirmationen, die er sich selbst gibt: »Ich bin jetzt wütend/traurig/habe Angst. Ich darf das fühlen! Es ist völlig okay und angemessen.«

3. *Bewältigen*: Der konkrete Umgang mit dem Gefühl wird geplant. Hier bietet sich an, eine kleine (innere oder äußere) Liste mit einem Spektrum an Handlungsmöglichkeiten zu erstellen: »Ich könnte auf die altbekannte Art reagieren, ich könnte mich ablenken mit xy, ich könnte den anderen konfrontieren, ich könnte streiten, ich könnte dieses Mal nachgeben, ich könnte erstmal versuchen, mich selbst zu beruhigen mit xy...«.

Das Prinzip des Dreiklangs kann sehr gut im Paarsetting eingesetzt werden. Es bremst automatisierte Reaktionen, die gegenseitig triggern und zu negativen Interaktionen im Paar führen. Beide Partner kommen durch den Dreiklang aus ihrer sympathischen Aktivierung heraus, werden validiert und können sich wieder für alternative Bewältigungen sowie für den anderen öffnen. Ein Beispiel:

Die Therapeutin erklärt zunächst das Prinzip des Dreiklangs und kommt dann zurück zur vorher konflikthaft geschilderten Szene.

Therapeutin:	*(zu Frau B.) Okay, Sie waren zu Hause und haben auf Ihren Mann gewartet. Wissen Sie noch, was dabei in Ihnen vorging?*
Frau B.:	*Ja, ich habe mich geärgert, dass er schon wieder eine Viertelstunde verspätet war. Das lässt mein Kopfkino anspringen. (zu ihrem Mann) Ich sehe dich innerlich schon wieder Pornos schauen ...*
Therapeutin:	*Aha, Sie haben sich geärgert und sich vorgestellt, dass er wieder Pornos schaut. Waren noch andere Gefühle dabei?*
Frau B.:	*(überlegt) Ich ekle mich vor diesen Bildern und dem, was du tust. Und ich habe schreckliche Angst um uns ... Ich bin so wütend, dass ich schreien könnte ...*
Therapeutin:	*(zu Frau B., erklärend) Genau. Jetzt haben Sie die Gefühle benannt, Ärger, Angst um Sie beide und auch Ekel. Jetzt geht es vor dem Handeln darum, sich selbst diese Gefühle zu*

	erlauben. Zum Beispiel indem Sie zu sich sagen: »*Hey, Anja, das ist doch völlig normal, was du empfindest! Nach all dem, was du erlebt hast in den letzten Jahren. Es ist wirklich okay, so zu fühlen. Klar, dass du wütend bist und Angst hast* ...«
Frau B.:	*(nickt, entspannt sich etwas in Haltung und Mimik)*
Therapeutin:	*(zu Frau B.): Und dann können Sie sich damit beschäftigen, wie Sie reagieren wollen. Am besten, Sie machen eine innere Liste, bei der Sie die Wahl haben. Hauptsache, Sie reagieren nicht ungebremst im Autopiloten auf die alte Art. Das könnte dann vielleicht so aussehen:* »*Okay, es hilft jetzt aber nicht, die Teller zu zertrümmern und meinen Mann derart anzubrüllen. Was könnte ich stattdessen tun?* (notiert auf einem Blatt Papier) *Ich könnte dich anrufen und nachfragen, ich könnte mich ablenken, ein paar Minuten meiner Lieblingsserie schaue, mich selbst beruhigen, Atemübungen, Yogaübungen, ein bisschen singen, mir klar machen, was du diese Woche schon alles für mich gemacht hast* ... *etc.*«
Frau B.:	*(nachdenklich) Das wäre schon toll* ...
Therapeutin:	*(kleine Pause, dann zu Herrn B.) Und Sie können es genauso machen. Was ist in Ihnen vorgegangen an diesem Abend?*
Herr B.:	*(zu seiner Frau) Ich denke natürlich: Ich komme heim und du fährst mich direkt so an! Ich fühle mich total ungerecht behandelt, kontrolliert, überwacht, auch erniedrigt. Ich habe bald keine Lust mehr, wirklich auf die Pornos zu verzichten, wenn mir sowieso unterstellt wird, dass ich es tue. Ich bin total enttäuscht* ...
Therapeutin:	*(zu Herrn B.): Sehr gut. Auch Sie geben Ihren Gefühlen einen Namen: Sie fühlen sich ungerecht behandelt, kontrolliert, erniedrigt* ... *und da ist auch etwas Trotziges drin, oder? Warum sollten Sie verzichten, wenn es Ihnen eh unterstellt wird?*
Herr B.:	*(nickt nachdenklich)*
Therapeutin:	*(zu Herrn B.) Auch Sie dürfen sich Ihre Gefühle jetzt erst einmal richtig erlauben. Sich selbst z. B. sagen:* »*So ein Schlag nach all' meinem Bemühen! Hans, das ist doch echt klar, dass*

	du jetzt niedergeschlagen und enttäuscht bist. Es ist wirklich nicht fair. Du darfst so fühlen!«
Herr B.:	*(hört gebannt zu mit einem Seitenblick auf seine Frau)*
Therapeutin:	*(zu Herrn B.) Und dann machen Sie sich Gedanken darüber, wie Sie damit umgehen wollen, z. B.: »Okay. Aber jetzt zu bocken, zu streiten oder den Kontakt zu sabotieren, führt auch nicht weiter. Was könnte ich stattdessen tun? Ich brauche zuerst mal eine ruhigere Atmosphäre, lass uns ein paar Minuten Pause machen. Oder ich frage dich, was los ist, warum du soviel Angst hast. Zuerst versuche ich, mich selbst zu beruhigen, mache Atemübungen, lese ein bisschen Zeitung. Ich möchte dir erklären, dass ich dich verstehe, es aber keinen Grund zur Sorge gibt. Vielleicht zuerst etwas Alltagsroutine, in der Küche helfen, mit den Kindern spielen?*

Am Embodiment der Partner erkennt die Therapeutin die Regulierung und Beruhigung durch die Co-Regulation.

Affirmationen

Ebenfalls in der Prozessorientierten Embodimentfokussierten Psychologie (PEP) beschrieben ist die Arbeit mit Affirmationen, die über Kognitionen und damit den Präfrontalkortex Einfluss auf die Gefühlswelt nehmen will (Bohne, 2016). Eine zentrale Intervention dabei ist die *Selbstakzeptanzaffirmation*:

Selbstakzeptanzaffirmationen haben eine gleichbleibende Struktur: »Auch wenn … (problematisches Erleben hier einsetzen), liebe und akzeptiere ich mich, wie ich bin«. Zum Beispiel:

- »Auch wenn ich wirklich nicht genügend für dich da war, achte und schätze ich mich, wie ich bin.«
- »Auch wenn du mir das nie verzeihst, achte und schätze ich mich, wie ich bin.«
- »Auch wenn in Wirklichkeit ich selbst es bin, der mir nicht verzeihen will, achte und schätze ich mich, wie ich bin.«

185

Nach Bohne ist eine *belastete Beziehung zu sich selbst* eine der wichtigsten fünf Lösungsblockaden, die eine positive Selbstentwicklung behindern (Bohne, 2016). Stehen beim Klienten Selbstvorwürfe im Vordergrund, werden diese durch ein Set an laut ausgesprochenen Affirmationen, die durch körperliche Gesten unterstrichen werden, bearbeitet. Zentral dabei ist die Frage: »Konnte ich nicht anders oder wollte ich nicht?« und die darauffolgende Intervention: »Und jetzt vergebe ich mir aus vollem Herzen, weil mir klar wird, dass ich nicht anders konnte/wollte«.

Zur Überprüfung, ob eine Intervention wirkungsvoll ist oder nicht, gibt es ein valides Kriterium: das *Embodiment*. Die Therapeutin erkennt an der impulsiven Veränderung der Physiologie der Klienten, ob eine Affirmation passt oder nicht. Meist kommt es zu einem spontanen Lachen, denn die *kognitive Umstrukturierung* als »Gegengift« zu alten Glaubenssätzen muss passen und Spaß machen, um nachhaltig zu wirken. So sagte sich eine Klientin, die aufgrund alter Familientraumata fürchtete, nicht erfolgreich sein zu dürfen:»Heute Bad Bellingen, morgen New York« und spürte dabei jedes Mal ein Lächeln in ihrem Gesicht. Eine Klientin, deren Partner immer wieder kritisiert hatte, ihre Brüste seien zu groß, sagte sich: »Meine Brüste haben Platz für viel Gefühl – und das ist gut so!«.

Mit solchen lustvollen Kraftsätzen können belastende Affekte reguliert und Motivation generiert werden. Langfristig ist es möglich, damit Glaubenssätze zu verändern und Selbstwertthemen zu bearbeiten.

Innere Bilder

Eine der wirkungsvollsten Methoden, um Affekte und Körperreaktionen schnell zu regulieren, ist das Arbeiten mit *inneren Bildern*. Bei der Vorstellung von Bildern von z. B. Zitronen oder Zimt werden im Gehirn die gleichen Areale aktiviert, als würden wir die Dinge tatsächlich sehen bzw. riechen. Gedanken, Gefühle, Körper und Umwelt stehen in ständiger selbstorganisierter Wechselwirkung zueinander. Das bedeutet: Gedanken können körperliche Reaktionen erzeugen – der Gedanke an die Zitrone z. B. erzeugt Speichelfluss. Auch Veränderungen des körperlichen Ausdrucks haben eine Wirkung auf Gedanken und Gefühle – wenn wir z. B. lächeln, verbessert sich unsere Stimmung.

Wirkungsvoll sind insbesondere Bilder, die der eigenen Lebenserfahrung entspringen und ein vielschichtiges Feedback in alle Dimensionen des Erlebens geben. Maja Storch empfiehlt im Eröffnungsvortrag des Kongresses »Reden reicht nicht«, mit diesen Interventionen spielerisch umzugehen und Lust zu machen: »Je lustiger, desto besser« (2016).

Die Intervention ist insbesondere geeignet für die Einzelarbeit oder das Einzelgespräch innerhalb einer Paartherapie, kann aber auch im Paarsetting durchgeführt werden. Wir fragen beispielsweise im Gespräch oder auch im Rahmen einer hypnotherapeutischen Übung, ob es eine Pflanze gibt (eine Fantasiegestalt/ein Tier/ein Idol ...), deren Eigenschaften helfen könnten, das beschriebene Ziel zu erreichen. In Rahmen einer Trance kann der Klient weitere Umgebungsaspekte wie etwa Farben, Geräusche oder Gerüche erarbeiten und integrieren. Das *Körperfeedback* in Form von Haltung, Tonus, Atmung, Mimik und auch Affekt zeigt sich meist spontan und ausdrucksstark und gibt eine direkte Rückmeldung auf die Wirksamkeit der Intervention.

> *Therapeutin:*   *Können Sie beschreiben, wie Sie gerne reagieren würden, wenn es richtig gut oder ideal liefe?*
>
> *Frau B.:*   *Ich hätte gern das Gefühl, in der Lage zu sein, mich zu wehren und zu verteidigen, wenn's nötig wäre, aber gleichzeitig auch das Gefühl, dass ich gelassen bin und alles in Ordnung ist und ich es eigentlich nicht nötig habe, mich aufzuregen.*
>
> *Therapeutin:*   *... Mhm ... das Gefühl, sich wehren zu können, aber trotzdem gelassen zu bleiben und es nicht nötig haben ... mal eine ungewöhnliche Frage: Fällt Ihnen dazu vielleicht eine Pflanze oder ein Tier ein, die diese Eigenschaften ein bisschen verkörpern? Manchmal haben solche inneren Bilder eine unglaubliche Kraft und können helfen, sich spontan anders zu fühlen. Fällt Ihnen da vielleicht etwas ein?*
>
> *Frau B.:*   *(nachdenklich, zögernd) Also, mir kam gerade spontan das Bild meiner Hündin Wanda. Das ist vielleicht blöd, aber wenn Sie das so sagen ... Sie ist vor fünf Jahren gestorben, war eine Kampfhündin, aber sowas von ruhig, friedlich und gelassen. Nichts konnte sie aus der Ruhe bringen.*
>
> *Therapeutin:*   *Aha, Wanda. Sie war in der Lage, sich zu verteidigen, zu kämpfen, aber fand es nicht nötig?*

Frau B.:	*(lacht) Ja, ihr war klar, dass ihr niemand das Wasser reichen kann. Darum war sie so großmütig mit allen.*
Therapeutin:	*(lacht auch) Klasse. Wie hat sie denn reagiert, wenn jemand sie wirklich geärgert hat? Können Sie sich an ihr Gesicht erinnern? Ihre Haltung?*
Frau B.:	*(weiterhin lächelnd, konzentriert): Ja, sie war so gleichmütig. Und gleichzeitig souverän. Ihr Körper total entspannt, der Blick gelassen...*
Therapeutin:	*Sie lächeln grade so entspannt. Spüren Sie das auch körperlich?*
Frau B.:	*(nickt)*
Therapeutin:	*Können Sie sich vorstellen, Wanda in sich zu vergegenwärtigen, wenn es wieder richtig schwierig wird mit Ihrem Mann und dem ganzen Alltagsstress?*
Frau B.:	*(nickt wieder und lächelt) Ja, schon, das könnte helfen.*
Therapeutin:	*Möchten Sie mal einen kleinen Moment reingehen in diese Situation, sich vorstellen, wie Sie gerade in der Küche sind, wie Sie es mir vorhin berichtet haben... Ihren Mann sehen, Ihre Gefühle spüren... und jetzt Wanda innerlich in sich aufrufen?*
Frau B.:	*(konzentriert, mit geschlossenen Augen): Ja, das geht... es wird gleich ruhiger in mir... das tut gut.*

11.1.3 Anwendungsbeispiel: Selbstregulation[5]

Dynamik des Paares, Dreiklang und Körperwahrnehmung

Frau B. (46) und Herr B. (50), das aus den vorangegangenen Beispielen bereits bekannte, erfolgreiche Unternehmerehepaar, ist seit sechs Sitzungen bei mir in Paartherapie. Stabilisierung und Vertiefung greifen seit einigen Sitzungen ineinander: Der Tonfall ist immer wieder mal

---

5 Alle Anwendungsbeispiele basieren auf tatsächlich erlebten Szenen, die jedoch so aufgesplittet und neu zusammengesetzt wurden, dass eine Rekonstruktion der betroffenen Personen nicht möglich ist.

scharf – ich muss in solchen Momenten noch an VW und die Gewaltfreie Kommunikation erinnern, aber es gibt auch eine deutliche Offenheit für das gemeinsame Reflektieren innerer Prozesse.

Herr B. konsumiert seit vielen Jahren Pornos, was seine Frau wusste, aber ausgeblendet hat. In den letzten Jahren leidet Frau B. zunehmend unter seinem Rückzug und wünscht sich mehr emotionale Nähe, die er eher vermeidet. Es entwickelte sich eine Dynamik, in der Frau B. gedanklich ständig mit dem Pornokonsum ihres Mannes beschäftigt und dadurch gekränkt war. Für Herrn B. ist der Pornokonsum zum Bewältigungsmuster für viele unangenehme Gefühle geworden. Aufgrund der zunehmenden Streitigkeiten zog er sich noch mehr zurück. Beiden Partnern fällt es eher schwer, ihre Gefühle zu identifizieren und zu benennen. In der oben geschilderten Sitzung erarbeiten sie ihre Gefühle und lernen diese mithilfe des *Dreiklangs der Emotionsbewältigung* zu benennen, sich diese zu erlauben und schließlich bewusst zu bewältigen. Für Frau B. wird die Methode so wichtig, dass sie sich ein spezielles Buch mit leeren Seiten zulegt, indem sie bei besonders intensivem Triggergeschehen ihre Gefühle analysiert, benennt, sich selbst einen Brief mit ausführlicher Legitimation schreibt und schließlich eine Liste mit Bewältigungsmöglichkeiten erstellt. Ein weiterer Schritt der Bewusstwerdung des gegenseitigen Triggergeschehens geschieht anhand der Analyse ihrer *körperlichen Wahrnehmungen* in einer zurückliegenden Eskalation. So entwickeln Frau und Herr B. zunehmend ein Bewusstsein für die Zusammenhänge ihrer Befindlichkeiten und gegenseitiger Eskalationen.

Klopfen mit PEP

Nach einem halben Jahr gemeinsamer Arbeit fragt mich Frau B. nach einem Einzeltermin. Sie leide derzeit sehr unter ihrer angespannten beruflichen Situation und erlebe sich dort wie in der Beziehung zunehmend aggressiv und impulsiv. Ich bitte sie, mit Ihrem Mann abzustimmen, ob das für ihn in Ordnung sei und biete in diesem Zusammenhang auch ihm einen Einzeltermin an.

Im Gespräch bittet Frau B. um Rat und praktische Hilfe, wie sie ihre Gefühle selbst besser regulieren könne. Sie habe schon so viel verstanden, aber oft fühle sie sich ihren Gefühlen hilflos ausgeliefert und all' das Wissen helfe nicht weiter. Ich schlage Frau B. ein »schräges Experiment« vor, auf das sie sich neugierig einlässt. Auf einer individuellen Stressskala schätzt sie eine kurz zurück liegende Konfliktszene mit 8 von 10 Punkten ein. Dann leite ich sie an, ihre 16 Punkte an Händen, Gesicht und Oberkörper mit zwei Fingern zu klopfen. Sie hält die Augen geschlossen, konzentriert sich auf ihre Körperwahrnehmung und orientiert sich immer wieder an meinem Vorbild. Als sie am Ende der Übung ihr Stressniveau erneut einschätzt, schaut sie überrascht – es sei nur noch bei 2 bis 3 von 10 Punkten. Aufgrund ihrer feinen Körperwahrnehmung kann sie drei Stellen identifizieren, die ihr beim Klopfen besonders gutgetan hatten. Wir vereinbaren, dass sie diese Form der Selbstberuhigung bis zur nächsten Stunde öfter übt.

Selbstregulation durch den Atem

In der nächsten Paarsitzung bin ich überrascht, wie verbunden beide Partner heute auf mich wirken. Sie berichten eingangs von schönen – auch sexuellen - Erlebnissen miteinander und danken einander für Dinge, die sie jeweils am anderen gefreut haben. Nach einer halben Stunde kippt die Stimmung plötzlich. Herr B. macht eine abwertende Anspielung auf Frau B.'s Körperformen, was eine Lawine an gegenseitigen Vorwürfen und Verallgemeinerungen nach sich zieht. Nach mehreren erfolglosen Versuchen, das Gespräch wieder in eine konstruktivere Richtung zu lenken, interveniere ich deutlich. Ich konfrontiere beide Partner damit, dass sie zu stark getriggert und damit nicht mehr in der Lage sind, konstruktiv aufeinander einzugehen. Dann lade ich beide ein, kurz einen Blick nach innen auf ihre Gedanken und Gefühle zu werfen und schließlich dreimal tief ein- und noch länger auszuatmen. Ich mache die Übung selbst mit und forme beim Ausatmen einen Flötenmund, um den Prozess des Ausatmens zu verlangsamen. Dann erkläre ich verschiedene Varianten des Atmens und klopfe mit meiner Hand einen langsamen Rhythmus. Frau B. ist zunächst so aufgebracht, dass sie Mühe hat, sich auf die Übung einzulassen. Nachdem sie sieht, dass ihr Mann mitmacht und ich selbst ebenfalls dabeibleibe, kann auch sie sich darauf einlassen. Nach wenigen Minuten erkenne ich am Embodiment der beiden Partner, dass sie sich etwas beruhigt haben und greife mit enger Moderation das heikle Thema Körperformen wieder auf. Das bedeutet, Äußerungen recht direktiv auf Konstruktivität zu filtern und Destruktivität schnell zu stoppen und umzuformulieren. Bald ist es dem Paar wieder möglich, sich verletzungsfreier auszudrücken und über eigene Gefühle und Bedürfnisse zu sprechen.

11.2 Partnerschaftliche Emotionsregulation

Bei der partnerschaftlichen Emotionsregulation ist der Schlüssel die Empathie für die Gefühle und Bedürfnisse des anderen bei gleichzeitiger Wahrnehmung von sich selbst.

Mit den folgenden Methoden können wir die partnerschaftliche Emotionsregulation stärken. Zuerst zeigen wir Möglichkeiten, wie Paare sich im Gespräch durch gegenseitiges *tiefes Verstehen* regulieren können und beschreiben dann, wie Emotionsregulation im partnerschaftlichen *Kontakt mithilfe des Körpers* aussehen kann. Ein Anwendungsbeispiel zeigt die Verbindung der beiden Arten der Emotionsregulation.

11.2.1 Partnerschaftliche Emotionsregulation durch tiefes Verstehen

Wenn Paare in die Beratung kommen, klagen sie oft darüber, sich vom anderen nicht verstanden zu fühlen. Ihre Gespräche sind oberflächlich geworden, ein persönlicher Austausch wird vermieden oder eskaliert.

Das empathische Verstehen der Therapeutin entlastet sie (»Meine Gefühle sind nicht falsch. Ich bin nicht falsch«). Doch erst das tiefe Verstehen des Partners führt dazu, dass die Beziehung als wertvoll und unterstützend erlebt wird. Es ist unschätzbar wertvoll, ein Gegenüber zu haben, das Interesse am eigenen inneren Befinden zeigt und versucht, die eigenen Bedürfnisse oder den Schmerz zu verstehen und anzunehmen (Schär & Gmelch, 2019).

In den folgenden Kapiteln stellen wir Methoden vor, die Paare dabei unterstützen können, sich gegenseitig tiefer zu verstehen. Der Schwerpunkt liegt dabei zunächst auf dem *Klären*, das wir im ersten Abschnitt dieses Kapitels beschreiben. Darauf folgt das *Validieren* der Gefühle. In der Praxis greifen beide Prozesse stark ineinander. Abschließend stellen wir das gegenseitige *Unterstützen* durch das Dyadische Coping dar.

Klären

Für das Verstehen schwieriger Verhaltensweisen des anderen ist es hilfreich zu wissen, *warum* der Partner sich auf eine bestimmte Weise verhält und warum er bestimmte Gefühle hat. Häufig sind *Schemata*, also Wahrnehmungsmuster, die sich im Laufe der Biografie ausgebildet haben, der Grund (▶ Kap. 5.4).

Wenn Partner die beiderseitigen Schemata besser kennen, erhöht sich in der Regel ihre Toleranz und auch die Bereitschaft, auf die Bedürfnisse des anderen soweit wie möglich einzugehen. Das Verstehen der eigenen Schemata ermöglicht Verantwortung, Selbstregulation und ein heilsames Sorgen für die eigenen Bedürfnisse. In der Paartherapie können wir auf unterschiedlichen Wegen zu diesen Schemata kommen.

Klärungsprozesse mit einem Partner

Mit Methoden der Klärungsorientierten Paartherapie kann die Therapeutin Klärungsprozesse mit jeweils einem Partner anleiten, während der andere zuhört: Im Fokus der Exploration stehen die *Verarbeitungsprozesse*, die Gefühle auslösen (Sachse et al., 2013). Ziel ist es, Beziehungsbedürfnisse, Beziehungsschemata (Annahmen über Beziehungen) und vor allem Selbstschemata (Annahmen über die eigene Person) valide zu klären.

Beziehungsbedürfnisse kann die Therapeutin durch folgende Fragen thematisieren:

* Sprechen Sie miteinander über Ihre Bedürfnisse?

- Was ist Ihnen in nahen Beziehungen wichtig? Welche Erwartungen haben Sie an eine Paarbeziehung?
- Werden diese Beziehungsbedürfnisse vom Partner befriedigt?
- Wo werden Sie momentan enttäuscht, frustriert oder verletzt?
- Was wissen Sie über die Bedürfnisse Ihres Partners, was braucht er von Ihnen?

Schemata können auch durch *Aktualisierung von Konfliktsituationen* des Paares geklärt werden. Die Therapeutin arbeitet anhand einer aktuellen Streitsituation mit jedem Partner einzeln heraus, worum es ihm eigentlich geht. Sie folgt dabei einzelnen Themen wie Spuren und exploriert, wie die Person eine bestimmte Situation verarbeitet, welche Verletzungen sie empfindet, welche Gefühle die Situation auslöst und welche Handlungsimpulse sie in der Situation verspürt.

Besondere Beachtung findet die Klärung *biografischer Schemata*: Welche Annahmen hat die Person im Laufe ihrer Biografie über die eigene Person (Selbstschemata) und über Beziehungen (Beziehungsschemata) entwickelt? Warum handelt sie so, wie sie handelt? Warum reagiert sie empfindlich oder aggressiv und warum interpretiert sie so, wie sie interpretiert?

Tabelle 11.2 bietet eine Übersicht über die verschiedenen Beziehungsbedürfnisse, Selbstschemata und Beziehungsschemata (vgl. Sachse et al., 2013).

Tab. 11.2: Übersicht über Beziehungsbedürfnisse, Selbstschemata und Beziehungsschemata

Beziehungsbedürfnisse	Selbstschemata	Beziehungsschemata
Anerkennung	Ich bin nicht liebenswert. Ich kann die Erwartungen anderer nicht erfüllen. Ich bin ein Versager.	In Beziehungen wird man beurteilt und kritisiert, man muss sich beweisen.
Wichtigkeit	Ich bin nicht wichtig. Ich werde nicht gesehen, nicht ernstgenommen.	In Beziehungen wird man nicht ernstgenommen, bekommt man keine Aufmerksamkeit.

Tab. 11.2: Übersicht über Beziehungsbedürfnisse, Selbstschemata und Beziehungsschemata – Fortsetzung

Beziehungsbedürfnisse	Selbstschemata	Beziehungsschemata
Verlässlichkeit	Ich muss damit rechnen, jederzeit verlassen zu werden. Ich kann nichts dafür tun, dass andere bei mir bleiben.	Beziehungen sind nicht verlässlich. Konflikte gefährden die Beziehung. Beziehungen sind nicht belastbar.
Solidarität	Ich bin es nicht wert, dass andere auf meiner Seite und für mich da sind. Ich habe dafür nicht genug zu bieten.	In Beziehungen wird man nicht unterstützt. In bin auf mich gestellt, keiner ist auf meiner Seite.
Autonomie	Ich kann meine Meinung nicht vertreten und keine eigenen Entscheidungen treffen. Ich kann mich nicht wehren.	In Beziehungen wird man eingeschränkt, bevormundet und kontrolliert.
Grenzen/Territorien	Ich kann meine Grenzen nicht schützen. Ich habe keine eigenen Bereiche.	In Beziehungen werden meine Grenzen nicht respektiert und es wird ungefragt in mein Territorium eingedrungen.

Um diese verinnerlichten Annahmen zu kompensieren, entwickeln sich *Norm- und Regel-Schemata*: Normschemata enthalten Regeln für sich selbst: »Vertraue keinem!«, »Vermeide es, kontrolliert zu werden!« oder »Mache es anderen recht!« Regelschemata enthalten Regeln für Interaktionspartner: »Man hat mich nicht zu kritisieren!«, »Man hat mich zu beachten!«, oder »Man hat mich nicht zu bevormunden!« Klärungsprozesse setzen sehr häufig an den Norm- und Regel-Schemata an, da die Verletzung dieser Regeln Emotionen wie Ärger oder Enttäuschung auslösen.

Der zuhörende Partner wird nach jedem Klärungsschritt einbezogen und gebeten zu sagen, was er verstanden hat. Die Therapeutin unterstützt ihn, bis er die Bedürfnisse und Schemata des Partners verstanden hat.

Therapeutin:	*Vor zwei Wochen hatten Sie so eine Situation im Biergarten, sagen Sie. Wie erging es Ihnen da, Herr K.?*
Herr K.:	*Es hat mich total genervt, dass meine Frau wissen wollte, wann ich nach dem Bier mit meinem Kollegen zu Hause sei.*
Therapeutin:	*Das hat Sie ziemlich geärgert (Klient nickt). Wenn Sie sich die Situation nochmal vorstellen: Was löst es in Ihnen aus, wenn Ihre Frau fragt:* »Wann bist du zu Hause?«
Herr K.:	*Das stinkt mir ... macht mich wütend ...*
Therapeutin:	*Okay... Was genau macht Sie so wütend?*
Herr K.:	*Sie behandelt mich wie ein kleines Kind.*
Therapeutin:	*Sie fühlen sich behandelt wie ein kleines Kind. Können Sie das beschreiben?*
Herr K.:	*Meine Mutter hat das dauernd gemacht – noch als ich ein Jugendlicher war. Ständig hat sie mir Vorschriften gemacht und mich kontrolliert. Ich war so wütend!*
Therapeutin:	*(zur Partnerin) Würden Sie das bitte zusammenfassen, was Sie von den Gefühlen Ihres Mannes verstanden haben? Was löst es in ihm aus, wenn Sie fragen, wann er nach Hause kommt?*
Frau K.:	*Wenn ich das frage, fühlt er sich behandelt wie ein Kind. Wie von seiner Mutter, als er ein Jugendlicher war. Und er wird wütend.*
Therapeutin:	*(nickt und fragt den Klienten) Stimmt das so?*
Herr K.:	*Ja, ich fühle mich dann kontrolliert.*
Therapeutin:	*Wenn Ihre Frau fragt, wann kommst du nach Hause, fühlen Sie sich als Kind behandelt, das kontrolliert wird ... (nachdenklich). Nicht für voll genommen?*
Herr K.:	*Ja, genau, ich fühle mich nicht für voll genommen! Ich kann selbst entscheiden, wann ich nach Hause kommen will.*
Therapeutin:	*Mhm. Was bedeutet das für Sie, wenn Sie nicht selbst entscheiden können?*
Herr K.:	*Dass ich dazu anscheinend nicht selbst in der Lage bin.*
Therapeutin:	*Und es fühlt sich für Sie so an, als denke Ihre Frau das von Ihnen? Was löst das aus?*
Herr K.:	*Ja. Es verletzt mich, es macht mich traurig ... ich zweifle dann an mir selbst, ob ich selbst entscheiden kann.*

195

> *Therapeutin:* (*zur Klientin*) *Bitte fassen Sie wieder zusammen, was Sie vom Erleben Ihres Mannes verstanden haben.*
>
> *Herr K.:* *Er meint, ich denke das von ihm, dass er nicht selbst entscheiden kann und das macht ihn ganz traurig. Und dann bekommt er Selbstzweifel...*

Gegenseitige Klärung

Für eine Klärung, bei der das Paar miteinander im Gespräch ist, eignet sich die *Trichtermethode* aus der Bewältigungsorientierten Paartherapie von Bodenmann (2012). Mithilfe der Therapeutin geht das Paar – analog dem Funktionieren eines Trichters – von der Schilderung der Situation über die Gefühle tiefer zu den Schemata, die durch die Situation getriggert wurden. Die Therapeutin hat begleitende Funktion: Sie unterstützt oder coacht die Partner, *miteinander* über ihr Erleben zu sprechen.

In der Bewältigungsorientierten Therapie wird diese Art der Gesprächsführung mit wechselnden Rollen und in mehrfachen Übungen trainiert. Ziel ist es, das Paar zu befähigen, auch zu Hause ohne Unterstützung der Therapeutin solche Gespräche zu führen. Zu den Schemata zu »tauchen« braucht einige Übung und einen sicheren Kontext. Doch auch wenn Paare zu Hause gemeinsam nur bis zu den Gefühlen und Bedürfnissen gelangen, können sie Momente erleben, in denen sie sich emotional berühren.

Ablauf: Partner A beschreibt kurz eine erlebte Situation. Das kann eine externe Stresssituation sein oder seine Seite eines gemeinsamen Konfliktes. Er beschreibt seine Gedanken und Gefühle. Meist werden zunächst oberflächlichere Gefühle wie Stress und Ärger genannt und erst durch Exploration die darunterliegenden Gefühle wie Enttäuschung, Trauer, Scham etc. Partner B hört aufmerksam zu und fasst – mit Fokus auf die Gefühle – zusammen. Dem Paar werden vor dem Einstieg folgende *Gesprächsregeln* vermittelt:

Regeln für die sprechende Person

1. *Konkretheit:* Situation kurz schildern und auch bei dieser einen Situation bleiben

2. *Von sich selbst sprechen*: Gedanken, Einschätzungen
3. *Gefühle und Bedeutung*: Weshalb war die Situation so belastend?

Regeln für die zuhörende Person

1. *Aktives Zuhören*: interessiert und engagiert zuhören (z. B. Nicken, »Hmh«)
2. *Zusammenfassen*: Kernbotschaften und insbesondere die Gefühle zusammenfassen, ohne zu interpretieren
3. *Offene Fragen*: wohlwollend nach Gedanken und Gefühlen fragen

Im Zentrum steht die Exploration der Gefühle. Diese sollen im Gespräch aktualisiert, also spürbar gemacht und nicht nur aufgezählt werden. Dies kann z. B. geschehen durch das Hineinfühlen in die konkrete Situation – eventuell mit geschlossenen Augen – und der genauen Beschreibung des Gefühls mit den dazugehörigen Gedanken, körperlichen Reaktionen und Bildern.

Die Therapeutin stellt Fragen stellvertretend für die zuhörende Person und ist damit Modell für sie:

- *Fragen nach Gedanken*
  - Was ging Ihnen in dem Moment durch den Kopf? Was meinen Sie mit ...?
  - Worüber haben Sie sich geärgert? Auf wen richtete sich Ihre Wut?
  - Was genau hat Sie so traurig gemacht?
- *Fragen nach Gefühlen*
  - Was hat dieser Gedanke ausgelöst, wie fühlen Sie sich damit? Bleiben Sie einen Moment bei diesem Gefühl. Können Sie es noch genauer beschreiben?
  - Welche Gefühle sind noch dabei?
  - Fragen nach körperlichen Reaktionen
  - Haben Sie das auch körperlich gespürt? Wo im Körper spüren sie das? Können Sie es beschreiben?
- *Fragen nach Bildern*
  - Kommt Ihnen ein Bild dazu in den Sinn?
  - Wie sehen Sie sich in der Situation?

- *Frage nach dem Erleben in der Gesprächssituation*
  - Was läuft jetzt gerade bei Ihnen ab? Was löst das jetzt gerade bei Ihnen aus?
  - Wie fühlen Sie sich jetzt in diesem Moment?

Coachingverhalten der Therapeutin

Im Gegensatz zu »üblichen« Paargesprächen ist die Therapeutin nicht inhaltlich am Gespräch beteiligt, sondern begleitet oder coacht es. Die Partner sprechen einander zugewandt und nicht in Richtung der Therapeutin. Die Interventionen der Therapeutin sind kurz und prägnant, um das Gespräch möglichst wenig zu unterbrechen. Mit positiven Formulierungen, auf eine wohlwollende, nicht-belehrende Art und mit warmer Stimme weist die Therapeutin auf die Einhaltung der Gesprächsregeln hin. Beispielsweise bittet sie den sprechenden Partner: »Bleiben Sie bei dieser Situation«, »Bleiben Sie bei sich« und den zuhörenden Partner: »Bitte nur zuhören«, »Bitte zusammenfassen«.

Diese *Coachingtechniken* sind hilfreich, um ein Gespräch zu steuern, ohne es zu dominieren:

- *Verstärken*: positive kurze Rückmeldungen zu Gefühlsäußerungen (z. B. Nicken) und guten Zusammenfassungen (»Ja, genau, sehr gut«)
- *Bahnen*: am Thema bleiben, klären, verhindern, dass es wieder oberflächlicher wird, zurückführen auf genannte Gefühle (»Bleiben Sie dran«, »Bleiben Sie bei diesem Gefühl«)
- *Verdichten*: Kognitionen oder Gefühle präzisieren (»War es deshalb so schlimm, weil Sie in der Situation allein waren? Waren Sie einsam?«)
- *Schneiden*: Unterbrechen des Gespräches bei schwierigem Verlauf, um kurz wohlwollend und bedürfnisorientiert zu klären, was die Partner brauchen, um sich an die Gesprächsregeln halten zu können

Die Therapeutin hat bei dieser Methode beide Partner gleichermaßen im Blick, d. h. sie konzentriert sich nicht zu sehr auf den Sprechenden, sondern schweift mit ihrem Blick regelmäßig zum zuhörenden Partner, um dessen nonverbale Reaktionen wahrnehmen zu können und ihm zu signalisieren, dass er eine genauso wichtige Rolle im Gesprächsprozess spielt wie der

Sprechende. Sie übernimmt zunächst das Fragenstellen und ist damit Modell für den zuhörenden Partner.

Herr K.	*Mein Chef hat mein Projekt vor allen lächerlich gemacht.*
Therapeutin:	*Wie ging es Ihnen in dem Moment?*
Herr K.:	*Oje, das war schrecklich. Ich habe mir gewünscht, dass sich ein Loch auftut, in dem ich versinken kann …*
Therapeutin:	*Wie haben Sie sich gefühlt?*
Herr K.:	*Ziemlich mies.*
Therapeutin:	*Sie haben sich mies gefühlt. Können Sie das beschreiben?*
Herr K.:	*Unfähig habe ich mich gefühlt. Unbedeutend. Ganz klein.*
Therapeutin:	*(zu Frau K.) Können Sie das zusammenfassen?*
Frau K.:	*Du wolltest im Boden versinken, weil du dich so unfähig und klein gefühlt hast. Und unbedeutend.*
Therapeutin:	*(zu Herrn K.) Haben Sie ein Bild im Kopf?*
Herr K.:	*Wie ein kleiner Junge, der vor allen anderen ausgeschimpft wird … über den dann alle lachen.*
Frau K.:	*(zu Herrn K.) Ausgelacht?*
Herr K.:	*Ja. Er schämt sich. Möchte am liebsten nicht mehr da sein.*
Therapeutin:	*(zu Frau K.) Können Sie zusammenfassen, wie sich der kleine Junge in dem Bild fühlt?*

Wenn die sprechende Person ihr Erleben beschrieben hat, stellt die Therapeutin die genannten Emotionen noch einmal zusammenfassend dar und fragt nach dem stärksten oder wichtigsten Gefühl. Durch diese Fokussierung können zentrale Schemata aufgedeckt werden. Die Frage »Ist das ein altes Gefühl?« kann die *biografische Verursachung* deutlich machen. Der zuhörende Partner wird in kurzen Abständen immer wieder gebeten zusammenzufassen, was er verstanden hat, und übernimmt mit der Zeit selbstständig das Zusammenfassen und Nachfragen.

Therapeutin:	*(zu Herrn K.) Kennen Sie das Gefühl von früher?*
Herr K.:	*Ja, sehr gut sogar. Mein Vater hat mich oft vor der ganzen Verwandtschaft bloßgestellt. Ich habe mich dann wie ein Versager gefühlt. Einmal haben sogar alle mit ihm gelacht …*

das Gefühl werde ich nie ganz los, es kommt immer wieder hoch.

(Therapeutin schaut Frau K. freundlich-auffordernd an)

Frau K.:   *Du hast dich sehr geschämt und wie ein Versager gefühlt, wenn dein Vater dich vor den Verwandten bloßgestellt hat. Und das kommt auch heute immer mal wieder hoch. Wie ist das dann in solchen Situationen für dich?*

Externer und beziehungs*interner* Stress werden unterschiedlich bearbeitet: Kam der Stress von außen, so kann der Klärungsprozess direkt ins *Dyadische Coping* übergehen. Handelt es sich um einen beziehungsinternen Konflikt, schildert nun Partner B seine Seite des Erlebens.

Für den Zuhörenden ist es schwierig, dem anderen intensiv zu folgen, wenn er betroffen ist und die eigene Wahrnehmung von der des Partners abweicht. Schwierig ist es auch, Gefühle wie Wut oder Ärger auszuhalten und dennoch offen zu bleiben. Die Beraterin unterstützt und ermutigt den Zuhörenden mit viel Wohlwollen, trotzdem zu versuchen zu verstehen, was der andere meint, selbst wenn er es vielleicht (noch) nicht auf eine ideale Weise sagen kann, sowie ihn zu fragen, woher seine große Wut kommt und was ihn so sehr verletzt (vgl. Schär & Gmelch, 2019).

Abschließend tragen die Partner zusammen, was sie durch dieses Gespräch neu vom anderen verstanden haben. Sie besprechen, ob der Konflikt durch das gegenseitige tiefere Verstehen ausreichend bewältigt wurde oder ob sie weitere Gespräche darüber brauchen. Auch *Absprachen*, wie das Paar mit ähnlichen Situationen umgehen will, können sich anschließen.

Die Therapeutin gibt am Ende der Übung ein Feedback, was dem Paar schon gut gelungen ist und worauf es beim nächsten Mal achten kann.

Validieren

Das Validieren der Gefühle *durch die Therapeutin* ist hilfreich und hat co-regulierende Wirkung. Die Validierung *durch den Partner* ist aber gerade bei Verletzungen ein bedeutsamer Schritt zur Heilung, da sie einen äußerst wirksamen regulierenden Einfluss auf den emotionalen Stress der Partner hat. Insbesondere bei Verletzungen durch Illoyalität oder Außenbeziehungen ist es zentral, dass der verletzte Partner spüren kann, dass sein Schmerz den anderen wirklich auch schmerzt. Die hier beschriebenen Methoden zur Validierung durch den Partner stammen aus der Emotionsfokussierten Paartherapie.

Validierung durch den Partner kann in unterschiedlichen Tiefen erfolgen (Greenberg & Goldman, 2010):

- *Verstehen*: Der zuhörende Partner drückt verbal und nonverbal aus, dass er zuhört und die Mitteilung angekommen ist. Er unterlässt dabei Interpretationen und Kritik: »Ich höre, dass du traurig bist.«
- *Bestätigen*: Erfahrungen, Gefühle, Bedürfnisse und Verhalten werden im aktuellen oder biografischen Kontext als sinnvoll und verständlich bestätigt: »Du warst sehr traurig, weil ich nicht angerufen habe.« Und dann: »Du hattest das Gefühl, ich hätte dich vergessen.« (im aktuellen Kontext) oder »Das hat dich an deinen Vater erinnert, der sich nie gemeldet hat.« (im biografischen Kontext).
- *Respekt*: Der zuhörende Partner äußert sich respektvoll und wertschätzend über die innere Erfahrung des anderen. Er zeigt, dass ihn die Äußerungen berühren und verhält sich liebevoll.
- *Einstimmung*: Schritt für Schritt werden die geschilderten Erfahrungen vom Partner einfühlsam nachvollzogen, der Partner »schwingt mit« und geht tiefer in den Kontakt.

Herr K.:	*Du warst traurig, weil ich dich in dieser für dich so schwierigen Situation nicht angerufen habe.*
Therapeutin:	*Haben Sie schon verstanden, was genau Ihre Partnerin so traurig gemacht hat? Können Sie ihr das sagen?*
Herr K.:	*Du dachtest, ich hätte dich vergessen, und hast dich alleingelassen gefühlt.*
Therapeutin:	*Können Sie das nachvollziehen?*
Herr K.:	*Ja, ich weiß, wie schlimm es für dich ist, sich verlassen zu fühlen und es tut mir wirklich leid…*
Therapeutin:	*Können Sie ihr sagen, warum Sie das bedauern?*
Herr K:	*Das muss schlimm für Dich gewesen sein. Ich möchte wirklich nicht, dass du dich von mir alleingelassen fühlst. Du bist mir wichtig.*

Unterstützen durch Dyadisches Coping

Wenn der zuhörende Partner Empathie und Verständnis für die Gefühle des anderen zeigt und dessen Gefühle validiert, wirkt sich das regulierend auf emotionalen Stress aus. Das *Dyadische Coping* aus der Bewältigungsorientierten Paartherapie geht mit weiteren Unterstützungsformen darüber hinaus (Bodenmann, 2012).

Beim Dyadischen Coping werden *externe Stresssituationen* besprochen, die nichts mit dem Partner zu tun haben, die aber, wenn sie unbewältigt bleiben, auf die Partnerschaft »überschwappen« können.

Die partnerschaftliche Stressbewältigung besteht aus drei Phasen:

Phase 1: Partner A, der eine belastende Situation erlebt und diese durch Selbstregulation nicht völlig bewältigt hat, berichtet von dem Ereignis und seinem Erleben, während Partner B aktiv zuhört, zusammenfasst und nachfragt. Idealerweise werden die Schemata von Partner A und die damit verbundenen Bedürfnisse exploriert (s. oben »Gegenseitige Klärung«).

Phase 2: Hat Partner B die Gefühle und Bedürfnisse von Partner A ausreichend verstanden, kann er passend unterstützen. Die verschiedenen Möglichkeiten der Unterstützung werden dem Paar vor dem »Stressgespräch« erläutert. Zentral ist die *emotionale Unterstützung*:

- Eingehen auf die genannten Gefühle: Kann Partner B sie verstehen und nachempfinden? Was löst die Schilderung bei ihm aus?
- Solidarisierung, z. B.: »Ich stehe hinter dir.«
- Umbewertung einer Situation, z. B.: »Das war doch nicht deine Schuld!«
- Ausdrücken, dass man an den Partner und seine Fähigkeiten glaubt
- Mutmachen
- Mithilfe zur Gefühlsberuhigung, z. B.: »Möchtest du spazieren gehen?«
- Umarmen des Partners, Körperkontakt.

Erst in zweiter Linie und nur auf ausdrücklichen Wunsch der betroffenen Person geht es um *problembezogene Unterstützung*:

- Mithilfe bei der Analyse des Problems, Reflexion der Handlungsmöglichkeiten

- Ratschläge, wie man selbst mit der Situation umgehen würde
- Ermöglichen von Freiräumen
- praktische Entlastung und Mithilfe.

Unterstützung sollte nie floskelhaft sein: Der unterstützende Partner sollte die Unterstützungsform wählen, die er wirklich ernst meint. Verständnis spielt dabei aber eine zentrale Rolle.

Frau K.:
Ich verstehe, dass das für dich ganz schwierig war, dich so als Versager zu fühlen und zu schämen. Du kennst das von früher. Deswegen war das so schlimm für dich. Es tut mir wahnsinnig leid, es ist ein fieses Gefühl. Ich kenne das auch. Wenn ich mich schäme, möchte ich auch im Erdboden versinken und mich niemandem mehr zumuten...
Und ich finde es auch so unfair! Dein Chef wusste, dass du viel zu wenig Zeit hattest. Ich bin der Meinung, dass du aus der Situation das Beste gemacht hast. Das hätte keiner besser hingekriegt. Ich kenne dich so, dass du unter Druck sogar noch besser arbeitest.

Oft sind Klienten mit Lösungsvorschlägen und Ratschlägen – also der problembezogenen Unterstützung – zu schnell. Das *kann* hilfreich sein, darf aber nicht zu früh und vor allem nicht ungebeten kommen. Die Therapeutin muss die emotionale Unterstützung daher oft zuerst einholen (»Können Sie nachempfinden, wie es für Ihren Mann war, als er sich so geschämt hat?«). Und manchmal ist auch das schwierig, weil die zuhörende Person sich in so einer Situation vielleicht anders gefühlt hätte. Dann hilft es zu fragen, ob sie das genannte Gefühl aus einer anderen Situation kennt, was nahezu immer der Fall ist.

Phase 3: Nach der Unterstützung gibt Partner A in einer dritten Phase Rückmeldung, was ihm durch den zuhörenden Partner gutgetan hat und was er sich noch wünschen würde.

Nach diesen drei Phasen werden die Rollen getauscht, so dass auch der Partner B von einer Stressbelastung berichten kann und unterstützt wird.

203

11.2.2 Partnerschaftliche Emotionsregulation mithilfe des Körpers

Sprachlich versierte Paare können sich in verbalen Kreisläufen verlieren. Dadurch vermeiden sie einerseits ersehnte, andererseits gefürchtete körperliche Begegnungen. Hier können Interventionen hilfreich sein, die eine Emotionsregulation im partnerschaftlichen Kontakt mithilfe des Körpers ermöglichen.

Aufstellungen und Skulpturarbeit

Symbolisierungen können durch verschiedene Arten von *Systemaufstellungen* oder *Skulpturarbeiten* erfolgen. Am bekanntesten sind Familienaufstellungen, bei denen anwesende Personen (sogenannte Stellvertreter) eingesetzt werden, um Mitglieder eines Familiensystems zu repräsentieren. Diese Art der Aufstellungsarbeit wird oft in Gruppen durchgeführt, kann aber auch im Paarsetting eingesetzt werden.

Klassischerweise gibt es eine Person, die aus ihrer eigenen Wahrnehmung heraus ihr Familiensystem im Raum aufstellt. Stehen keine weiteren Personen zur Verfügung, können auch Topfpflanzen, Stühle oder andere Gegenstände Menschen symbolisieren. Die Aufstellungsarbeit kann ergänzt werden durch das Stellen verstorbener Personen, das Einnehmen bestimmter Körperhaltungen und das Aussprechen von Sätzen.

Die besondere Kraft von Systemaufstellungen liegt in ihrer universellen Wirkung und ihrem intensiven körperlichen Feedback: Selbst fremde Menschen können in einer bestimmten Beziehungskonstellation und Haltung ähnliche Empfindungen entwickeln wie die dargestellte Person. Systeme können auch ohne Einsatz von Personen beispielsweise mit Holzfiguren auf einem Familienbrett oder symbolisiert durch Tiere ausgedrückt werden. Allen Aufstellungs- und Skulpturarbeiten ist gemein, dass *innere Befindlichkeiten und Beziehungsstrukturen* symbolisiert und damit externalisiert, visualisiert und so bearbeitbar gemacht werden.

Revenstorf zeigt eine Fülle von körpertherapeutischen Möglichkeiten, die in der Arbeit mit Paaren gerade dann relevant werden, wenn das Gespräch stagniert und Sprache an ihre Grenzen stößt (2006): Mit den

Händen oder dem ganzen Körper können Skulpturen geformt werden, die innere Dynamiken visualisieren. Belastende Gefühle können spielerisch-humorvoll in symbolisierter Form ausgelebt werden: z. B. Wut durch das Schlagen mit einem Handtuch oder Kissen. Eine Interventionsmöglichkeit ist, einen Partner hinter dem anderen stehen zu lassen, evtl. eine Hand auf der Schulter, und dabei anstelle des Paares Botschaften zu formulieren (z. B. »Ich bin stolz auf dich«, »Ich lasse dich nicht allein« …). Wichtige Glaubenssätze oder auch Heilsätze erhalten so ein größeres Gewicht.

Aufgrund ihrer enthüllenden Wirkung ist es bei körpertherapeutischen Methoden und insbesondere Systemaufstellungen eminent wichtig, dass die therapeutische Beziehung stabil ist und die Therapeutin verantwortungsvoll mit der fragilen Situation umgehen kann. Die therapeutische Haltung sollte stets forschend und nicht normierend sein. Am besten geht die Therapeutin mit gutem Beispiel voran, indem sie selbst aufsteht, etwas zeigt oder vormacht und betont, dass es kein Richtig und kein Falsch gibt.

Umarmen bis zur Entspannung

Paare umarmen sich oft kurz und oberflächlich, weil es eine innere Distanz zwischen ihnen gibt. Eine halbherzige Umarmung ist nach Schnarch vergleichbar mit oberflächlichem, halbherzigem Sex (2011). Unsere Nervensysteme erkennen neurozeptiv, was im anderen vor sich geht und reagieren darauf.

Ziel des von Schnarch beschriebenen *Umarmen bis zur Entspannung* ist die Erhöhung des Differenzierungsniveaus. Das heißt, bei sich selbst zu bleiben und sich selbst zu beruhigen während eines engen körperlichen Kontakts mit dem anderen – eines Kontakts, der stark triggern und eine Serie an Gefühlen, Erwartungen und Kränkungen aktualisieren kann.

Wenn Menschen gelernt haben, über eine Umarmung in echten Kontakt miteinander zu treten und gleichzeitig bei sich selbst zu sein, so können sie das nach Schnarch auch auf den Sex übertragen. Die Übung kann in der Therapiesitzung durchgeführt oder für zu Hause mitgegeben werden:

1. Beide Partner stellen sich mit gleichmäßig verteiltem Gewicht auf beide Beine. Sie stabilisieren sich selbst und legen die Arme um den anderen,

ohne sich dabei auf ihn zu stützen oder sich einzuhängen. Jeder übernimmt also die Verantwortung für den eigenen Stand.

2. Nun fokussieren sich beide auf sich selbst und nehmen ihre Körper achtsam wahr: den Atem, körperliche Anspannung, warme und kühlere Körperstellen, kleine Bewegungen, Zittern oder Vibrieren. Das geht niemals gleichzeitig, sondern immer abwechselnd: bei sich – beim anderen – bei sich – beim anderen …

3. Kleine Störungen, wenn z. B. jemand das Gleichgewicht verliert oder etwas drückt oder stört, werden leise angesprochen und behoben. Dann finden beide wieder zurück in die Umarmung.

4. Beide versuchen dabei ruhig zu werden.

5. Schließlich kann jeder der Partner dem anderen mit feinen Impulsen signalisieren, wenn er die Umarmung beenden möchte. Die Übung wird idealerweise ca. 10 bis 15 Minuten lang durchgeführt.

Abbau sexueller Ängste durch Sensate Focus

Die Übungen aus der klassischen Sexualtherapie, bei denen festgelegte Schritte der körperlichen Annäherung und sexuellen Stimulation abgesprochen werden, dienen dem Abbau von Ängsten und Vermeidungsverhalten (Arentewicz & Schmidt, 1993). Sie bieten sich an, wenn Klienten z. B. unter Versagensängsten leiden oder sich durch die Erwartungen des Partners unter Druck gesetzt fühlen. Klare Vorgaben, wie beispielsweise das Koitusverbot bis zum letzten Schritt, entlasten von Erwartungen und Ängsten. »Sensate focus« bedeutet, sich auf die eigenen Empfindungen zu fokussieren. Wir beschreiben hier das Vorgehen nach Mass und Bauer (2016).

Die Therapeutin gibt keine Zeitbegrenzung für die Übungen vor und instruiert das Paar immer nur für die Übung, die bis zur kommenden Sitzung – möglichst zweimal – durchgeführt werden soll. Eine Übung kann wiederholt als Aufgabe mitgegeben werden, bis sich das Paar ausreichend sicher damit fühlt. Wichtig für die Übungen sind folgende Punkte:

- Bei allen Schritten gibt es einen aktiven und einen passiven Partner und anschließend einen Rollentausch.

- Es muss kein bestimmter körperlicher oder emotionaler Zustand hervorgerufen werden; auch Genießen wird nicht angestrebt.
- Der passive Partner darf »Stopp« sagen und Wünsche einbringen, die der aktive Partner erfüllen kann, aber nicht erfüllen muss.
- Die Übung soll ruhig ausklingen. Empfindungen werden notiert.
- Ängste und Aversionen werden in der folgenden Sitzung angesprochen.

Sensate Focus 1: Erkundung des Körpers des Partners mit Ausnahme der Genitalien und der Brüste

- Übung 1: Der aktive Partner erkundet den Körper des anderen nach seinen eigenen Bedürfnissen und achtet dabei auf seine Gedanken, Gefühle und Körperempfindungen.
- Übung 2: Bei der Erkundung sorgt der aktive Partner für die eigene Entspannung und das eigene Wohlergehen. Er versucht nicht, den anderen sexuell zu erregen.

Sensate Focus 2: Oberflächlicher Einbezug der Brüste und Genitalien

- Übung 1: Die Brüste und Genitalien werden vom aktiven Partner oberflächlich erkundet; er sorgt dabei für das eigene Wohlergehen.
- Übung 2: Ein Partner zeigt, erklärt und benennt die eigenen Genitalien. Der andere schaut sie an und stellt Fragen, ohne die Genitalien zu berühren.
- Übung 3: Der aktive Partner erkundet die Genitalien des anderen.

Sensate Focus 3: Spiel mit der sexuellen Lust und Erregung

- Übung 1: Die Partner berühren ihre Genitalien gegenseitig auf eine Art, die sexuell erregend sein könnte. Sexuelle Erregung muss nicht sein, darf aber in Wellen kommen und wieder gehen. Ein Orgasmus soll durch Stopp-Sagen verhindert werden. Der passive Partner zeigt, wie er berührt werden möchte, der aktive Partner achtet auf die Körperreaktionen des passiven Partners und das eigene Wohlergehen.

- Übung 2: Wenn sexuelle Lust und Erregung vorhanden sind, kann ein Orgasmus herbeigeführt werden.

Sensate Focus 4: Geschlechtsverkehr

- Übung 1: Wenn beide sexuell erregt sind und der Mann eine Erektion hat, nimmt die Frau den Penis in ihre Vagina auf. Ohne Beckenbewegungen auszuführen, achten beide auf ihre Wahrnehmungen und Gefühle. Die Übung muss nicht besonders lustvoll sein. Nach Erschlaffen des Penis wird sie beendet.
- Übung 2: Dasselbe wird mit achtsamen Beckenbewegungen durchgeführt. Es geht dabei nicht um maximale Erregung; die Erregung kann in Wellen kommen und gehen.
- Übung 3: Das Paar entscheidet sich bewusst für oder gegen einen Orgasmus.
- Übung 4: Verschiedene Stellungen werden erprobt.

Zum Abschluss kann das Paar den sexuellen Kontakt in Eigenverantwortung frei gestalten.

11.2.3 Anwendungsbeispiel: Partnerschaftliche Emotionsregulation

Frau K. und Herr K. haben seit Jahren kein vernünftiges Wort mehr miteinander gewechselt. Frau K. klagt vor allem über die Unzuverlässigkeit und den Egoismus ihres Mannes; Herr K. wiederum leidet unter der Bevormundung und häufigen Kritik seiner Frau. Die Fronten sind derart verhärtet, dass es über einige Sitzungen hinweg stabilisierende Maßnahmen braucht, bis das Paar einen verletzungsarmen Umgang miteinander erarbeitet hat.

Klärungsprozesse und Paardynamik

In einer der Sitzungen ist es dann möglich, tiefere Einblicke in die inneren Prozesse beider Partner zu erlangen. Herr K. schildert in dem oben dargestellten Gespräch (s. Klärungsprozesse mit einem Partner), wie sehr er sich von seiner als Anwältin erfolgreichen Ehefrau bevormundet und abgewertet fühlt. Ausgehend von der Szene im Biergarten gewährt Herr K. Einblicke in frühe Verletzungen, insbesondere durch seinen Vater, der sich nicht für ihn interessierte und kein gutes Haar an ihm lies. Das Gefühl, ein Versager zu sein, wird durch die Leistungsorientierung seiner Frau immer wieder getriggert. Sein erlerntes Bewältigungsverhalten ist schließlich die Rebellion, die ihn auch heute noch oft unberechenbar handeln lässt.

Dieses Verhalten wiederum triggert Frau K. Sie ist die Erstgeborene von fünf Kindern, und ihre Eltern waren mit der Erziehungs- und Lebenssituation völlig überfordert. Schon früh lernte Frau K. deshalb, wie wichtig es ist, auf eigenen Beinen zu stehen und für sich selbst zu sorgen. Herrn K.'s Unzuverlässigkeit aktualisiert bei seiner Frau alte Gefühle des Verlassenseins und fordert ihre fast zwanghafte Leistungsorientierung noch mehr heraus. Nach einigen Sitzungen sind Gefühle, biografische Zusammenhänge und Hintergründe von beiden Partnern gut erarbeitet.

Aufstellungsarbeit

In den Ferien hat das Paar eine gute Zeit miteinander, geriet jedoch in den letzten Tagen so in Streit, dass sich alles Erarbeitete wertlos und verloren anfühlte. Frau K. zog sich im Ferienhaus zurück, fühlte sich von ihrem Mann verlassen und abgekoppelt und verrichtete mechanisch die Hausarbeit. Herr K. flüchtete an den Strand und in die Bodega, weil er die Spannungen im Ferienhaus nicht mehr ertrug.

In der anschließenden Sitzung wirken beide Partner vom Konflikt noch niedergeschlagen. Ich habe den Eindruck, mit Worten nicht viel erreichen zu können und lade beide ein zu einer ungewöhnlichen Erfahrung. Sie zögern, lassen sich jedoch auf das Experiment ein.

Ich bitte Frau K., das Gefühl, das sie im Ferienhaus hatte, im Raum darzustellen. Sie darf ihren Mann zuerst wie aus Ton formen und danach im Zimmer positionieren. Anschließend soll sie sich selbst in einer Haltung darstellen, die ihrem Gefühl entspricht. Frau K. schiebt ihren Mann in die entfernteste Ecke des Raumes, stellt ihn auf einen Stuhl und lässt ihn ausdruckslos zur Seite blicken. Sie selbst kauert sich in der anderen Ecke des Raumes, auf den Boden und vergräbt den Kopf zwischen den Knien. Tränen fließen, die Gefühle unendlicher Einsamkeit sowie des Nicht-gesehen-Werdens sind zurück. Nach einer kurzen Reflexion, in der Herr K. ausdrückt, wie befremdlich fern er sich fühlt, bitte ich Frau K., ihre Wunschkonstellation aufzustellen. Sie holt ihren Mann zurück und stellt ihn mit offenen Händen und zugewandtem Blick sich selbst gegenüber. Jetzt ist Herr K. berührt. Das entspräche auch seinem Bedürfnis und er bedauere, dass sie sich damit so schwertun.

Variante des Umarmens bis zur Entspannung

Auf körperlicher und auch erotischer Ebene finden bei Frau K. und Herrn K. seit zehn Jahren nahezu keine Begegnungen statt. In beiden Herkunftsfamilien waren Wärme und Körperlichkeit aus unterschiedlichen Gründen Mangelware. Auch in der Paartherapie war die körperliche Beziehung bisher weder ein wichtiges Thema noch erklärtes Ziel. Insbesondere Frau K. betont immer wieder, wie unvorstellbar es für sie sei, ihren Mann anzufassen oder zu umarmen. Und doch gibt es auf beiden Seiten immer wieder Hinweise darauf, dass etwas fehlt.

Als sich eine Streitsequenz zu wiederholen droht, schlage ich wieder ein kleines Experiment vor, in dem beide lernen können, sich selbst zu beruhigen und gleichzeitig in Kontakt zu sein. Obwohl es beiden Partnern im aktuellen kämpferischen Modus schwerfällt, sich auf das Experiment einzulassen, geben sie ihre Zustimmung. Ich leite beide in eine Achtsamkeitsübung, in der sie sich selbst – insbesondere ihren Atem – wahrnehmen und zunehmend selbst beruhigen können. Durch die Beobachtung ihrer Körper erkenne ich, dass der Muskeltonus absinkt und die Atmung tiefer wird.

Der Wunsch des Paares, wieder körperlichen Kontakt zu haben, ist für mich spürbar. Dennoch ist für mich klar, dass der Schritt zu einer Ganzkörperumarmung noch zu groß wäre. Also lade ich beide Partner ein, die Hand des anderen zu nehmen und begleite diese Begegnung mit beruhigenden Worten. Sie sollen zuerst forschend wahrnehmen, wie sich die Hand des anderen anfühlt, und dann immer wieder zur eigenen

Körperwahrnehmung zurückkehren. Aufgrund der jahrelang vermissten Berührung erleben beide starke, widerstreitende Gefühle von Sehnsucht, Abwehr, Freude und Kränkung. Immer wieder leite ich Frau K. und Herrn K. an, sich selbst zu beruhigen, indem sie sich auf die Wahrnehmung ihres eigenen Körpers fokussieren.

Während der Übung haben beide Partner spürbare innere Kämpfe ausgetragen und es geschafft, sich gemeinsam und gleichzeitig auch selbst zu beruhigen. Der erste Blick zwischen den beiden ist tief berührend sowohl für das Paar als auch für mich.

11.3 Weiterentwicklung der Sexualität

In unserer Gesellschaft, in der »sex sells« und Sexualität allgegenwärtig ist, gibt es für die meisten Menschen einen tiefen Graben zwischen dem öffentlich dargestellten Sex und dem eigenen Intimleben. Viele Paare sind unglücklich mit ihrer Sexualität und haben doch noch nie offen darüber gesprochen. Die Kommunikation bleibt bei einem oberflächlichen »Wir sollten mal wieder …« hängen. Individuelle Bedürfnisse und Wünsche bleiben unausgesprochen. Dahinter verbirgt sich oft der Irrglaube, Sex funktioniere von allein, wenn man sich nur richtig liebt. Viele Paare brauchen in der Paartherapie Unterstützung durch anregende Fragen und Übungen, um es zu wagen, über die gemeinsame Sexualität zu sprechen und sich im sexuellen Bereich besser kennenzulernen.

Dabei geht es allerdings nicht um »radikale Offenheit«. Das Ziel ist eher *erotische Klugheit*. Sie zeigt sich »in der Abwägung der Frage, was aufgenommen wird und was besser draußen bleibt.« (Clement, 2009, S. 74). Durch erotische Klugheit kann aus mittelmäßigem Sex guter Sex werden.

211

11.3.1 Modell der Weiterentwicklung der Sexualität in der Arbeit mit Paaren

Wie Gespräche und Übungen zur Sexualität in der Paarberatung aufgebaut werden können, stellt das Modell in Abb. 11.1 dar. Der Fokus wechselt dabei immer wieder zwischen dem Paar und der Einzelperson sowie zwischen der Wahrnehmung der eigenen Situation und der Erweiterung der Erlebensmöglichkeiten (▶ Abb. 11.1).

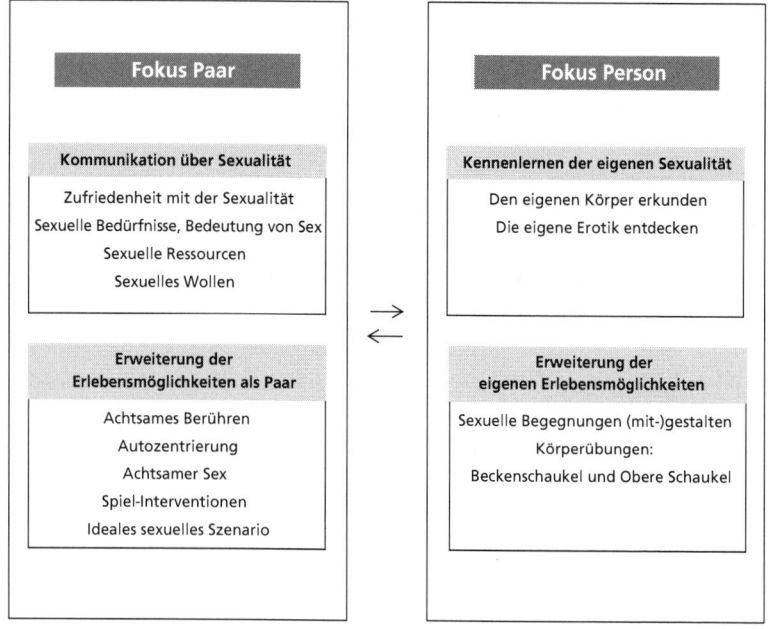

Abb. 11.1: Modell der Weiterentwicklung der Sexualität in der Arbeit mit Paaren

Wichtiger Bestandteil jeder Paarberatung ist es, die *Kommunikation* des Paares über ihre Sexualität zu fördern: In einer der ersten Sitzungen sollte daher nach der Zufriedenheit der Partner mit ihrer Sexualität gefragt werden. Anschließend entscheidet der Auftrag des Paares darüber, ob es auch um den Stand und die Weiterentwicklung der sexuellen Beziehung gehen soll.

Manchmal braucht es als Zwischenschritt den Fokus auf die Sexualität der Einzelperson oder beider Einzelpersonen, bevor ein Paar seine *Erlebensmöglichkeiten* erweitern kann. Dieser kann im Paar- oder Einzelsetting stattfinden.

Bei Rückzug vom Partner und bei sexueller Lustlosigkeit muss zunächst das *Nicht-Wollen* verstanden werden: Wozu genau sagt die Person Nein? Denn erst nach dem Verstehen dessen, was die Person ablehnt, kann es darum gehen, wie sie die *eigene Sexualität* stimmig gestalten kann, damit sie Lust darauf hat. *Achtsamkeits-*, *Spiegel-* und *Körperübungen* können die bewusste Wahrnehmung, das Annehmen des eigenen Körpers und Steuerungsmöglichkeiten sexueller Erregung fördern und damit eigene Erlebensmöglichkeiten erweitern. Anschließend entscheidet die Person, ob und wie sie die eigenen Bedürfnisse und Wünsche dem Partner mitteilen möchte.

Der Fokus kann nun auf die Erweiterung der Erlebensmöglichkeiten als Paar gelegt werden. Eine gute Basis stellt das *Achtsame Berühren* da, bei dem das Paar seine Wahrnehmung sensibilisieren kann. Bei der *Streichelübung zur Autozentrierung* und dem *Achtsamen Sex* lernen beide, dass es möglich ist, selbst im Kontakt mit dem anderen den Fokus auch auf sich selbst zu richten. *Spiel-Interventionen* unterbrechen gewohnte Verhaltensmuster und können Erotik in die Paarsexualität bringen. Und beim *Idealen sexuellen Szenario* geht es darum, ob die Partner sich einander zeigen wollen: »So ist meine Sexualität, so bin ich und das wünsche ich mir.«

In den folgenden Kapiteln gehen wir genauer auf diese Themen ein.

11.3.2 Kommunikation über Sexualität

Viel von sich zu zeigen und auch sexuelle Wünsche preiszugeben, macht Menschen nachgewiesenermaßen sexuell zufriedener (▶ Kap. 3.4). Die meisten Paare – insbesondere in längerer Partnerschaft – reden jedoch wenig über Sex. Clement spricht von *Ex-Kommunikation*: Der größte Teil der Empfindungen, der Fantasien und der sexuellen Wünsche wird nicht mitgeteilt. So wird das Risiko vermindert, vom Partner eine ablehnende

213

Reaktion zu erhalten. Das hat allerdings seinen Preis: Die erotische Spannung leidet (Clement, 2015).

Im Folgenden sind Fragen aus der Systemischen Sexualtherapie zusammengestellt, die geeignet sind, den Austausch zu fördern[6]. Dabei wird nicht nach Gemeinsamkeiten der Partner gesucht, sondern nach Unterschieden. Individuelle Unterschiede werden als Chance betrachtet, um Spannung und Erotik in die Beziehung zurückzuholen.

Folgende Fragen können den *Einstieg* in das Thema Sexualität erleichtern:

- Wie zufrieden sind Sie mit Ihrer Sexualität? Was erhöht Ihre sexuelle Zufriedenheit, was beeinträchtigt sie?
- Sprechen Sie miteinander über Ihre Sexualität? Wenn ja, wie?
- Über welche sexuellen Themen sprechen Sie miteinander? Über welche nicht?
- Haben Sie Konflikte wegen der Sexualität? Gibt es unterschiedliche Bedürfnisse?
- Bei sexuellen Problemen: Was verbinden Sie damit und welche Bedeutung hat das für Sie?

Mit einer Art Bestandsaufnahme ermutigt die Therapeutin die Partner, den Stand ihrer sexuellen Beziehung zu schildern sowie die Bedeutung von Sex zu reflektieren:

- Wie hat sich Ihre gemeinsame Sexualität entwickelt? Welche Hochs und Tiefs gab es?
- Wo stehen Sie heute mit Ihrer gemeinsamen Sexualität?
- Wovon möchten Sie sich verabschieden?
- Was möchten Sie neu entwickeln?
- Was ist für Sie guter Sex? Was möchten Sie beim Sex erleben?
- Was gibt Ihnen Sex, was sie sonst nirgends finden?
- Woran merken Sie, dass eine sexuelle Begegnung für Sie gut war?

---

6 Quellen: Clement, 2011, 2016 sowie Arbeitsblätter Fortbildung Sexualtherapie, inspiriert durch Perel

Nach der Problemsicht beider Partner wird der Fokus auf die *sexuellen Ressourcen* und auf die *Veränderbarkeit* gelegt:

- Was in Ihrem sexuellen Leben ist so wertvoll, dass Sie es bewahren und pflegen möchten?
- Was verdanken Sie erotisch Ihrer Partnerin, was Sie sonst nicht erlebt hätten?
- Wann empfinden Sie sich besonders erotisch?
- Wann haben Sie Ihren Partner besonders begehrenswert erlebt?
- Was interessiert Sie an der Erotik Ihres Partners?
- Was möchten Sie in Ihrem sexuellen Leben gerne noch erleben?
- Wenn Sie sich sexuell langweilen – was tun Sie, um das zu ändern?

Oft scheint ein sexuelles Symptom oder Problem, wie etwa eine Erektionsstörung, den Handlungsspielraum so stark einzuschränken, dass die betroffene Person denkt, sie könne sexuell nicht aktiv werden. Wohlwollend kann dann hinterfragt werden, ob es sich tatsächlich um ein Nicht-Können oder eher ein Nicht-Wollen handelt. Durch Fragen zum *sexuellen Wollen* werden neue Spielräume innerhalb der Begrenzungen durch das Symptom eröffnet:

- Auch wenn Sie durch ihr Symptom/sexuelles Problem eingeschränkt sind: Was wollen Sie sexuell tun? Was haben Sie besonders gut drauf?
- Was würden Sie tun, wenn Sie Ihr sexuelles Problem nicht hätten?
- Wenn es nach Ihnen allein ginge, wie sollte Ihre Sexualität sein? Was würden Sie selbst anders machen?
- Welche Seite Ihrer Sexualität möchten Sie stärker entwickeln?

11.3.3 Kennenlernen der eigenen Sexualität oder: Sex, der es wert ist, gewollt zu werden

Bevor das Paar seine Erlebensmöglichkeiten erweitern kann, ist es oft sinnvoll, die Sexualität beider Einzelpersonen in den Blick zu nehmen. Das kann z.B. notwendig sein, wenn ein Partner sich zurückzieht, um übermäßig Pornografie zu konsumieren, oder unter einem geringen sexuellen Begehren leidet und nicht mehr spürt, was er eigentlich möchte (▶ Kap. 3).

Hier macht es Sinn, beiden Partnern Einzelgespräche anzubieten. So ist es möglich, in einem geschützten Raum den Blick auf sich selbst zu richten, ohne besorgt zu sein, was der andere darüber denkt (vgl. Eck, 2014). Es gibt auch Paare, mit denen es möglich ist, Einzelreflexionen im Paarsetting durchzuführen. Dies hat den Vorteil, dass die Partner durch das Zuhören die Gelegenheit haben, den anderen besser kennenzulernen und zu verstehen.

Die Auseinandersetzung mit der eigenen Sexualität ermöglicht herauszufinden, was für die eigene sexuelle Zufriedenheit stimmig ist, welche Handlungen passen und wie das eigene sexuelle Handeln erlebt wird. Das kann auch bedeuten, keinen oder seltenen Sex zu haben (Clement, 2016). Auf dieser Basis kann die Person auch die partnerschaftliche Sexualität so (mit-)gestalten, dass sie sie erfüllend erlebt. Nach Kleinplatz (2012) entsteht so *Sex worth wanting – Sex, der es wert ist, gewollt zu werden.*

Im Anschluss an die Einzelarbeit können die Erkenntnisse in den paartherapeutischen Prozess rückgeführt werden. Die Therapeutin unterstützt beide dabei zu reflektieren, was sie ihrem Partner mitteilen möchten. Jeder übernimmt schließlich Verantwortung und Initiative für die eigene Sexualität.

Das Nicht-Wollen verstehen

Wenn sich ein Partner aus der Paarsexualität zurückzieht oder wenig sexuelles Begehren hat, ist es wichtig, das *Nicht-Wollen* oder das *Nein* zu beleuchten, bevor es möglich ist, sich dem Wollen – also den Bedürfnissen und Wünschen – zuzuwenden.

Klienten mit einem geringen sexuellen Begehren kennen sich oftmals schlecht mit ihren sexuellen Bedürfnissen und Wünschen aus und wissen nicht mehr, was sie wollen könnten. Viele befinden sich in einem Dilemma: Sie wollen wieder Sex wegen der Beziehung, gleichzeitig wollen sie ihn aber auch nicht. Es ist ein Konflikt zwischen Wollen und Nicht-Wollen, oft zwischen Kopf und Körper.

Sie kommen mit dem Anliegen, dem Partner oder der Beziehung zuliebe wieder Lust empfinden zu wollen. Die Therapeutin unterstützt sie dabei, ein eigenes Anliegen für die Therapie zu entwickeln. Sie bleibt neutral und arbeitet nicht in Richtung »mehr Begehren oder mehr Sex«. Das Nein der begehrensschwächeren Person, ihre Blockaden und negativen Gefühle werden nicht als »Spielverderber« gesehen, sondern als Impuls zu prüfen, ob die gelebte Sexualität der Person entspricht und wozu *genau* diese keine Lust hat (Clement, 2016). Diese Fragen helfen weiter:

- Ist es für Sie interessant, das genauer anzusehen?
  (Diese Frage verhindert das Abrutschen in eine Problemtrance und lädt ein zu einem Forschen, statt die Person zu drängen.)
- Worauf genau haben Sie keine Lust?
- Wozu genau sagen Sie (verbal oder nonverbal) Nein? Zu einer bestimmten Person? Zu einer bestimmten Art von Sex? Zu bestimmten Umständen oder bestimmten Situationen?
- Was ist der typische Ablauf einer sexuellen Situation, in der Sie keine Lust haben?

Erst nach einem ausreichenden Beleuchten des Neins bietet die Therapeutin an, gemeinsam zu erforschen, wo das Begehren geblieben ist und wie man es wieder einladen könnte. Ein *Befragen des Körpers*, ein Gespräch »mit einzelnen Körperteilen« oder »mit der Lust selbst« können einen Zugang zu weniger bewusstem Erleben und sexuellen Wünschen ermöglichen.

Therapeutin:	*Wenn Ihr Körper sprechen könnte, was würde er sagen, warum er nicht erregt ist?*
Frau F:	*Hmh. Ich denke, er ist schon manchmal erregt – wenn ich mich selbst befriedige.*
Therapeutin:	*Sprechen Sie doch mal für Ihren Körper: Ich bin erregt, wenn … und ich bin nicht erregt, wenn …*
Frau F.:	*Ich bin erregt, wenn ich mich selbst berühre. Ich bin nicht erregt, wenn mein Mann Sex möchte.*
Therapeutin:	*Was genau willst du nicht, lieber Körper?*
Frau F.:	*Ich will nicht verpflichtet sein, ich will mich nicht gedrängt fühlen, das löscht mich total ab. Ich will nicht funktionieren müssen.*

Therapeutin:	*Und was willst du?*
Frau F.:	*Ich will, dass mit mir gespielt wird, dass ich frei bin zu spüren.*
Therapeutin:	*Welche Berührungen magst du denn nicht?*
Frau F.:	*Ich mag nicht dieses Gestreichel und Gerubbel, wenn klar ist, dass ich endlich erregt sein soll.*
Therapeutin:	*Du magst nicht dieses gezielte Gestreichel und Gerubbel... und was, lieber Körper, magst du gern?*
Frau F.:	*Ich mag Berührungen an meinem Busen. Wenn er in die Hand genommen wird, geknetet wird. Ich mag auch mal andere Berührungen als mit der Hand... vielleicht mit dem Mund... dran knabbern oder saugen (lacht verlegen) oder dem Gesicht...*
Therapeutin:	*Deine Brustwarzen mögen es, geknabbert und gesaugt zu werden. Und was mag dein Geschlecht?*
Frau F.:	*Mein Geschlecht mag zarte Berührungen. Nein, eher forschende, neugierige vielleicht... nicht so mit Plan und Ziel... aber mit viel Zeit (lächelt).*
Therapeutin:	*Dein Geschlecht möchte langsam erforscht werden. Nur mit zarten Berührungen oder auch mit kräftigeren?*
Frau F.:	*(überlegt)... ja, wenn ich es genau überlege, mag ich auch kräftige Berührungen, sogar fordernde. Aber eben erst, wenn ich soweit bin...*

Den eigenen Körper erkunden

Lust und Scham werden bei Frauen stärker als bei Männern durch das (negative) Bild des eigenen Körpers bestimmt (Meana & Nunnink, 2006). Selten werden Mädchen angeregt, ihren eigenen Körper, insbesondere ihr Geschlecht zu erkunden. Auch Masturbation ist immer noch schambehaftet. Durch seltene Berührung des eigenen Genitals werden auf der neuronalen Ebene nicht genügend Synapsen gebildet (▶ Kap. 6.4.2). Das gilt weitgehend auch für Jungen, ist aber für Mädchen noch relevanter: Regelmäßige Berührungen sind notwendig, um den *vaginalen Innenraum* zu »erwecken«. Dieser ist von Natur aus zunächst nicht sehr erregbar und Geschlechtsverkehr für viele Frauen dadurch nicht erstrebenswert. Die hier beschriebenen Übungen sind daher auf Frauen ausgerichtet und unterstützen sie, eine gute fürsorgliche Beziehung zu sich selbst zu entwickeln. Diese gilt als wichtige Bedingung für eine lustvoll gelebte Sexualität (Freudenfeld, 2016).

Es ist also sinnvoll, Klientinnen zur Selbsterkundung und Masturbation anzuregen. Momente, in denen sich die Klientinnen achtsam ihrem Körper widmen, z. B. durch liebevolle Körperpflege und tägliches Einmassieren der Vulva mit Mandelöl, können das körperliche und emotionale Wohlbefinden verbessern.

Spiegelübungen zur Erkundung des eigenen Körpers und des eigenen Geschlechts verdeutlichen Blockaden, negative Einstellungen und Gedanken über sich selbst. Sie können helfen, sich selbst anzunehmen und hemmende Schamgefühle abzubauen (vgl. Hauch, 2013).

Therapeutin:	*Sie wollten sich ja zu Hause nackt im Spiegel anschauen, haben Sie das gemacht?*
Frau F.:	*(lacht verlegen) Ja, ein bisschen, als alle weg waren.*
Therapeutin:	*Und wie erging es Ihnen dabei?*
Frau F.:	*Erst war es unangenehm – ich sehe natürlich zuerst meine Schwachstellen, die Polster am Bauch …*
Therapeutin:	*Es war unangenehm, Ihren Bauch so kritisch anzuschauen. Und dann haben Sie Ihren Blick verändert?*
Frau F.:	*Dann habe ich meinen Bauch berührt und die Augen zugemacht – so wie Sie es mir vorgeschlagen haben.*
Therapeutin:	*Wie hat sich Ihr Bauch angefühlt?*
Frau F.:	*Ganz weich und warm. Und dann fiel mir ein, dass unsere zwei Kinder da drin waren und ich war ganz dankbar und habe meinen Bauch zärtlich gestreichelt, bin langsam alle Linien entlanggegangen. Das war richtig schön.*
Therapeutin:	*Ihr Bauch hat sich weich und warm angefühlt, und Sie haben Dankbarkeit und Zärtlichkeit für ihn empfunden.*
Frau F.:	*Ja, und das blieb auch ein bisschen, als ich die Augen wieder aufgemacht habe. Und irgendwie habe ich dadurch nicht mehr so kritisch geschaut, etwas liebevoller … Ich hätte immer noch gerne einen flachen Bauch, wenn ich darüber nachdenke, aber ich kann meinen jetzt besser akzeptieren, wie er ist.*

Die eigene Erotik entdecken

Um Blockaden zu überwinden und Ressourcen verfügbar zu machen, die helfen können, Zugang zu weniger bewusstem Erleben zu bekommen, eignen sich hypnotherapeutische Techniken. Die begleitete Imagination *Reise in den erotischen Raum* (Eck, 2014; 2016) bietet durch einen Suchprozess die Möglichkeit, mit der eigenen Erotik in Kontakt zu kommen, aber auch mit Konflikten und Lösungen, die jeweils mit Erotik und Begehren in Zusammenhang stehen. Durch die Metapher des erotischen Raumes wird deutlich, dass es um Erotik geht; die Inhalte bleiben aber offen und müssen nicht direkt sexuell sein. Vor der Imagination können ein bestimmtes Anliegen oder eine Frage formuliert werden, die der Klientin[7] wichtig ist.

Sie nimmt dann eine liegende Position ein. Die Therapeutin wechselt die Ansprache ins Du und leitet mit einer Tranceinduktion die Reise ein (Eck, 2016, S. 115):

»Du wirst gleich in deinen erotischen Raum reisen. Der kann alles Mögliche beinhalten: Begegnungen, Erfahrungen sexueller und nicht sexueller Art, Personen, Gegenstände, die dich an etwas erinnern, Körperliches und Geistiges. Es ist offen, was du sehen wirst, und es ist alles richtig. Du darfst dich dem überlassen und dem folgen, was entsteht.«

Es folgt eine Anleitung zur *achtsamen Wahrnehmung* des Körpers z. B. durch Lenken der Aufmerksamkeit auf die Atmung oder durch einen Bodyscan.

Daraufhin bietet die Therapeutin beispielsweise an, Gedanken und Gefühle als einen See wahrzunehmen, der sich nun beruhigt. Die Trance kann in einen dialogischen Prozess übergehen, indem die Person den See kurz beschreibt. Dann beginnt der *Suchprozess.*

»Stell dir vor, du gehst jetzt in deinen erotischen Raum… Wo ist der? Es gibt sehr unterschiedliche Räume…Wie sieht er aus? Wann hast du ihn zuletzt besucht? …. Warst du lange nicht hier oder erst neulich? … Wie weit musst du reisen, um dorthin zu gelangen?«

---

7 Da wir diese Übung am häufigsten mit Frauen durchführen, schreiben wir hier »die Klientin«.

Die Therapeutin steuert in dichter Rückkopplung mit der Klientin, verknüpft Bilder und lässt diese plastisch werden. Sie exploriert Körperempfindungen und Gefühle und kann auch Bezüge zum formulierten Anliegen und zu bekannten Themen der Person herstellen. Die Imagination wird mit einem positiv wahrgenommenen Bild abgeschlossen und über die Stationen der Reise wie dem Bild des Sees, die Körperwahrnehmung und die Atmung zurückgeführt, wobei Veränderungen im Vergleich zu vorher betrachtet werden können. Im nachfolgenden Gespräch können zentrale Momente der Reise und des Prozesserlebens reflektiert werden (Eck, 2014).

Auch *sexuelle Fantasien* können in der Therapie zum Thema gemacht werden, indem die Therapeutin bei ihren Klienten die Zugangsberechtigung einholt (Eck, 2020, S. 50): »Angenommen, das wäre ein Teil Ihrer Sexualität, der da ist, ob Sie ihn wollen oder nicht, könnten wir mal wohlwollend schauen, was er zu bedeuten hat?«

Die Beraterin hält sich mit Bewertungen zurück und zieht auch keine vorschnellen Schlussfolgerungen. Handlungen in der Fantasie bedeuten meistens nicht, dass der Wunsch besteht, sie in die Realität umzusetzen. In dichtem Kontakt mit der Therapeutin erkundet der Klient mögliche Bedeutungen der Fantasien (Eck, 2020). Hilfreiche Fragen können sein:

- Welche Themen der Fantasie machen diese so erregend?
- Welche Bedürfnisse und Wünsche kommen zum Ausdruck? Welche Rückschlüsse auf sexuelle Vorlieben lassen sich ziehen?
- Gibt es ein wiederkehrendes Thema/ein erotisches Kernthema in den Fantasien?
- Wie passen Fantasie und Realität zusammen?

Auch destruktive oder gefährliche Fantasien sollten nicht tabuisiert werden. Es geht darum herauszufinden, wie weit Fantasien und Verhaltensintention auseinanderliegen (ebd.). Bei Selbst- oder Fremdgefährdung muss die Beraterin jedoch handeln. Wenn destruktive Fantasien zwar als erregend, aber auch als unangenehm erlebt werden, können sie losgelassen oder umgestaltet werden.

11.3.4 Erweiterung der eigenen Erlebensmöglichkeiten

Erst wenn eine Frau oder ein Mann verstehen, was sie nicht wollen und was sie stattdessen wollen, können sie selbstbestimmter werden und sexuelle Begegnungen aktiv gestalten.

Sexuelle Begegnungen (mit-)gestalten

Selbstbestimmung ist eine wichtige Bedingung für lustvoll gelebte Sexualität (Freudenfeld, 2016). Diese wird oftmals aufgegeben im Teufelskreis eigener Lustlosigkeit und des Frustes oder Forderns des Partners (► Kap. 3.3). Hilflosigkeit, Erschöpfung und Gefühle der Ohnmacht halten den Betreffenden davon ab, die erotische Beziehung aktiv mitzugestalten. Viele Menschen fühlen sich ihrer Lustlosigkeit geradezu ausgeliefert und wissen nicht, dass sie Einfluss nehmen können. Es ist dann oft sehr entlastend, die eigene Art des Begehrens zu erkennen, um nicht wiederholt vergeblich auf die spontane Lust zu warten.

Der größte Teil der Frauen und ein kleiner Teil der Männer haben ein *responsives Begehren*. Im Gegensatz zum *spontanen Begehren* vieler Männer und weniger Frauen entwickeln diese Personen ihre Lust auf Sex erst im Laufe der sexuellen Begegnung und reagieren sensibel auf den Kontext (Nagoski, 2017).

Die *Kontextabhängigkeit* des eigenen Begehrens kann dann genauer ergründet werden. Nagoski führte dafür die Metaphern *Gaspedal* und *Bremse* ein (ebd.). Situative Faktoren wie etwa unangenehme Gerüche, störende Geräusche, Kinder im Nebenzimmer, aber auch Stress, das eigene negative Befinden oder Spannungen in der Partnerschaft können das Entstehen sexueller Lust bremsen. Einflüsse wie z. B. das Wohlbefinden mit dem eigenen Körper, Entspannung oder romantische Momente können die Lust fördern, also als Gaspedal wirken. Sowohl hemmende als auch fördernde Kontextfaktoren sind individuell unterschiedlich.

Mit Unterstützung der Therapeutin kann eine Person ihre eigenen Kontextfaktoren erkennen und dadurch die sexuelle Begegnung so (mit-)gestalten, dass die Sexualität dadurch stimmiger und erstrebenswerter wird.

Körperübungen: Beckenschaukel und Obere Schaukel

Der gezielte Einsatz von Bewegung, Muskeltonus und Rhythmus ist ein zentrales Mittel zur Steigerung der Wahrnehmungs- und Erregungsfähigkeit (▶ Kap. 3.4). Diese Mittel nutzt die *Beckenschaukel* aus dem Sexocorporel. Damit kann sexuellen Funktionsstörungen wie Erektionsstörungen, fehlendem Orgasmus und mangelndem Begehren entgegengewirkt und sexuellen Probleme auch vorgebeugt werden.

Die Kombination der Beckenschaukel mit der *Oberen Schaukel* ermöglicht es, Sexualität allein sowie mit dem Partner physisch und emotional intensiver zu erleben. Gefühle von Partnerbezogenheit, Weiblichkeit bzw. Männlichkeit und Selbstwert werden gesteigert und der Sexualakt kann genuss- und lustvoller erlebt werden (Bischof-Campbell, 2012).

Die Beckenschaukel kann im Vierfüßlerstand, im Stehen, Liegen oder Sitzen (auf der Stuhlkante oder einem dicken Kissen) geübt werden.

Anleitung der Beckenschaukel im Sitzen

»Setzen Sie sich mit aufgerichteter Wirbelsäule im Reitersitz auf ein Yogakissen oder eine zusammengerollte Decke. Beginnen Sie nun, das Becken langsam, im Atemrhythmus, vor und zurück zu schaukeln. Gehen Sie ins Hohlkreuz, wenn sich Ihr Geschlecht nach vorne/unten bewegt und drücken Sie die Lendenwirbelsäule nach hinten, wenn Ihr Geschlecht sich vom Kissen hebt.

Sobald Sie einen fließenden Rhythmus gefunden haben, beginnen Sie, die Spannung des Beckenbodens mit hinzuzunehmen: Beim Nach-vorne/unten-Rollen des Geschlechts löst sich die Beckenbodenmuskulatur. Beim Zurückrollen der Lendenwirbelsäule und des Geschlechts schließt sich die Muskulatur des Beckenbodens und des unteren Bauches. Dabei kräftig ausatmen. Beim Lösen des Beckenbodens und Aufrichtens der Wirbelsäule wieder einatmen.«[8]

Bei der *Oberen Schaukel* mobilisieren Bewegungen des Oberkörpers und des Kopfes den Brustkorb und das Zwerchfell sowie Nacken, Kiefer und

---

8 Die Beckenschaukel wird von allen Geschlechtern entsprechend der Anleitung gleich ausgeführt.

mimische Muskulatur. Dadurch wird die Intensität der Emotionen gesteigert und das Gehirn kann in einen Zustand verminderter Wachsamkeit übergehen, was sich emotional wie ein »Loslassen« anfühlen kann (Bischof, 2016).

Die Obere Schaukel sollte erst vorgestellt werden, wenn die Beckenschaukel schon gut verinnerlicht ist. Das Üben kann wieder im Reitersitz auf einem Sitzkissen oder im Stehen erfolgen.

Anleitung Obere Schaukel

»Beginnen Sie mit der Beckenschaukel: einatmen, Becken nach vorn, Beckenboden lösen und ausatmen, Becken zurück, anspannen. Wenn Sie einen fließenden Rhythmus gefunden haben, beobachten Sie die unwillkürlichen Bewegungen Ihrer Schultern und Ihrer Brust: Beim Ausatmen runden sich die Schultern nach vorne und das Brustbein senkt sich. Beim Einatmen werden die Schultern gerade und die Brust hebt sich. Verstärken Sie diese Bewegungen. Durch das Lösen der Nackenmuskulatur beim Ausatmen kann der Kopf nach hinten kippen und der Kiefer sich öffnen.«

Zur Steigerung sowohl der Erregung als auch der Empfindungsfähigkeit ist die Schaukel im Becken kraftvoll und die obere Schaukel sanft.

Auch mit Paaren kann die Kombination der Beckenschaukel mit der Oberen Schaukel (*Doppelte Schaukel*) geübt werden. Hier bietet sich das Üben im Stehen an: Jeder Partner steht für sich und geht leicht in die Knie. Die Therapeutin ist Modell und beobachtet auch die Bewegungen des Paares. Zu Hause üben Paare erst jeder für sich und setzen die Beckenschaukel bei der Masturbation ein, bevor sie sie in die Paarsexualität integrieren.

11.3.5 Sexuelle Erlebensmöglichkeiten als Paar

Nach der Auseinandersetzung mit der eigenen Sexualität kann der Fokus wieder auf das Paar gerichtet werden, um auch dort die Erlebensmöglichkeiten zu erweitern.

In längeren Partnerschaften, wenn die Sexualität eingeschlafen oder blockiert ist, oder auch wenn die Sexualität durch Alltagsstress verloren geht, kann es hilfreich sein, körperliche Begegnungen einzuplanen. Denn das Warten auf spontane Lust ist oftmals vergeblich (▶ Kap. 11.3.4). Dabei tut vielen Menschen Ziellosigkeit gut – also Berührungen und Zärtlichkeiten, ohne das Ziel Sex zu haben. Beide Partner drücken so ihren Wunsch nach körperlicher Nähe aus und können sich leichter auf die Begegnung einlassen. Sexuelle Lust kann, muss sich aber nicht während der Begegnung entwickeln.

Achtsames Berühren

Achtsamkeit, also die stille, wertfreie Wahrnehmung dessen, was jetzt gerade ist, ist eine wichtige Basis bewusst gelebter, stimmiger Sexualität. Achtsamkeit bedeutet, sich Zeit zu nehmen und den Rhythmus des Tuns zu verlangsamen (Rescio, 2014). Nur in der *Langsamkeit* kann der Mensch seine Gefühle wahrnehmen und mit seinen Wünschen und Bedürfnissen und somit auch der eigenen Erotik in Kontakt kommen.

Zu Hause kann das Paar mit verschiedenen *Arten der Berührung* experimentieren und dabei nachspüren, was sie jeweils auslösen[9]: erforschendes sensibles Tasten, Streicheln, Pressen oder Kneten. Das Paar kann schnellere und langsamere Berührungen ausprobieren sowie zwischen direktem Berühren und dem Einhalten einer kleinen Distanz wechseln. Die berührende Person kann ihrer Hand mit dem Blick folgen und mit dem eigenen Körper mitgehen; die empfangende Person kann der Berührung mit ihrem Körper entgegengehen, wie eine Katze, die sich »die Berührung holt«.

Die Therapeutin gibt Anregungen zur *differenzierten Wahrnehmung*:

- Macht es einen Unterschied, ob ich beim Berühren meines Partners wirklich präsent, vollständig und liebevoll zugewandt bin oder ob die Berührung eher zufällig und nebenbei geschieht?

---

9   nach Anregungen aus der Weiterbildung zum Ansatz Sexocorporel, Ziss, Zürich, 2016/ 2017

- Was macht es mit mir als empfangender Person, wenn mit der Berührung ein bestimmtes Ziel verfolgt wird oder es ein ergebnisoffenes Angebot ist?

Autozentrierung

Autozentrierung ist eine Haltung, die im Sexocorporel vermittelt wird. Der Fokus der eigenen Wahrnehmung liegt selbst im Kontakt mit dem Partner auf den eigenen Empfindungen und pendelt zwischen den beiden Personen. So kann Sexualität erfüllender erlebt werden. Die folgende Übung soll Paaren die Wirkung dieser Haltung verdeutlichen.

Die Partner setzen sich gegenüber, schließen die Augen und entscheiden, wer in der aktiven und wer in der passiven Rolle beginnen möchte. Zuerst wird der aktive Partner gebeten, die Hand und den Unterarm des passiven Partners so zu berühren und zu streicheln, wie er vermutet, dass der Partner es angenehm findet. Die Wahrnehmung ist beim anderen und dem, was der sich vermutlich wünscht (Heterozentrierung).

Im zweiten Schritt wechselt der aktive Part von der heterozentrierten zur autozentrierten Wahrnehmung – *bei sich sein und in Kontakt*.

- Wie möchte meine Hand den Arm berühren?
- Was tut mir gut?
- Was möchte ich entdecken?
- Wie kann ich mir selbst Genuss verschaffen?

Und zwischendurch ein Pendeln der Wahrnehmung zum Partner:

- Wie ist deine Reaktion?
- Wie ist die Resonanz bei dir?

Anschließend werden die Rollen gewechselt und beide Partner können ihre Wahrnehmungen vergleichen.

In der Regel erleben Menschen eine Intensivierung ihrer Wahrnehmungen sowohl beim Berühren als auch beim Berührt-Werden, wenn sie autozentriert sind. Also nicht das Konzentrieren auf den Partner und dessen vermutete Bedürfnisse führt zu intensiveren, erfüllenden körperlichen Erfahrungen, sondern eine autozentrierte Haltung.

Achtsamer Sex

Diese Methode hat ihren Fokus nicht auf Aktivität, Erregungsaufbau und Orgasmus, sondern auf der achtsamen und präsenten Wahrnehmung des Moments in der sexuellen Begegnung. Unter dem Namen *Slow Sex* wurde diese Methode von Diana Richardson entwickelt und als eine Art der gemeinsamen Meditation beim Sex beschrieben (2011).

Es gibt beim achtsamen Sex eine Begegnung der Genitalien, jedoch kein Programm und keine Pflicht. Beide Partner stellen bei der sexuellen Begegnung die Achtsamkeit, Langsamkeit und Bewusstheit ihrer Körperwahrnehmungen in den Mittelpunkt. Erlebnisse wie eine frühe Ejakulation des Mannes oder Lustlosigkeit der Frau bekommen durch die Selbstberuhigung einen neuen, achtsamen Rahmen und können sich dadurch verändern.

Beim Slow Sex geht es auch um *Differenzierung*: Die Partner sind bei sich und beruhigen und entspannen sich in der achtsamen und feinen Wahrnehmung des eigenen Körpers und der eigenen Gefühle. Der Körper ist dabei der Ankerpunkt, um im Hier und Jetzt zu bleiben. Gleichzeitig sind beide in einem achtsamen, sehr dichten Kontakt miteinander insbesondere des Geschlechts.

Mögliche Gestaltung des Slow Sex:

- Beide Partner suchen eine bequeme Lage, in der sie für einige Zeit entspannt und ohne Anstrengung verweilen können.
- Die Genitalien sind dabei in Kontakt. Es braucht keine Lust oder Erregung. Die Penisspitze berührt die Vulva am Eingang der Vagina und kann auch ohne Erektion oder Lubrikation leicht in die Vagina eingeführt werden.
- Beide Partner lenken ihre Wahrnehmung auf diesen Kontakt. Sie nehmen alle Regungen und Bewegungen wie z. B. kleinste Anzeichen von Zucken, Temperaturveränderungen, Öffnung oder Eindringen bei sich und beim anderen achtsam wahr, ohne etwas steigern oder in eine

Richtung bewegen zu wollen. Dabei können sich beide über ein entspanntes Thema unterhalten, zart streicheln oder berühren oder einfach nur still liegen.

- Die Genitalien »kommunizieren« miteinander und finden selbst ihren Weg zueinander: Wenn die Vagina sich ein winziges Stückchen öffnet und einlädt, »erwacht« vielleicht der Penis. Der Penis nimmt den Kontakt und das Umschlossen-sein einfach wahr. Wenn die Vagina den Penis in seiner Form, Konsistenz und seinem Wesen ertastet und sich dabei selbst entspannt ist, möchte sie ihn vielleicht noch ein Stückchen einlassen und so fort.
- Die Begegnung folgt keinem festen Ablauf, braucht aber viel Zeit und einen geschützten Raum. Empfehlenswert ist mindestens eine Stunde.

Wenn Erregung entsteht, muss sie nicht unterdrückt, aber auch nicht durch Aktivität gesteigert werden. Ein Orgasmus darf, muss aber nicht sein. Findet er bei einem oder beiden Partnern statt, kann er achtsam und entspannt wahrgenommen werden.

Spiel-Interventionen

Die *Spiel-Interventionen* (Clement, 2011) bieten Paaren die Gelegenheit, die Sicherheit und Berechenbarkeit ihrer sexuellen Beziehung auf kreative Art mit unvorhersagbaren und fremden Elementen anzureichern. Gewohnte Verhaltensmuster der Partner werden unterbrochen und polarisierte Positionen, wie immer aktiv oder passiv zu sein, werden verlassen.

Der Partner wird bei diesen Spielen bewusst für die eigenen Fantasien eingesetzt, also auf respektvolle Art als Sexual-»Objekt« gesehen (Clement, 2016). Die entstehende Spannung und Neugier lassen erotische Momente entstehen, die die gegenseitige Anziehung nähren. Bei diesen Interventionen geht es um das Ausprobieren und das unverbindliche Erweitern von Optionen – ein Rückzug ist jederzeit möglich.

Gemeinsame erotische Geschichte

Die Partner sitzen in der Therapiesitzung Rücken an Rücken und denken sich abwechselnd Sequenzen einer ergebnisoffenen erotischen Geschichte aus.

Dein Sex – mein Sex
An zwei getrennten Tagen schlägt jeweils ein Partner den Ablauf einer erotischen Begegnung vor, der andere erfüllt diese Wünsche. Die Herausforderung dieser Übung ist, zu seinen Wünschen zu stehen und sie zu offenbaren. Neinsagen ist erlaubt.

Einen erotischen Gefallen tun
Die Partner erfüllen aus eigener Initiative, also unerwartet, dem anderen einen erotischen Wunsch oder starten eine erotische Initiative.

Der kleinste vorstellbare Übergriff und die kleinste mögliche Hingabe
Der Partner, der gewohnheitsmäßig der Aktivere ist, soll zwischen den Sitzungen eine sexuelle Handlung notieren, die er reizvoll findet und von der er nicht weiß, ob der Partner sie akzeptieren würde. Der zurückhaltendere Partner soll eine sexuelle Handlung notieren, die »klein« genug ist, dass er sich darauf einlassen könnte. In der Sitzung wird ausgehandelt, ob die Handlungen realisiert werden.

Rollenspiel
Beim Spielen einer Als-ob-Situation (z. B. »Als ob es das erste Mal wäre«, »Als ob ich eine Frau aus der Bar/ein Held wäre« etc.) kann aus der gewohnten Rolle und aus Verhaltensmustern herausgetreten werden. Accessoires helfen, sich begehrenswert und sexy zu fühlen.

Ideales sexuelles Szenario

Die zentrale Intervention der Sexualtherapie des Begehrens ist das *Ideale sexuelle Szenario* (ISS) (Clement, 2011). Im Gegensatz zum Charakter der Unverbindlichkeit der Spiel-Interventionen werden hierbei Entscheidungen getroffen, die irreversibel sind, da die Partner sich festlegen, was der Kern ihrer Sexualität ist: Es geht um die Aussage: »So bin ich als sexuelle Person«. Das ISS ist daher eine konfrontierende Intervention. *Differenzierungsprozesse* werden angestoßen und auch weniger bewusstseinsnahe Aspekte werden zugänglich gemacht.

Beide Partner werden gebeten, unabhängig voneinander ihr ideales sexuelles Szenario aufzuschreiben und in einem verschlossenen Umschlag zur nächsten Sitzung mitzubringen. Bei der Schilderung des konkreten Ablaufs sollen sie sich auf die Befriedigung der eigenen Bedürfnisse konzentrieren, ohne auf den Partner Rücksicht zu nehmen. Was würden Sie wann, wo, mit wem tun? Es geht nicht um die ausgelösten Gefühle, sondern um Handlungen, denn durch sie zeigt sich das *sexuelle Profil* der Person. Die Erstellung des ISS muss verbindlich verabredet werden. Wenn ein Partner nicht verbindlich genug zusagt, sollte die Übung verschoben werden.

In der Sitzung entscheidet jeder Partner selbst, ob und was er *offenlegen* möchte – dieser Punkt wird bei der Einführung besonders betont. Die Therapeutin bleibt neutral und setzt sich nicht für Offenheit ein. Das Verhandeln darüber, was mit dem ISS geschieht, ist ebenso wichtig wie das Erstellen.

Ein kritisches Element ist, mit wem das ISS stattfindet: Handelt es sich um den Partner oder um jemand anderen? Hiermit wird die Entscheidung – offenzulegen oder nicht – brisant: Ist es der Partner, wird die Offenlegung Einfluss auf die partnerschaftliche Sexualität haben. Ist er es nicht, kann die Offenlegung für beide bedrohlich wirken.

Bei der Auswertung ist aufschlussreich, wie die Aufgabe von dem Paar verstanden wurde – oder verstanden werden wollte – ob sie durchgeführt und ob die Aufforderung, sich noch nicht auszutauschen, eingehalten wurde. Damit, wie das Paar die Offenlegung verhandelt und wie es mit Vermutungen, Befürchtungen und emotionalen Reaktionen umgeht, kann dann in der Therapie weitergearbeitet werden.

Das ISS sollte nur als Aufgabe mitgegeben werden, wenn die emotionale Sicherheit im Paar ausreichend und die therapeutische Beziehung tragfähig ist. Auch muss die Therapeutin das entstehende Spannungsniveau aushalten und produktiv verwerten können.

11.3.6 Anwendungsbeispiel: Weiterentwicklung der Sexualität

Frau F. und Herr F. sind seit 21 Jahren verheiratet und haben zwei Kinder im Teenageralter. Sie gehen sehr vorsichtig miteinander um und sprechen häufig vom »Wir«, selbst bei der Schilderung des eigenen Befindens. Im Erstgespräch bringen beide ihr Harmoniebedürfnis zum Ausdruck und formulieren als Ziel ihren Wunsch nach größerer emotionaler Nähe sowie einer Streitkultur.

Gegen Ende der Sitzung stelle ich eher beiläufig meine Routinefrage: »Und sexuell geht es Ihnen gut miteinander?« Frau F. antwortet verschämt: »Das ist eigentlich unser größtes Problem.« Sexuelle Begegnungen würden monatlich oder noch seltener stattfinden und seien »ganz gut«, aber leidenschaftslos.

Kommunikation über Sexualität

In der nächsten Sitzung explorieren wir die sexuelle Situation des Paares und die Bedeutung, die Sex für beide hat: Herr F. fühlt sich durch die seltenen sexuellen Kontakte abgelehnt und stellt innerlich die Partnerschaft infrage. Sex bedeutet für ihn die Bestätigung der Beziehung und auch eine vollständige Annahme seiner Person. Seit einem halben Jahr belasten Herrn F. Erektionsstörungen bei der Paarsexualität. Die Masturbation funktioniere, aber Herr F. schämt sich, weil er das »nötig« habe. Frau F. wünscht sich, wieder mehr Lust auf Sex zu haben. Sie vermisst die besondere Nähe, die sie früher beim Sex erlebt hatte, spürt allerdings gar kein Begehren mehr.

Zunächst lade ich beide Partner zu Einzelgesprächen ein: Frau F. möchte herausfinden, was sie selbst in der Sexualität wollen könnte und Herr F. interessiert sich für einen Umgang mit seinen Erektionsstörungen.

Das Nicht-Wollen und Kontextbedingungen der sexuellen Lust

Von Frau F. erfahre ich im Einzelgespräch, dass der Wunsch nach sexueller Lust nur in ihrem Kopf existiert und vor allem von der Angst getragen ist, ihren Mann zu verlieren. Ihr Körper jedoch spricht eine andere Sprache. Wir reflektieren das Nein ihres Körpers, um besser zu verstehen, was er ablehnt und was er mögen könnte (s. Dialog ► Kap. 11.3.3). Wir sprechen über ihr responsives Begehren und die Kontextabhängigkeit ihrer sexuellen Lust. Frau F. findet heraus, was ihr Begehren weckt: Das ist einerseits ein tiefes, verständnisvolles Gespräch mit ihrem Mann, andererseits die Vorstellung, »von einem fremden Macho genommen zu werden« oder sich in schönen Dessous sexy zu fühlen. Ihr Begehren wird gebremst durch ihre Gedanken, die Kinder könnten sie beim Sex hören sowie durch ihre Moralvorstellungen. Das größte Hemmnis ist für Frau F. jedoch der wahrgenommene Druck durch ihren Mann. Ihr wird klar, dass sie begonnen hat, Situationen zu vermeiden, in denen ihr Mann Lust bekommen könnte.

Die eigene Erotik und den Körper erkunden

Bei der imaginativen »Reise in den erotischen Raum« erlebt Frau F. eine sehr sinnliche Situation auf einer Lichtung im Wald. Sie ist zunächst allein, lässt sich dann aber bewusst von einem Mann dabei beobachten, wie sie sich am ganzen Körper berührt. Ihr wird deutlich, wie wichtig ihr ist, in gutem Kontakt mit ihrem Körper zu sein. Sie möchte lernen, in der Realität weniger schamhaft zu sein und so frei und ungezwungen wie in ihren Fantasien. Auf meine Anregung hin erkundet sie zu Hause ihren Körper vor dem Spiegel, weckt damit ihr Körperbewusstsein und lernt, sich selbst besser anzunehmen. Sie exploriert ihre Vulva mithilfe eines Handspiegels, pflegt sie täglich mit Mandelöl und bezieht diese mehr in die Selbstbefriedigung ein, um die vaginale Erregbarkeit zu steigern.

Auch Herr F. kommt zum Einzelgespräch. In einer improvisierten Grafik erarbeiten wir den Verlauf seiner Erregung bei einer sexuellen Begegnung. Dabei wird deutlich, dass es kurz vor dem Moment des Eindringens einen Stressmoment gibt. Herrn F.'s Gedanken, die geprägt sind von Leistungsdruck und Angst vor Erektionsverlust, übernehmen die Führung. Seine Körperspannung steigt und es kommt zum Erektionsverlust. Aufgrund der Analyse wird ihm einiges klarer und er zeigt großes Interesse am Erlernen der Beckenschaukel, um seine Erektion stabilisieren zu können.

Wechsel ins Paarsetting

Trotz der erarbeiteten Erkenntnisse und des Gefühls, eine Frau mit Begehren zu sein, fürchtet sich Frau F. vor dem Gespräch mit ihrem Mann. Ihr ist wichtig, zu jedem Zeitpunkt aus einer sexuellen Begegnung aussteigen zu können, ohne Vorwürfe zu bekommen. Die Erlaubnis dazu holt sie sich im Paargespräch. So kann sie sich auf eine körperliche Begegnung einlassen, um nachzuspüren, ob sich sexuelle Lust entwickelt oder nicht. Das Paar verabredet, sich regelmäßig am Wochenende Zeit für körperliche Begegnungen zu nehmen – ohne die Erwartung, dass es zum Sex kommen muss.

Achtsamer Sex

In den folgenden Sitzungen äußern beide Partner das Bedürfnis, sich geschlechtlich wieder zu vereinigen, doch sie stehen auch unter Druck: Frau F. hat Sorge, Gefühle und Erregung produzieren zu müssen, und Herrn F. belastet der Gedanke, eine Erektion bekommen zu müssen. Ich erkläre ihnen daher die Möglichkeit des Achtsamen Sex. Die Vorstellung im genitalen Kontakt zu sein, aber vorerst einmal nichts zu müssen, entlastet sie und die Fokussierung auf ihre Körperwahrnehmungen spricht beide an.

Beim nächsten Termin scheint etwas zwischen beiden passiert zu sein. Das Paar wirkt auf mich verbundener und entspannter. Frau F. berichtet von ihren ersten Experimenten mit dem Achtsamen Sex, die beide sehr genossen hätten. Bei den nachfolgenden sexuellen Kontakten seien sie allerdings in alte Leistungs- und Druckmuster zurückgefallen. Sie sind sich einig, sich mehr Zeit für körperliche Begegnungen nehmen zu wollen und diese nicht immer auf Sex auszurichten. Die achtsame Wahrnehmung ihrer Empfindungen soll zukünftig einen wichtigen Platz in ihrem Intimleben haben, um dieses stärker genießen zu können.

11.4 Umgang mit traumatischen Erlebnissen sowie Verletzungen durch eine Außenbeziehung

Neben den vorgestellten grundlegenden Themen – der Selbstregulation, der Emotionsregulation mithilfe des Partners und der Sexualität – werden wir auch immer wieder mit besonderen Themen konfrontiert. Außergewöhnliche Lebensformen, psychische Ausnahmesituationen und spezielle Verhaltensweisen unserer Klienten fordern unsere Flexibilität und Offenheit heraus.

Im folgenden Kapitel wollen wir auf zwei häufig vorkommende Themenkomplexe, nämlich *traumatische Erlebnisse* sowie *Verletzungen durch eine Außenbeziehung*, eingehen. Wir stellen einige Bearbeitungs- und Bewältigungsmethoden vor, die sich für die Arbeit mit Paaren eignen.

11.4.1 Umgang mit traumatischen Erlebnissen

In Paartherapien und Beratungen begegnen wir immer wieder Menschen, die von lebensbedrohlichen Stresssituationen und Momenten großen Entsetzens schwer traumatisiert sind. Häufiger jedoch treffen wir auf Menschen mit sogenannten komplexen *Beziehungs- und Bindungstraumatisierungen*. Dabei handelt es sich um emotionale und/oder körperliche Vernachlässigung bis hin zu Missbrauch, die in unterschiedlichen Schweregraden einen Großteil der Bevölkerung betreffen (Wöller, 2013).

Nicht alle Klienten, die Vernachlässigung oder bedrohliche Situationen erlebt haben, zeigen ausgeprägte Symptome einer posttraumatischen Belastungsstörung. Viele jedoch befinden sich schnell in *erhöhter Alarmbereitschaft*, erleben intrusive Symptome und Vermeidungsverhalten. Die erlebte Not kann in der Partnerschaft getriggert und reinszeniert werden (▶ Kap. 4.3). Das Erlebte als traumatisch zu bezeichnen, kann der Person und auch dem Partner helfen, die emotionalen Reaktionen einzuordnen.

Wer Paare mit alten biografischen Verletzungen aus der Herkunftsfamilie, mit Gewalterfahrungen oder auch langjährigen Verletzungen aus der aktuellen oder einer vergangenen Partnerschaft begleitet, braucht oft einen langen Atem. Es gehört zum Prozess, immer wieder Schleifen zu drehen, von scheinbar Bewältigtem auf ein gefühlt unbewältigtes Niveau zurückzufallen und auch an der eigenen therapeutischen Kompetenz zu zweifeln. Wachstum braucht – neben Sicherheit – Zeit für *korrigierende Erfahrungen*, die sich im Laufe des Prozesses neuronal abbilden und festigen können und somit das Erfahrungssystem auch auf einer biologischen Ebene umschreiben.

Das Paarsetting ist nicht immer geeignet für die Aufarbeitung persönlicher Traumata; öfter ist für eine tiefere Bearbeitung das Einzelsetting mit der Möglichkeit sich auf sich selbst zu konzentrieren angezeigt. Für die Arbeit an Traumata ist von Seiten der Therapeutin fachliche Qualifikation, aber auch persönliche Stabilität notwendig, Weiterhin braucht es eine ausreichende eigene Psychohygiene z. B. mithilfe von Supervision, um nicht im Sinne sekundärer Traumatisierungen mitgeschädigt zu werden.

Die *therapeutische Beziehung* ist bei der Aufarbeitung von Traumata die tragende Säule und viele Klienten wollen auch hierfür in der vertrauten Beziehung zur Paartherapeutin bleiben. Es ist somit die Aufgabe der Therapeutin einzuschätzen, welche Themen sie selbst bearbeiten kann, wann an eine andere Fachpersonen überwiesen werden und in welchem Setting gearbeitet werden sollte. Einige traumatische Episoden können in Anwesenheit des Partners besprochen werden. Wichtigste Voraussetzung dafür ist, dass die Situation stabil und die Atmosphäre in Anwesenheit des anderen sicher ist.

Wir können hier nur einen kleinen Blick in den Bereich der Traumaarbeit werfen und einige Methoden vorstellen, die gut in die Arbeit mit Paaren integrierbar sind. Zur Vertiefung empfehlen wir weiterführende Fachliteratur, z. B. Büttner (2018) oder Klees (2018).

Ziel dieser Methoden ist, dass der vom Trauma betroffene Partner sich selbst und die eigene Reaktionsweise besser versteht, indem die Quelle seiner maladaptiven Emotionen identifiziert wird (▶ Kap. 5.3.2). Dem Partner wird ermöglicht, für ihn schwierige Reaktionsweisen einzuordnen, nicht primär auf sich bezogen zu erleben und dadurch aus der eigenen Defensivreaktion herauszukommen. Dies kann dazu führen, dass der Partner den Ausdruck von Gefühlen wie Wut, die der Betroffene sich lange nicht erlaubt hat, umbewerten kann: Er versteht, dass es für die Heilung des betroffenen Partners wertvoll ist diese Gefühle zuzulassen und dass es von

Vertrauen zeugt, wenn dies in seiner Gegenwart geschieht. Der Partner bietet in diesem Fall vielleicht den Auslöser für die Wut, ist dafür aber nicht verantwortlich. Und die Wut richtet sich nicht gegen ihn, sondern eigentlich gegen den Verursacher des Traumas. Ein *Verstehen und Validieren* der emotionalen Folgen des Traumas durch den Partner kann eine korrektive emotionale Erfahrung darstellen und neben dem Erlernen von Selbstberuhigung zur Emotionsregulation beitragen.

Erinnerung und Re-Visualisierung

In den Sitzungen erleben wir Klienten, die Anzeichen früherer Bindungsverletzungen zeigen, bei Reflexionen jedoch kaum Erinnerungen haben oder in den Widerstand gehen und das Elternhaus idealisieren und verteidigen. Wir betonen dann, dass es nicht darum geht, dem Klienten seine »guten« Erinnerungen zu nehmen, sondern dass Erinnern dazu beitragen kann, *autobiografische Lücken* zu reparieren (Schnarch, 2018). Damit können eigene Verarbeitungsprozesse vorangebracht und partnerschaftliche Triggersituationen entschärft werden. Die Re-Visualisierung ermöglicht dem Betroffenen auch aus oberflächlichen Bewertungen wie »War doch gar nicht so schlimm«, »Hatten andere doch auch« etc. herauszukommen und Empathie für sich selbst zu entwickeln.

Nach Schnarch ist es Aufgabe der Therapeutin, sich angesichts belastender Erzählungen nicht dazu verleiten zu lassen, sich den Rest zu denken, sondern alle Aspekte des Geschehens zu erfassen. Allerdings kann ein noch nicht genug abgesichertes Erinnern zu Retraumatisierungen führen. Was für alle Therapieprozesse gilt – »zuerst stabilisieren, bevor Wachstum beginnen kann« – ist in der traumatherapeutischen Arbeit elementar.

Guten Aufschluss über komplexe familiäre Dynamiken geben beispielsweise typische Familienmahlzeiten. So kann gefragt werden: Wo wurde gegessen? Wie war der Tisch gedeckt? Wie gingen die Menschen miteinander um? Wer leitete die Konversation? Was waren typische Interaktionsmuster? Wenn es still war: Was hatte die Stille zu bedeuten?

Weiterhin kann beispielsweise exploriert werden: Welche Kleidung trugen Sie? Welche Mimik/welchen Ausdruck hatte das Gegenüber? Was war auf dem eigenen Gesicht zu sehen? Was ist genau der Reihe nach geschehen? Was taten die anderen Anwesenden in dem Moment? etc. Die Szene wird aus unterschiedlichen Perspektiven beleuchtet. Beschrieben wird rein deskriptiv, ohne Kommentar.

Frau L. ist mit ihrer Lebenspartnerin Frau Sch. in Behandlung und möchte eine vergangene traumatische Situation besser verstehen.

Therapeutin:	*Sie sind also auf dem Campingplatz und die Eltern streiten sich fürchterlich. Dann läuft der Vater davon. Was macht er?*
Frau L.:	*(in leichter Trance, Augen geschlossen) Er läuft weg, brüllt, wirft sich auf den Boden ... er schreit und weint ... dann schlägt er mit seinem Kopf immer wieder gegen einen Baum ...*
Therapeutin:	*Er schreit, wirft sich auf den Boden und schlägt mit seinem Kopf gegen einen Baum ... Wo sind Sie, wo ist das kleine Mädchen? Kann Ihr Vater Sie sehen?*
Frau L.:	*Ja, er läuft an mir vorbei ... als wäre ich Luft ...*
Therapeutin:	*Schauen Sie mal in sein Gesicht. Was ist dort zu sehen?*
Frau L.:	*(überlegt) ... Es ist starr ... Er streift mich mit keinem Blick ... geht einfach durch mich durch ...*
Therapeutin:	*Er geht durch Sie durch als seien Sie Luft ... Schauen Sie sich mal um. Wer ist noch alles da?*
Frau L.:	*Meine beiden Brüder. Andi kichert ... Simon starrt vor sich hin.*
Therapeutin:	*Und Ihre Mutter? Was macht die?*
Frau L.:	*Sie ist weg ... einfach verschwunden. Wir sind ganz allein.*
Therapeutin:	*Die Mutter ist weg ... Die Kinder sind ganz allein mit dem brüllenden und weinenden Vater ... Spüren Sie mal in Ihren Körper rein. Was ist da gerade?*
Frau L.:	*(konzentriert) Da ist nichts ... Ich bin wie Luft, ein großes Loch ... Ich bin weg, allein ... als würde ich fallen ... in ein dunkles Loch ... Ich spüre eigentlich nichts ...*

Der Schmerz von Frau L. liegt schwer in der Luft. Ich binde ihre Partnerin ein, der Tränen über das Gesicht rollen.

Therapeutin:	*Was löst das bei Ihnen aus, Frau Sch.?*
Frau Sch.:	*(greift nach Frau L.'s Hand) Puuhh ... Mich berührt, dass Du so offen bist! ... Es tut mir so leid, was Du erlebt hast ... Und*

237

> *wenn ich laut werde, geht's Dir auch ein bisschen so wie damals, oder?*

Frau L.:   *(reagiert langsam, nickt dann)*

Frau Sch.:   *Oh je…*

Frau L.:   *Ich kann das irgendwie nicht steuern… es passiert einfach.*

Frau Sch.:   *Hmh. (nickt) Ich verstehe, es muss schlimm sein für Dich.*

Frau L.:   *(blickt zu Frau Sch.) Ja, das ist es. Ich danke Dir! (lächelt)*

Krisen-Skizze

Die Krisen-Skizze ist die *Visualisierung* einer typischen Krise oder Trigger-situation, die sich beim Paar häufig wiederholt. Sie wird in Form einer Momentaufnahme und im Stil eines Comics gezeichnet. Auf beiden Seiten werden in minimalistischer Form typische verbale Äußerungen sowie zentrale Gedanken und Gefühle, die in diesem Moment ausgelöst werden, eingetragen.

Wenn die Szene in ihrer wechselseitigen Dynamik gut veranschaulicht ist, kann mit der einfachen Frage »Kennen Sie das von früher?« oder »Wo haben Sie das gelernt?« eine Verbindung zu kindlichen Schlüsselsituationen hergestellt und anschließend miteinander reflektiert werden, ob die Krise eine Reinszenierung alter Konflikte darstellt.

Das Fundament zur Bearbeitung traumatischer Szenen entsteht in der Vertiefungsphase: Sind die therapeutische Beziehung und der Kontakt zwischen beiden Partnern ausreichend sicher und stabil, so kann eine Affektbrücke in die Vergangenheit gebaut werden. Die Tiefe der Reflexion kann gewählt werden und so können auch weniger erfahrene Paarberate-rinnen diese Intervention einsetzen.

Ziel der Methode ist es, die unterschiedlichen *Erlebensdimensionen* von Konflikten darzustellen, damit das Paar mit einem Blick erkennen kann, mit welchen Worten/Gesten beide sich gegenseitig triggern, welche »alten« Prozesse dadurch innerlich ausgelöst werden und was mit aktuellem Geschehen vermischt wird. Mit diesem Wissen können Triggersituationen schneller erkannt und verändert werden.

Traum(a)-Haus

Klees erklärt in ihrem integrativen traumatherapeutischen Ansatz das neurobiologische Geschehen mithilfe der Metapher des Traum(a)-Hauses (Klees, 2018). Demnach befindet sich das Paar, wenn der Streit entsteht, im Alltagsraum des Hauses und hat die Möglichkeit direkt oder über den Entscheidungsflur in niederere Hirnareale abzurutschen, die Fluchttreppe zu benutzen oder sich zu beruhigen. Die erste Stufe der Regression ist das Kinderzimmer. Wenn die Triggersituation sehr stark ist, fallen die Partner in den Keller, indem nur noch eine rudimentäre, vom Reptiliengehirn gesteuerte Kommunikation möglich ist. Reife Entwicklungswege können über die Selbstberuhigung wieder in den Liebesraum führen.

Die Metapher des Traum(a)-Hauses kann helfen, komplexe neurobiologische Zusammenhänge des Triggergeschehens anschaulich zu erklären und nötige Veränderungsschritte wie etwa Selbstberuhigungsstrategien zu erarbeiten.

11.4.2 Verletzungen durch eine Außenbeziehung

Affären und Außenbeziehungen eines Partners sind ein häufiger Anlass, bei dem Paare Unterstützung suchen. Sie kommen in fast jeder zweiten Paarbeziehung im Laufe des Lebens vor (▶ Kap. 2.1). Die entstandene Bindungsverletzung beim betrogenen Partner und die Unsicherheit beim fremdgegangenen Partner sind oft so massiv, dass sie vom betroffenen Paar nicht allein bewältigt werden können.

Bindungsverletzungen können auch durch andere Vorkommnisse in der Partnerschaft wie etwa Vertrauensbrüche oder Illoyalität dem Partner gegenüber entstehen. Wir konzentrieren uns hier auf eine durch Fremdgehen verursachte Bindungsverletzung. Der Verarbeitungs- und Bewältigungsprozess ist bei den unterschiedlichen Themen jedoch ähnlich.

Zur Aufarbeitung in der Paartherapie gehören folgende Schritte (Baucom, Snyder & Gordon, 2009):

- die Bewältigung der akuten Krise
- das Verstehen der Bedeutung und des Kontextes der Außenbeziehung

- die Entscheidung, ob es allein oder zu zweit weitergehen soll

Die Therapie durchläuft auch hier zunächst eine Stabilisierungsphase. Nach der Entscheidung zusammen zu bleiben, schließt sich eine Wachstumsphase an, in der es darum geht, wie der weitere Weg miteinander aussehen kann.

Bewältigung der akuten Krise

Nach dem Bekanntwerden einer Außenbeziehung sind meistens beide Partner schwer erschüttert. Der betrogene Partner beschreibt häufig, dass ihm »der Boden unter den Füßen weggezogen wurde«. Er kann in seiner persönlichen Existenz verunsichert und mit starker Einsamkeit konfrontiert sein. Die Vertrauensbeziehung zum anderen ist erschüttert. Clement (2010) spricht von einer existentiellen Verletzung: Keine Antwort des fremdgegangenen Partners habe dann die Macht, das Gefühl von Kontrollverlust und Angst des betroffenen Partners zu mildern. Der fremdgegangene Partner quält sich oftmals mit Selbstvorwürfen und Schuldgefühlen; der Schmerz, den er ausgelöst hat, belastet ihn schwer.

Das Paar braucht in dieser Phase *Stabilisierung* durch die Therapeutin. Sie vermittelt Zuversicht, die Krise überwinden zu können, und wird durch eine unterstützende Haltung für das Paar zum »Fels in der Brandung«.

Wir vermitteln dem Paar, dass das erschütterte Vertrauen nicht wieder dasselbe werden kann wie vor der Affäre. Es kann jedoch von einem realitätsgerechten Vertrauen, welches das Geschehene mit einbezieht, abgelöst werden. Die Affäre gehört nun zur Biografie des Paares und kann auch eine Chance für einen Neuanfang bedeuten.

Die uneingeschränkte Anerkennung der Gefühle des betrogenen Partners durch den fremdgegangenen Partner ist der erste Schritt zur Bewältigung der Erschütterung und eine wichtige Voraussetzung für die Heilung der Verletzung (Johnson, 2009). Der betrogene Partner schildert seine Situation und wird von der Therapeutin unterstützt, seine tieferen Gefühle wie Einsamkeit und Angst zuzulassen und auszudrücken. Besonders quälend wird das intrusive Wiedererleben von Bildern oder Gedanken beschrieben. Depressive Stimmungen, Schuldgefühle oder generelle Gefühlsarmut belasten sehr, was schließlich zur Vermeidung von Aktivitäten, Orten oder Menschen führen kann (Beer & Zezula, 2016b).

Der fremdgegangene Partner wird unterstützt, die Bedeutung des Ereignisses für den betrogenen Partner, vor allem dessen *zentralen Schmerz*, zu verstehen und vollumfänglich anzuerkennen. Der fremdgegangene Partner muss sich vom Schmerz wirklich berühren lassen und sein Bedauern spürbar ausdrücken. Er muss anerkennen, für die Verletzung des Partners verantwortlich zu sein.

Häufig werden vom fremdgegangenen Partner zunächst Schuldgefühle ausgedrückt, bevor der Fokus dann mit Unterstützung durch die Therapeutin auf tiefere Gefühle wie tiefe Reue und Scham gerichtet wird. Der authentische Ausdruck von *Scham* ist dabei ein Anzeichen für eine tatsächliche Veränderung beim fremdgegangenen Partner, die wesentlich dazu beitragen kann, dass sich die Situation nicht wiederholen wird: Scham dafür, dass das eigene Verhalten den Partner so verletzt hat und auch dafür, dass man fähig war, sich so zu verhalten (Greenberg & Woldarsky Meneses, 2019).

> *Frau L. beschreibt, wie es ihr seit Bekanntwerden der Außenbeziehung ihrer Partnerin, Frau Sch., geht. Diese wirkt sehr betroffen.*
>
> *Therapeutin:*   *Frau Sch., der Schmerz Ihrer Partnerin berührt Sie sehr. Können Sie Ihr sagen, was Sie so berührt?*
>
> *Frau Sch.:*   *(leise, mit Blick auf den Boden) Ich habe so ein schlechtes Gewissen, dass ich das alles ausgelöst habe.*
>
> *Therapeutin:*   *Sie fühlen sich verantwortlich für den Schmerz Ihrer Partnerin. Was löst das bei Ihnen aus?*
>
> *Frau Sch.:*   *(immer noch leise, mit Blick auf den Boden) Ich fühle mich schuldig. Ich habe das schließlich verursacht.*
>
> *Therapeutin:*   *(mit warmer, weicher Stimme) Sie fühlen sich schuldig. Ich habe den Eindruck, Sie schämen sich auch irgendwie.*
>
> *Frau Sch.:*   *(sehr leise) Ja, sehr sogar.*
>
> *Therapeutin:*   *(weiterhin mit warmer, weicher Stimme) Wofür schämen Sie sich so sehr?*
>
> *Frau Sch.:*   *(schaut zögerlich zu Frau L.) Dafür, dass ich dir so sehr weh getan habe.*
>
> *Therapeutin:*   *Das ist schwer für Sie, sich so zu schämen.*

Frau Sch.:	*Ja, ich habe immer von mir gedacht, ich mache so etwas nicht. Es entspricht eigentlich nicht meinen Werten.*
Therapeutin:	*Es schmerzt Sie, dass Sie entgegen Ihrer Werte gehandelt haben. Das ist wie ein Rucksack, den Sie jetzt tragen müssen.*
Frau Sch.:	*Ja, und der ist sehr schwer.*
Therapeutin:	*Hmmh ... Können Sie sich vorstellen, Ihrer Partnerin das alles zu sagen, mit Blick in ihre Augen?*
Frau Sch.:	*(zögert, schaut ihre Partnerin an und sagt dann mit leiser, aber fester Stimme) Es ist schwer für mich zu hören, wie es dir geht. Es tut mir wahnsinnig leid ... Und vor allem, dass ich dir das angetan habe. Ich schäme mich sehr dafür. Ich kann dir kaum in die Augen schauen ... Ich hoffe, du kannst mir irgendwann verzeihen ...Das das jetzt noch nicht geht, verstehe ich gut.*

Der betrogene Partner muss erleben können, dass der eigene Schmerz den anderen wirklich auch schmerzt. Eine Entschuldigung ist nur wirksam durch emotionales Engagement und durch Signale emotionaler Verbundenheit wie z. B. liebevolles Reagieren, wenn der betrogene Partner um Zuwendung oder Trost bittet – auch wenn der fremdgegangene Partner nach einiger Zeit den Eindruck hat, es müsse doch »irgendwann einmal gut sein«. Das Paar muss in der Regel einige Male und manchmal häufiger zur Verletzung zurückgehen und sie im sicheren Rahmen der Gegenwart erleben (Johnson, 2009).

Entlastend kann auch das Schreiben von Briefen sein: Die betrogene Person kann ausdrücken, was sie so verletzt hat und was sie noch nicht verzeihen kann. Die fremdgegangene Person kann beschreiben, wie die Verletzung der betrogenen Person auch sie trifft. Die Briefe können für beide Personen eine persönliche Vorbereitung für die Sitzungen darstellen und dort einander vorgelesen werden.

Techniken zur *Emotionsregulation* mithilfe der Atmung oder durch Klopfen können bei der Bewältigung des Alltags helfen (▶ Kap. 11.1.1). Sinnvoll ist es, die Zeit, in der über die Geschehnisse gesprochen wird, zu begrenzen. Sexuelle Details bringen keine Aufklärung, sondern bebildern und intensivieren den Schmerz (Clement, 2010). Kommt es in den Gesprächen des Paares zu Eskalationen vermittelt die Beraterin Methoden zum Aussteigen aus der Dynamik (▶ Kap. 10.2).

Manchmal besteht die Außenbeziehung zu Beginn der Paartherapie noch, vor allem wenn die sexuelle Außenbeziehung sich zu einer ernsthaften Liebesbeziehung entwickelt hat. Der fremdgehende Partner hat noch nicht geschafft, sich zu lösen oder weiß nicht, für welche Beziehung er sich entscheiden soll. Das löst bei ihm ein Wechselbad der Gefühle aus (Perrig-Chiello, 2017): Einer starken Verliebtheit stehen Gewissenskonflikte, Orientierungslosigkeit und die Angst vor Konsequenzen gegenüber. Abmachungen können dem betrogenen Partner eine gewisse Sicherheit geben: Es wird ausgehandelt, wie der Kontakt mit der dritten Person gestaltet werden und in Bezug auf welche Handlungen Transparenz bestehen soll.

Den *Ablösungs- oder Entscheidungsprozess* im Paar- oder eher noch im Einzelsetting zu begleiten, macht aus zwei Gründen Sinn: Zum einen fühlen sich Klienten allein oftmals überfordert, zum anderen bekommt man als Therapeutin eher mit, ob die Außenbeziehung tatsächlich beendet ist.

Denn nur bei beendeter Außenbeziehung kann die eigentliche Paartherapie beginnen, indem sich beide Partner gegenseitig öffnen und damit erneut verletzlich machen (Schär, 2016).

Bedeutung und Kontext der Außenbeziehung

Paare brauchen ein vertieftes gemeinsames Verständnis davon, wie es zu der Außenbeziehung gekommen ist. Die Gründe für das Eingehen einer Außenbeziehung sind vielfältig: Neben dem »Reiz des Neuen« (Schmidt et al., 2006) werden Zuneigung und Verständnis, das Erleben der eigenen Vitalität und die Stärkung des Selbstwertgefühls genannt (Clement, 2010). Entsprechend geht es oft um die Sehnsucht, eigene Anteile zu leben, die bisher nicht gelebt wurden (Perel, 2019). Das Eingehen einer Außenbeziehung hat häufig mehr mit der eigenen Person als mit dem Partner zu tun.

In der Arbeit mit dem Paar machen wir deutlich, dass die betrogene Person, auch wenn es Probleme in der Partnerschaft gab, nicht für das Fremdgehen des Partners verantwortlich ist und unterstützen das Paar, folgende Fragen zu reflektieren:

- Was bedeutet das Geschehene für die Paarbeziehung?
- Wodurch wurde die Partnerschaft vulnerabel für eine Außenbeziehung?
- Und wie war der Kontakt des Paares in dieser Zeit?

Ist auch der betrogene Partner in der Lage, die Krise als Ausdruck einer Paarsituation zu sehen, in der etwas gefehlt hat, so kann die Erschütterung durch die Außenbeziehung wie ein »Reset« für die Beziehung wirken und dadurch eine wirkliche Chance darstellen (Perel, 2019).

Weitergehen – allein oder zu zweit?

Auf der Basis einer realistischen Sicht auf die Bedeutung der Außenbeziehung und auf den Stand der Paarbeziehung geht es schließlich darum, ob die Beziehung weitergeführt werden soll. Wir erklären dem Paar, dass es nicht um eine Wiederaufnahme der alten Liebe und Beziehung geht. Etwas Entscheidendes ist passiert: Die alte Beziehung ist zu Ende. Der Betrug ist jetzt fester Bestandteil der gemeinsamen Paarbiografie. Das Paar entscheidet sich nun entweder für einen Weg der Trennung oder für einen neuen Weg miteinander. Für einen gemeinsamen Weg muss eine *neue Art der Begegnung* entwickelt werden. Zentral ist dafür, ob der betrogene Partner dem anderen verzeihen möchte, was er ihm verzeihen kann, was (noch) nicht oder was er für das Vergeben des Geschehenen bräuchte.

11.4.3 Verzeihen und Vergeben

Das Loslassen alter Verletzungen, das Verzeihen und Vergeben ist in praktisch allen Therapien ein zentrales Thema: Sei es bei traumatischen Verletzungen und Bindungsverletzungen oder bei der Trauer um verlorene Beziehungen.

Verzeihen bedeutet Differenzierung: einerseits bei sich zu bleiben, sich selbst und die eigenen Gefühle ernst zu nehmen und beruhigend auf sich selbst einzuwirken und andererseits, dem anderen aufrecht und ehrlich gegenüberzutreten und angemessen zu (re)agieren. Verzeihen ist ein Prozess, der schrittweise vonstatten geht. Wachstum lässt sich nicht kognitiv überspringen oder beschleunigen. Es gibt jedoch einige Interventionen, die helfen können, weitere Schritte auf diesem Weg zu gehen.

Kunst der Vergebung

Nach Retzer ist Vergebung eine Kunst: Es bedeutet nicht, klein beizugeben oder bestimmte Worte auszusprechen. Vergebung ist das bewusste Aufgeben eines Kampfes um Ausgleich, ein persönlicher und freiwilliger Verzicht auf Rache und damit ein Prozess unter zwei, nicht unter vier, Augen (2009). Der Partner ist in den Prozess nicht einbezogen.

Vergebung kann nicht unmittelbar nach dem Verrat, dem erlittenen Unrecht oder der Verletzung stattfinden. Es muss erst eine Zeit der Realisierung vergehen und der Versuch der Bewältigung stattgefunden haben. Vergebung findet schrittweise statt:

Schritt 1: Um vergeben zu können, muss man wissen, was man vergeben will und sich über die Bedeutung des Unrechts im Klaren sein. Dazu ist es hilfreich, sich über folgende Fragen Gedanken zu machen und die Antworten aufzuschreiben:

- Welche Handlung führte zur Verletzung?
- Welche Werte unserer Beziehung wurden verletzt?
- Was bedeutet dieses Unrecht für mich?
- Welche Konsequenzen hat das Unrecht für mich?

Durch das Aufschreiben wird ein diffuses Gefühl konkreter und externalisiert, also von innen nach außen auf das Papier gebracht, was erleichternd wirken kann.

Schritt 2: Im nächsten Schritt geht es darum, die verletzende Person – wiederum schriftlich – zu beschuldigen. Dies ist ein notwendiger Schritt, denn ohne Beschuldigung kann auch nicht vergeben werden. Es geht nicht um Mitverantwortung: Täter und Opfer sollen klar getrennt werden.

Schritt 3: Jetzt geht es darum, das Opfer zu stärken und Ansprüche zu stellen:

- Was ist der andere mir schuldig?
- Welche Ansprüche habe ich jetzt?
- Was muss geschehen, um einen Ausgleich herzustellen?
- Welche Wiedergutmachung muss der andere leisten?

Auch hier empfiehlt es sich, die Dinge aufzuschreiben und bei der Aufstellung des Schuldenregisters keine Hemmungen zu haben. Es soll einfach »aus dem Bauch heraus« geschrieben werden: »Lass dir etwas einfallen, um mich wieder glücklich zu machen! Zeig mir, wie du mein gebrochenes Vertrauen wiederherstellst! Gehe in Therapie! Gib mir die Sicherheit, dass mir das nie wieder passiert! Du sollst etwas genauso Schlimmes durchmachen! Ich möchte, dass du dein Handy/deinen Terminkalender von mir kontrollieren lässt! ...«

Schritt 4: Jetzt sind die Voraussetzungen geschaffen für den vierten Schritt, das wirkliche Vergeben. In diesem Schritt geht es darum, die vorher formulierten Ansprüche auf Schuldenausgleich aufzugeben. Dies kann ein Aufgeben sein, das von außen nicht zu bemerken ist; es kann sich aber auch in einem Ritual vollziehen. Rituale sind erfahrungsgemäß besonders wirkungsvoll, um Dinge loszulassen. Die vergebende Person sucht sich dazu einen symbolträchtigen Ort, um das Register zu verbrennen, oder reißt es in Stücke und streut die Papierfetzen von einem Turm herunter oder aber bastelt ein Papierschiffchen daraus, das sie einem fließenden Gewässer übergibt.

Retzer betont, dass die Vergebung nichts mit der anderen Person zu tun hat, der vergeben wird. Der Vergebende macht sich damit selbst das *Geschenk der Freiheit*. Die Schritte der Vergebung sollen nicht an einem Tag oder in kurzer Zeit durchgezogen werden. Es braucht Zeit, um für den nächsten Schritt bereit zu sein. Denn sonst bleibt die Handlung oberflächlich und ohne innere Resonanz.

Verletzungsritual

Von Tiedemann beschreibt ein kognitiv-verhaltenstherapeutisches Ritual zum *Loslassen alter Verletzungen* und von Vorwürfen in der Partnerschaft (2017). Es eignet sich für leichtere bis mittelschwere Verletzungen, vor allem, wenn verschiedene Ereignisse auf beiden Seiten stattgefunden haben.

1. *Vorbereitung des Verletzungsrituals*: Beide Partner werden gebeten, Verletzungen durch den anderen, die im Hier und Jetzt noch wirken, auf jeweils separate Kärtchen zu schreiben. Das kann in der Sitzung geschehen oder als Hausaufgabe mitgegeben werden.
2. *Vor der Durchführung*: Das Paar sitzt sich gegenüber. Jeder sortiert seine Kärtchen dem Schweregrad der Verletzung entsprechend: die leichteste Verletzung oben, die schwerste unten. Die Therapeutin kündigt an, sich während des Prozesses gelegentlich hinter den Sprechenden zu stellen und in der Funktion eines Hilfs-Ichs Worte und Sätze vorzuschlagen, um das emotionale Erleben zu intensivieren (»Doppeln« oder Explizieren).
3. *Ansprechen der Verletzung*: Der zuerst Sprechende nimmt ein Kärtchen, spricht in der Ich-Form und legt den Fokus auf die eigenen Gefühle. Sein zuhörendes Gegenüber wird eingeladen, innerlich an einen Ort der Kraft oder einen sicheren Ort zu gehen und sich klar zu machen, dass die Verletzung vermutlich nicht bewusst und bösartig geschehen ist.
4. *Verstehen der Verletzung*: Die Therapeutin befragt den Zuhörenden. »Erreicht Sie das?«, »Können Sie das nachvollziehen?«, »Fassen Sie doch bitte kurz zusammen, was Sie verstehen, was den anderen verletzt hat.« Es werden keine Rechtfertigungen zugelassen, außer sie werden vom Sprechenden ausdrücklich gefordert.
5. *Bereuen des verletzenden Verhaltens*: Anschließend wird der Zuhörende gefragt, ob ihm das Geschehene leidtut. Es wird Raum geschaffen, das Bedauern zum Ausdruck zu bringen und es besteht die Möglichkeit, um Verzeihung zu bitten.
6. *Verzeihung gewähren*: Abschließend wird der Sprechende gefragt, ob das Bedauern bei ihm angekommen ist, ob noch etwas offen ist, und was mit der Karte geschehen soll. Rituell können die Sätze gesprochen werden:

»Ich lasse das jetzt los«, »Ich mache es nicht mehr zum Thema« oder »Ich verzeihe dir«.

Dieser Prozess kann nun wechselseitig weitergeführt werden. Neben dem standardisierten Vorgehen ist es wichtig, gut in Kontakt mit dem Paar zu bleiben und bei einem Stocken des Prozesses flexibel zu reagieren: Gibt es eine Möglichkeit, den Schaden noch zu beheben? Wenn ja, wie? Ist es möglich, etwas zum Wunsch zu sagen, zukünftig anders handeln zu wollen? Gibt es die Möglichkeit einer symbolischen Wiedergutmachung?

11.4.4 Anwendungsbeispiel: Traumatische Erlebnisse und Verletzung durch eine Außenbeziehung

Frau L. und Frau Sch. sind beide Lehrerinnen und seit 20 Jahren ein Paar. Immer wieder kommt es zu Eskalationen, in denen Frau Sch. die Kontrolle verliert und Frau L. auch einmal geschlagen und Gegenstände beschädigt hat.

Krisen-Skizze

In sechs Therapiesitzungen haben sich beide auf eine berührende Art zueinander hin entwickelt. Zur siebten Sitzung kommen sie jedoch niedergeschlagen und hoffnungslos. Alle bisherige Mühe sei umsonst gewesen, sie seien im letzten Streit so tief gesunken wie selten zuvor. Ich bitte sie, die Szene zu schildern und erstelle mit ihnen eine Krisen-Skizze.

In diesem Szenario wirft Frau Sch. ihrer Partnerin vor: »Du reagierst nicht, du schweigst mich nur an.« Die fehlende Resonanz ihrer Partnerin macht sie wütend und löst den Gedanken aus: »Ich bin es nicht wert, mich zu beachten«, was wiederum die Angst, verlassen zu werden, nach sich zieht. Von Frau L. kommt der Satz: »Ich tue alles für dich«. Die wiederkehrenden Vorwürfe und Ausbrüche ihrer Partnerin lösen die Gedanken aus: »Ich kann es nicht recht machen. Ich habe keine Chance.« Angst und Ohnmachtsgefühle kommen hoch.

Abb. 11.2: Krisen-Skizze

Als ich die Verbindung zu früher herstelle, sind beide erschüttert. Das Skript spiegelt eins zu eins die kindliche Verzweiflung in den Herkunftsfamilien wider. Sie sind beide offen dafür, ihre kindliche Situation intensiver zu anzuschauen.

Schließen von Gedächtnislücken und Differenzierung

Frau L. entwickelte als Kind die Strategie, der Sonnenschein der Familie und immer munter und fröhlich zu sein. Sie erinnert sich an eine Szene auf dem Campingplatz, in der sie – wie so oft – vom Zusammenbruch ihres Vaters massiv überfordert war und in einen dissoziativen Zustand geriet (s. Dialog oben).

Im anschließenden Prozess erarbeitet sich Frau L. ein höheres Differenzierungsniveau: In einem imaginativen Dialog konfrontiert sie ihren Vater mit offenen Fragen und lernt, seine manipulativen Rückmeldungen zu durchschauen. Sie erkennt, wie er sich selbst als Opfer inszenierte (»Du weißt doch, wie deine Mutter früher zu mir war!«), durchschaut seine Schuldzuweisungen (»Du warst immer schon ein anspruchsvolles Kind«) und lernt, ihn damit zu konfrontieren (»Papa, du versuchst gerade, mir Schuldgefühle zu machen. Ich möchte dich bitten, meine konkrete Frage zu beantworten!«)

Diese Entwicklung ist mühsam und schmerzhaft, spiegelt sich jedoch auch bald in ihrer Partnerschaft. Wenn Frau Sch. wütend und aggressiv

249

wird, kann Frau L. zunehmend standhaft bleiben und ihre Position vertreten. Ihre Partnerin meldet ihr zurück, dass sie eine souveränere und stärkere Ausstrahlung bekommen habe. Eine Rückmeldung, die sie auch von ihren Freunden erhält. Auf der kognitiven Ebene schafft das keine überraschenden neuen Erkenntnisse, ermöglicht jedoch auf einer emotionalen Ebene größere Stabilität und eine empathische Annäherung der Partnerinnen zueinander.

Bewältigung einer Außenbeziehung

Vier Jahre lang höre ich nichts von den beiden, bis sie sich wegen einer Außenbeziehung von Frau Sch. melden. In der Sitzung wird deutlich, dass diese Außenbeziehung noch nicht beendet ist. Frau Sch. quält zwar ein schlechtes Gewissen, aber sie schafft es noch nicht, sich zu entscheiden.

In einer Einzelsitzung reflektiert Frau Sch. die Bedeutung, welche die Außenbeziehung für sie hat. Sie erkennt, dass es für sie um Lebensgenuss und das Gefühl von Lebendigkeit geht, was sie – aus Rücksicht – ihrer Partnerin nicht mitgeteilt hatte. Die Vertrautheit mit ihr und ihre eigenen Wünsche schienen nicht vereinbar. Im Gespräch wird Frau Sch. bewusst, dass sie selbst für die Erfüllung ihrer Bedürfnisse sorgen kann und Lebendigkeit und Spannung gemeinsam mit ihrer Partnerin aufbauen möchte. Nach einer Bedenkzeit beschließt sie, die Außenbeziehung zu beenden.

In einer der Paarsitzungen geht es vor allem um Frau L.'s tiefe Verletztheit, Hilflosigkeit und Verlustangst sowie die Zusammenhänge mit ihren Erlebnissen als Kind. Frau Sch. lässt sich vom Schmerz ihrer Partnerin sichtlich berühren und spricht über ihr Bedauern und ihre Scham darüber, diese so verletzt zu haben (s. Dialog oben).

Für beide Partnerinnen steht fest, dass sie zusammenzubleiben wollen. In der Therapie reflektieren sie, was in ihrer Beziehung gut und erhaltenswert ist, und was sie verändern wollen. Frau L. möchte ihrer Partnerin verzeihen, benötigt aber noch ein halbes Jahr für diesen Prozess, in dem das Paar zu gemeinsamen Sitzungen und Frau L. zwischendurch auch allein kommt. Immer wieder geht sie zurück zur Verletzung. Mithilfe von Atemübungen und Distanzierungstechniken erarbeitet sie sich mühsam einen Umgang mit den wiederkehrenden inneren Bildern und Emotionen.

Verzeihen

Frau Sch. bemüht sich um Geduld und Verständnis für ihre Partnerin sowie um Transparenz ihrer Handlungen. Sie organisiert eine Reise zu zweit, was Frau L. einen Traum erfüllt und eine Art Wiedergutmachung sein soll. Frau L. schreibt einen Brief an Frau Sch., in dem sie noch einmal das geschehene Unrecht und ihre damit verbundenen Gefühle ausdrücken kann. Aber erst nach einigen Monaten ist sie soweit, dass Erlebte hinter sich lassen zu wollen. Sie verbrennt den Brief in einem gemeinsamen Ritual mit Frau Sch.

Frau L.'s Vertrauen zu ihrer Partnerin wächst wieder und bekommt eine andere Qualität als vor der Außenbeziehung: Es bleibt das Wissen um die Möglichkeit, dass eine Affäre passieren kann, sowie eine Achtsamkeit für die Befindlichkeit beider Partnerinnen in der Beziehung.

Frau Sch. hat die Krise genutzt, um zu lernen, ihre Bedürfnisse nach Lebendigkeit und (erotischer) Spannung in der Partnerschaft besser wahrzunehmen und Unzufriedenheiten rechtzeitig anzusprechen. Beiden ist klar, dass sie ihre gemeinsam gelebte Sexualität neu gestalten wollen. Dafür möchten sie sich noch einige Zeit von mir begleiten lassen.

11.5 Abschluss der Arbeit mit dem Paar

In unserer Praxis liegt die Entscheidung in der Regel beim Paar, die Therapie zu beenden. Das Paar soll nicht früher »aus dem Nest gestoßen werden« als es sich das selbst zutraut – aber auch nicht unnötig lange gebunden werden. Selten hat die Therapeutin – meist nach Reflexionen in Supervision und Intervision – den Eindruck, dass die Arbeit in dieser Form keinen Sinn mehr macht, weshalb sie dem Paar vorschlägt, die gemeinsame Arbeit zu beenden.

Der häufigste Abschluss der gemeinsamen Arbeit geschieht dadurch, dass das Paar zu Beginn oder am Ende der Sitzung verkündet, dass weitere Termine nicht mehr nötig seien. Manchmal ist einer von beiden noch unsicher oder würde gerne noch weiterarbeiten. Oft ist es jedoch ein Entschluss, den beide vorbesprochen haben, mittragen und nun gemeinsam mitteilen.

Unsere Haltung ist in allen Fällen klar: Wir würdigen die Entscheidung der Partner, reflektieren mit ihnen Unsicherheiten und ermutigen sie zur Autonomie. Gibt es schwere Bedenken von Seiten der Therapeutin, so werden diese ebenfalls geäußert und Lösungsideen mitgegeben, wie beispielsweise die Aufnahme einer Einzeltherapie, das Aufsuchen besonderer Beratungsstellen oder Fachärzte sowie selbstfürsorgliche Maßnahmen.

In vielen Fällen stimmt die Einschätzung des Paares mit unserer überein. In diesem Fall beglückwünschen wir das Paar, legen den Fokus auf das Erarbeitete und ermutigen die Partner, zu Hause an dem Erworbenen dranzubleiben. Dabei betonen wir, dass die Türe zur Rückkehr für beide stets offen ist. Wir haben in vielen Jahren die Erfahrung gemacht, dass dies dankbar angenommen und genutzt wird. Die Klienten haben das Vertrauen und die Freiheit, sich bei Bedarf an uns zu wenden. Aus dieser Konstellation ergeben sich *Intervallbehandlungen*, die das Potenzial haben, ein Paar situativ durch schwierige Zeiten und durchs Leben zu begleiten und gleichzeitig das Gefühl von Selbstwirksamkeit zu stärken.

Wird eine Paartherapie geplant beendet, kann die letzte Sitzung dazu genutzt werden, verbleibende Fragen zu klären oder eine *Bilanz* über die gemeinsame Arbeit zu ziehen. Wir erarbeiten, welches die wichtigsten Momente und Etappen waren, wo Wendepunkte lagen und wie sie jeweils herbeigeführt wurden. Wir arbeiten heraus, was den Partnern jeweils geholfen hat und welche Dinge, Worte oder Veränderungen noch als hilfreich in Erinnerung sind. Aus den zusammengetragenen Aspekten kann eine Art Notfallplanung oder auch das »persönliche Rezept für das Gelingen« der Partnerschaft erstellt werden, das schriftlich festgehalten und am Ende der Sitzung mitgeben wird.

Resumée oder: Auf den Punkt gebracht

Es gibt kein »Rezept zum Gelingen« unserer Arbeit mit Paaren. Aber es gibt Zutaten, die uns persönlich für unsere Arbeit mit Paaren wichtig sind. Das Schreiben dieses Buches hat dazu beigetragen, die impliziten, automatisierten Prozesse und roten Fäden unserer Arbeit expliziter zu machen. Wir möchten sie hier noch einmal für unsere Leserinnen und Leser auf den Punkt bringen.

- *Die therapeutische Beziehung ist die tragende Säule.*
  Es braucht Wärme und Verständnis auf Seiten der Therapeutin – gleichermaßen für beide Menschen. Probleme und Krisen gehören zu einer Partnerschaft dazu und Partner verletzen einander. Durch die Zuversicht der Therapeutin, dass auch schwierige Paarsituationen veränderbar sind und eine Entwicklungschance für die Partner darstellen, fassen Paare Mut in ihrer Krise. Die Paarsituation erfordert aufgrund ihrer Dynamik, der hohen Spannung und der Komplexität eine besonders hohe Präsenz und persönliche Stabilität der Therapeutin. Achtsamkeit und die Fähigkeit, sich selbst regulieren zu können, stellen dafür die Basis dar und sollten daher nicht nur den Klienten vermittelt, sondern auch selbst angewendet werden. Authentizität und persönliche Spürbarkeit zeigen sich auch manchmal dadurch, dass die Therapeutin bewusst etwas aus ihrem Leben zeigt und eigene Erfahrungen einbringt, ohne allzu persönlich zu werden.
- *Stabilisierungs-Wachstumsmodell und Erkenntnisse der Hirnforschung*
  Aufgrund der komplexen Paararbeit ist es hilfreich, Situationen und Prozesse schnell einordnen zu können. Einfache Modelle helfen dabei, sich nicht in den vielfältigen Geschichten zu verlieren. Unser Stabilisierungs-Wachstumsmodell kann einen Überbau für die Paarberatung

darstellen und Orientierung bieten. Geht es in einem bestimmten Augenblick um Stabilisierung oder eher um Wachstum? Muss ich als Beraterin gerade besonders auf die therapeutische Beziehung achten und Sicherheit geben, um zu stabilisieren, oder sollte ich fördern, fordern oder vielleicht auch konfrontieren, um Wachstum zu ermöglichen? Und welche Methode könnte geeignet sein?

Theorien und Erkenntnisse der Hirnforschung helfen zu verstehen, wie Partner sich gegenseitig triggern, wie Defensivreaktionen zustande kommen und wie Emotionsregulation wieder funktionieren kann.

- *Emotionsregulation ist das A und O!*
Partnerschaftliche Regulationsmöglichkeiten und Fähigkeiten zur Selbstregulation sind unverzichtbar in der therapeutischen und beraterischen Arbeit und im Leben. Wir stehen unseren Klienten zunächst co-regulierend zur Seite – insbesondere dadurch, dass wir das Validieren der Gefühle so lange übernehmen, bis den Partnern die gegenseitige Validierung wieder möglich ist – und leiten sie schließlich mithilfe verschiedener therapeutischer Methoden an, selbst für Sicherheit in der Partnerschaft zu sorgen. Denn nur, wenn Menschen sich in ihrer Partnerschaft sicher fühlen, funktioniert ihre Empathiefähigkeit; das Vertrauen zum Partner wächst und ein tiefer, zwischenmenschlicher Kontakt ist wieder möglich.

- *Autonomie und Bindung*
Zum einen ist das Gefühl von Geborgenheit und Vertrauen in der Beziehung wichtig, um sich mit Gefühlen, Bedürfnissen und Verletzlichkeiten zeigen zu können. Für eine gute Selbstwahrnehmung und das Entwickeln von sexuellem Begehren sind aber auch Abgrenzung und Autonomie notwendig. Wenn Paare miteinander verschmolzen und wenig differenziert sind, ist es schwieriger, eigene Bedürfnisse ausreichend wahrzunehmen und Begehren zu entfalten. Um beide Aspekte fördern zu können, brauchen wir ein ausreichend großes Methodenrepertoire aus verschiedenen Therapierichtungen. Bindung und Eigenständigkeit gleichzeitig in einer Partnerschaft leben zu können, bezeichnen wir als *Bei-sich-und-in-Kontakt-Sein*. Das ist für uns die wichtigste Basis für eine glückliche Partnerschaft.

Die Arbeit mit Paaren ist vielschichtig, komplex, dynamisch – und oftmals auch eine Herausforderung. Wir hoffen, etwas von der Erfüllung, die das

Begleiten von Paaren bringen kann, vermittelt zu haben. Miterleben zu dürfen, wenn etwas lange Verlorenes wieder aufblitzt, wenn zwei Menschen sich einander wieder mit ihren Bedürfnissen und Verletzlichkeiten zeigen und so wirklich begegnen können, gehört zu den schönsten Momenten unserer Tätigkeit.

»Begegnung« – Zeichnung von der Künstlerin Heidi Reubelt, Abdruck in Schwarzweiß (www.heidireubelt.de).

Literatur

Adito, R. B., & Rabellini, D. (2011). Therapeutic alliance and outcome of psychotherapy: Historical excursus, measurements, and prospects for research. *Frintiers in Psychology, 2 (270)*.

Ahlers, C. (2017). *Vom Himmel auf Erden: Was Sexualität für uns bedeutet.* München: Goldmann.

Ahlers, C. (2013). Vom Himmel auf Erden. Wissen wir wirklich alles über Sex? *Die Zeit Nr. 18.*

Albert, M., Hurrelmann, K., & Quenzel, G. (2015). *Jugend 2015: 17. Shell Jugendstudie.* Frankfurt: Fischer.

Albert; M., Hurrelmann, K., Quenzel, G., Schneekloth, U., Leven, I., Utzmann, H. Wolfert, S. (2019). *Jugend 2019 - 18. Shell Jugendstudie. Eine Generation meldet sich zu Wort.* Frankfurt: Beltz.

Allensbach Institut (2012). *Herz und Verstand. Kraftfoods Deutschland.* http://de. statista.com/statistik/daten/studie/219664/umfrage/modernitaet-der-ehe-in-deutschland/: Zugriff am 27.08.2016.

Allensbach Institut (2013). *Die Generation Mitte 2013. Gesamtverband der deutschen Versicherungswirtschaft.*

Amato, P. R., & Previti, D. (2003). People's reasons for devorcing: Gender, social class, the life course, and adjustment. *Journal of Family Issues, 5*, 602-626.

Arentewicz, G., & Schmidt, G. (1993). *Sexuell gestörte Beziehungen. Konzept und Technik der Paartherapie (3., bearbeitete Auflage).* (G. Arantewicz, & G. Schmidt, Hrsg.) Stuttgart: Enke.

Arriga, B., & Rusbult, C. (1998). *Standing in My Partner's Shoes: Partner Perspective Taking and Reactions to Accommodative Dilemmas. Research Article..* Zugriff am 31.8.2020.unter https://doi.org/10.1177/0146167298249002.

Asay, T., & Lambert, M. (2001). Empirische Argumente für die allen Therapien gemeinsamen Wirkfaktoren: Quantitative Ergebnisse. In M. Hobble, B. Duncan, & S. Miller (Hrsg.), *So wirkt Psychotherapie. Empirische Ergebnisse und praktische Folgerungen.* Dortmund: Verlag modernes lernen.

Atkinson, B.J. (2015). Achtsamkeit und die gekonnte Steuerung von Paarbeziehungen. *Familiendynamik*, 106-118.

Bancroft, J., & Graham, C. A. (2011). The varied nature of women's sexuality: Unresolved issues and a theoretical approach. *Hormones and Behavior Volume 59 (5)*, S. 717-729. Zugriff am 15.7.2020 unter https://www.sciencedirect.com/science/article/abs/pii/S0018506X11000079

Barlow, D. H. (1988). *Anxiety and its disorders.* New York: Guilford.

Bartens, W. (2014). *Wie Berührung hilft.* München: Knaur.

Basson, R. (2001). Female sexual response: A different model. *Journal of Sex & Marital Therapy (26)*, 51-65.

Bateson, G. (1958). The New Conceptual Frames of Behavioral Research. *The New Jersey Neuro-Psychiatric Institute*, 54-71.

Baucom, D. H., Snyder, D. K., & Gordon, K. C. (2009). *Helping Couples Get Past the Affair: A Clinician's Guide.* New York: Guilford.

Bedi, R. P., Davis, M. D., & Williams, M. (2005). Critical Incidents in the Formation of the Therapeutic Alliance from the Client's Perspective. *Psychotherapy: Theory, Research, Practice, Training 42 (3)*, 311-323.

Beer, R., & Zezula, P. (2016 a). *Theratalk® - Studie: Häufigste und schwerste Beziehungsprobleme - Top 10.* Zugriff am 1.3.2019 unter https://www.theratalk.de/langzeitstudie_haeufigste_und_schwerste_beziehungsprobleme_top_10_2016.html.

Beer, R., & Zezula, P. (2016 b). Worunter Betrogene nach einem Seitensprung leiden. Zugriff am 27.7.2020 unter https://www.theratalk.de/studie_seitensprung_betrogene.html

Beer, R., & Zezula, P. (2018). *Theratalk®.de, Kartensatz »Was mir beim Sex wichtig ist«.* Zugriff am 14.5.2020 unter https://www.theratalk.de/pdf/theratalk_begleitmaterial_07.pdf.

Benaguid, G., & Schramm, S. (2016). *Hypnotherapie.* Paderborn: Junfermann.

Bergner, D. (2013). *Die versteckte Lust der Frauen. Ein Forschungsbericht.* München: Knaus.

Bernhardt, J. (7 2017). *Geschlechter(un)gerechtigkeit: zur Vereinbarkeit von Familie und Beruf. Aus Politik und Zeitgeschichte.*

Biedermann, S. (2018). Sexuelle Funktionsstörungen nach Traumatisierung. In M. Büttner (Hrsg.), *Sexualität und Trauma* (S. 95-108). Stuttgart: Schattauer.

Birnbaum, A. (2012). *Rituale im Alltag von Paaren.* Kröning: Asanger.

Bischof, K. (2016). Libidomangel bei der Frau. Störungen des weiblichen sexuellen Begehrens. Zugriff am 29.03.2020 unter www.tellmed.ch › include_php › previewdoc..

Bischof-Campbell, A. (2012). *Das sexuelle Erleben von Frauen als Spiegel ihres sexuellen Verhaltens (unveröffentlichte Masterarbeit).* Zürich: Universität Zürich.

Bischof-Campbell, A., Hilpert, P., Burri, A., & Bischof, K. (2018). Body Movement Is Associated ith Orgasm During Vaginal Intercourse in Women. *The Journal of Sex Research*, 356–366.

Bode, S. (2014). *Die vergessene Generation. Die Kriegskinder brechen ihr Schweigen.* Stuttgart: Klett-Cotta.

Bodenmann, G. (2000). *Stress und Coping bei Paaren.* Göttingen: Hogrefe.

Bodenmann, G. (2007). *Stress und Partnerschaft. Gemeinsam den Alltag bewältigen (4., überarbeitete Auflage)*. Bern: Huber.

Bodenmann, G. (2009/2013). *Depression und Partnerschaft. Hintergründe und Hilfen.* Bern: Huber.

Bodenmann, G. (2012). *Verhaltenstherapie mit Paaren (2., vollständig überarbeitete Auflage)*. Bern: Huber.

Bodenmann, G. (2013). *Lehrbuch Klinische Paar- und Familienpsychologie.* Bern: Huber.

Bodenmann, G. (2015). *Bevor der Stress uns scheidet. Resilienz in der Partnerschaft.* Bern: Hogrefe.

Bodenmann, G. (2018). Zerstörerische Dynamik. Gewalt in der Partnerschaft. *Report Psychologie*, S. 246-248.

Bodenmann, G., Atkins, D. C., Schär, M., & Poffet, V. (2010). The association between daily stress and sexual activity. *Journal of Family Psychologie (3)*, 271-279.

Bodenmann, G., Ledermann, T., & Bradbury, T. N. (2007). Stress, sex and satisfaction in marriage. *Personal Relationships, 14.* Zugriff am 27. 7 2020 unter https://onlinelibrary.wiley.com/doi/full/10.1111/j.1475-6811.2007.00171.x

Bohne, M. (2016). *Klopfen mit PEP. Prozess- und embodimentfokussierte Psychologie in Beratung und Coaching.* Heidelberg: Carl Auer.

Bohne, M., Ohler, M., Schmidt, G., & Trenkle, B. (2016). *Reden reicht nicht!? Bifokal-multisensorische Interventionsstrategien in Therapie und Beratung.* Heidelberg: Carl Auer.

Borgmann, M., Gloor, S., & Spahni, S. (2019). *Sexualität, Beziehung, Gesundheit: Informationen zum Forschungsprojekt.* Bern: Universität Bern. Zugriff am am 27. 7 2020 unter https://boris.unibe.ch/138794/

Boscolo, L., & Bertrando, P. (2000). *Systemische Einzeltherapie.* Heidelberg: Carl Auer.

Bradbury, T. N., & Karney, B. N. (2010). *Intimate Relationships.* W. W. Norton & Company.

Brähler, E., & Berberich, H. J. (2008). *Sexualität und Partnerschaft im Alter (Beiträge zur Sexualforschung)*. Gießen: Psychosozial-Verlag.

Bucher, T., Hornung, R., & Buddeberg, C. (2003). Sexualität in der zweiten Lebenshälfte: Ergebnisse einer empirischen Untersuchung. *Zeitschrift für Sexualforschung, 16*, S. 249-270.

Bude, H. (2014). *Gesellschaft der Angst.* Hamburg: Hamburger Edition HIS.

Bundesinstitut für Bevölkerungsforschung (Hrsg.) (2013). Familienleitbilder. Vorstellungen. Meinungen. Erwartungen. Wiesbaden.

Bundeskriminalamt (2020). Partnerschaftsgewalt. Kriminalstatistische Auswertung. Berichtsjahr 2019. Wiesbaden. Zugriff am 01.04.2021 unter www.bka.de/DE/AktuelleInformationen/StatistikenLagebilder/Lagebilder/Partnerschaftsgewalt/partnerschaftsgewalt_node.html

Bundesministerium für Familie (2016). *Männerperspektiven. Auf dem Weg zu mehr Gleichstellung? Sozialwissenschaftliche Repräsentativbefragung.*

Bundeszentrale für politische Bildung (2020). *Das Ende des Ernährermodells.* Zugriff am 11.4.2021 unter https://www.bpb.de/politik/innenpolitik/arbeitsmarktpolitik/306053/ernaehrermodell

Büttner, M. (2018). *Sexualität und Trauma. Grundlagen und Therapie traumaassoziierter sexueller Störungen.* Stuttgart: Schattauer.

Büttner, M., & Paschinger, K. (2018). Integrative psycho- und körpertherapeutische Behandlung von sexuellen Störungen nach sexuellen Gewalterfahrungen. In M. Büttner, *Sexualität und Trauma. Grundlagen und Therapie traumaassoziierter sexueller Störungen* (S. 210-351). Stuttgart: Schattauer.

Calmbach, M. Flaig, B., Edwards, J., Möller-Slawinski, H., Borchard, J., & Schleer, C. (2020). Sinus-Jugendstudie 2020. Lebenswelten von Jugendlichen im Alter von 14 bis 17 Jahren in Deutschland. bpb Bundeszentrale für politische Bildung.

Chivers, M. L., Seto, M. C., Lalumière, M. L., Laan, E., & Grimbos, T. (2010). Agreement of self-reported and genital measures of sexual arousal: A meta-analysis. *Archives of Sexual Behavior 39 (I)*, 5-56.

Chivers, M., & Bailey, J. (2005). A sex difference in features that elicit genital response. *Biological Psychology 70*, 115-120.

Church, D., Yount, G., & Brooks, A. (2012). The effect of emotional freedom techniques on stress biochemistry: a randomized controlled trial. *The Journal of Nervous and Mental Disease, 10*, 891-896.

Clement, U. (2001). Systemische Sexualtherapie. *Zeitschrift für Sexualforschung 14*, 95-112.

Clement, U. (2010). *Wenn Liebe fremdgeht. Vom richtigen Umgang mit Affären.* Berlin: Ullstein.

Clement, U. (2011). *Systemische Sexualtherapie (5. Aufl.).* Stuttgart: Klett-Cotta.

Clement, U. (2015). *Guter Sex trotz Liebe. Wege aus der verkehrsberuhigten Zone (7. Aufl.).* Berlin: Ullstein.

Clement, U. (2016). *Dynamik des Begehrens. Systemische Sexualltherapie in der Praxis.* Heidelberg: Carl-Auer.

Clement, U., & Eck, A. (2013). Weibliches Begehren. In K. Tabbert, A. V. Stirn, S. Wehrum, & R. Stark (Hrsg.), *Körper, Sexualität und Neurobiologie* (S. 366-375). Stuttgart: Kohlhammer.

Clond, M. (2016). Emotional Freedom Techniques for Anxiety: A Systematic Review with Meta-analysis. *J Nerv Ment Dis*, pp. 388-395.

Cohn, R. (2016). *Von der Psychoanalyse zur Themenzentrierten Interaktion. Von der Behandlung Einzelner zu einer Pädagogik für alle.* Stuttgart: Klett Cotta.

Cohn, R. C., & Farau, A. (1991). *Gelebte Geschichte der Psychotherapie. Zwei Perspektiven.* Stuttgart: Klett-Cotta.

Cozolino, L. (2007). *Die Neurobiologie menschlicher Beziehungen.* Kirchzarten: VAK.

Crane, R. D., & Christenson, J. D. (2016). Über die Kosteneffektivität der Ehe- und Familientherapie und der Ehe- und Familientherapeuten in Settings der Gesundheitsversorgung. Ein aktualisierter Forschungsüberlick. *Familiendynamik, 1,*. 4-15.

Craske, M. C., Miller, P. P., Rotunda, R., & Barlow, D. H. (1990). Features of initial panic attacks in minimal and extensive avoiders. *Behavior Research and Therapy, 28,* 395-400.

Daitch, C. (2016). *Affektregulation. Hypnotherapeutische Interventionen für überreaktive Klienten.* Heidelberg: Carl Auer.

Dana, D. (2019). *Die Polyvagaltheorie in der Therapie. Den Rhythmus der Regulation nutzen.* Lichtenau: Probst Verlag.

Dannecker, M. (1990). *Homosexuelle Männer und AIDS. Schriftenreihe des Bundesministeriums für Jugend, Familie, Frauen und Gesundheit.* Stuttgart: Kohlhammer.

De Botton, A. (2016). *Der Lauf der Liebe.* Frankfurt: Fischer.

De Botton, A. (2016). Sternstunde Philosophie: Liebe - und wie sie den Alltag überlebt. (B. Bleisch, Interviewer)

De Shazer, S. (1982). *Patterns of Brief Family Therapy. An Ecosystemic Approach.* New York: Guildford.

De Shazer, S. (2002). *Der Dreh. Überraschende Wendungen und Lösungen in der Kurzzeittherapie.* Heidelberg: Auer.

Debrot, A., Schoebi, D., Perrez, M., & Horn, A. (2013). *Touch as an Interpersonal Emotion Regulation Process in Couples' Daily Lives: The Mediating Role of Psychological Intimacy.* Zugriff am 15.7.2020 unter https://pubmed.ncbi.nlm.nih.gov/2388 5034/

De Lamater, J., Hyde, J., & Fong, M. (2008). Sexual satisfaction in the seventh decade of life. *Journal of Sex & Marital Therapy, 34,* 439-454.

Delere, S., Roth, A., & Roth, T. (2015). Neue Formen des Hörens in der katholischen Kirche. *Stimmen der Zeit, 9,* 599-610.

Delis, D., & Phillips, C. (1993). *Ich lieb' Dich nicht, wenn Du mich liebst. Nähe und Distanz in Liebesbeziehungen.* Düsseldorf: Econ.

Desjardins, Y. (1986). L'approche Sexocorporelle. Fondements théoriques et champs d'application. *Psychothérapies 1,* 51-58.

Desjardins, Y. Chatton, D., Desjardins, L., & Tremblay M. (2011). Le sexocorporel. La compétence érotique à la portée de tous. *La sexothérapie,* 63-102.

Doss, B., Thum, Y., Sevier, M., Atkins, D., & Christensen, A. (2005). Improving relationships: Mechanisms of change in couple therapy. *Journal of Consulting and Clinical Psychology 73 (4),* 624-633.

Drigotas, S. M., Rusbult, C. E., & Verette, J. (1999). Level of commitment, mutuality of commitment, and couple well-beeing. *Personal Relationships, 6,* 389-409.

Drigotas, S. M., Rusbult, C. E., C. E., & Wieselquist, J. (1999). Close partner as sculptor of the ideal self: Behavioral affirmation and the Michelangelo phenomenon. *Journal of Personality and Social Psychology, 77,* 293-323.

Durex (2004). *Durex Local Report 2004. Studie zu sexuellen Einstellungen und Verhaltensweisen in Deutschland.* Knutsford, UK: Durex.

Dym, B., & Glenn, M. (1997). *Liebe, Lust und Langeweile. Die Zyklen intimer Paarbeziehungen.* München: Dtv.

Eck, A. (2014). Der erotische Raum. Weibliches Begehren in der systemischen Sexualtherapie. *Zeitschrift für Sexualforschung 27*, 258-277.

Eck, A. (2016). *Der erotische Raum: Fragen der weiblichen Sexualität in der Therapie.* Heidelberg: Carl Auer.

Eck, A. (2020). *Sexuelle Fantasien in der Therapie.* Göttingen: Vandenhoeck & Ruprecht.

Eckert, J., & Biermann-Ratjen, E.-M. (1990). Ein heimlicher Wirkfaktor: die »Theorie« des Therapeuten. In V. Tschuschke, & D. Czogalik (Hrsg.), *Psychotherapie - welche Effekte verändern?* (S. 272-287). Springer.

Eisenberger & Lieberman (2004). Why Rejection Hurts. A Common Neural Alarm System for Physical and Social Pain. *Trends in Cognitive Science 8 (7)*, 294-300.

Ekman, P. (2016). *Gefühle lesen. Wie Sie Emotionen erkennen und richtig interpretieren.* Berlin Heidelberg: Springer.

Erickson M:H:& Rossi, E.L. (1981). *Hypnotherapie. Aufbau - Beispiele - Forschungen.* München: Klett-Cotta.

Eßing, G. (2015). *Praxis der Neuropsychotherapie. Wie die Psyche das Gehirn formt.* Berlin: Psychologenverlag.

Family Therapy: Virginia Satir (1983). [Film].

Fincham, F. D., & Beach, S. R. (2010). Marriage in the new millenium: a decade in review. *Journal of Marriage an Family, 72(3)*, 630-649.

Fisher, H. (1993). *Anatomie der Liebe.* München: Droemer Knaur.

Frederick, C. (2007). Ausgewählte Themen zur Ego-State-Therapie. *Hypnose 2 (1+2)*, S. 19.

Freudenfeld, E. (2016). Raum für die eigene Lust - Was Frauen brauchen, damit sie wollen können. In A. Eck (Hrsg.), *Der erotische Raum* (S. 72-87). Heidelberg: Carl-Auer.

Fritzsche, K. (2013). *Praxis der Ego-State-Therapie.* Heidelberg: Carl Auer.

Fromm, E. (2010). *Die Kunst des Liebens.* Ulm: Ullstein.

Gallo, F.P., & Vincenzi, H. (2010). *Gelöst - entlastet - befreit: Klopfakupressur bei emotionalem Stress* (6. aktualisierte Aufl.). Kirchzarten: VAK.

Gawain, S. (2004). *Stell Dir vor: Kreativ visualisieren.* Reinbek Rowohlt.

Geller, S. M., & Greenberg, L. S. (2002). Therapeutic Presence: Therapists' experience of presence in the psychotherapy encounter. *Person-centered and experiential psychotherapies, 1*, 71-86. Zugriff am 9. 3 2018 unter http://tandfonline.com/doi/abs/10.1080/14779757.2002.9688279

Geller, S., & Greenberg, L. (2012). *Therapeutic Presence: A Mindful Approach to Effective Therapy.* Washington DC: American Psychological Association.

Göth, M., & Kohn, R. (2014). *Sexuelle Orientierung in Psychotherapie und Beratung.* Berlin Heidelberg: Springer.

Gottman, J. M. (1999). *The Marriage Clinic: A Scientifically Based Marital Therapy.* New York/ London: Norton. Zugriff am 1.4.2019 unter https://psycnet.apa.org/record/1999-04141-000

Gottman, J. M. (2014). *Die 7 Geheimnisse der glücklichen Ehe.* Berlin: Ullstein.

Gottman, J. M., & Silver, N. (2017). *Die Vermessung der Liebe (5. Auflage)*. Stuttgart: Klett-Cotta.

Grawe, K. (2004). *Neuropsychotherapie*. Göttingen: Hogrefe.

Grawe, K., Donati, R., & Bernauer, F. (1994). *Psychotherapie im Wandel: Von der Konfusion zur Profession*. Göttingen: Hogrefe.

Greenberg, L. S., & Johnson, S. (1988). *Emotional focused therapy for couples*. New York: Guilford.

Greenberg, L. S., & Goldman, R. N. (2010). *Die Dynamik von Liebe und Macht. Emotionsfokussierte Paartherapie*. München: Reinhardt.

Greenberg, L. S., & Woldarsky Meneses, C. (2019). *Forgivness and Letting-Go in Emotion-Focused Therapy*. Washington: APA.

Greenberg, L. S., Ford, C., Alden, L., & Johnson, S. (1993). In-session change in emotional focused therapy. *Journal of Consulting and Clinical Psychology, 61 (1)*, 78-84.

Grunwald, M., Weiss, T., Mueller, S., & Rall, L. (2014). EEG changes caused by spontaneaous facial self-touch may represent emotion regulating processes and working memory maintenance. *Brain Research*, 111-126.

Hagehülsmann, U., & Harsch, H. (2013). *Transaktionsanalyse - wie geht denn das?* Paderborn: Junfermann.

Hatfield, E., Sprecher, S., Pillemer, J., Greenberger, D., & Wexler, P. (1988). Gender differences in what is desired in the sexual relationship. *Journal of Psychology & Human Sexuality 1 (2)*, 39-52.

Hauch, M. (2013). *Paartherapie bei sexuellen Störungen. Das Hamburger Modell - Konzept und Technik (2. unveränderte Auflage)*. Stuttgart, New York: Thieme.

Hildenbrand, B. (2015). *Einführung in die Genogrammarbeit*. Heidelberg: Carl Auer.

Höfner, E. (2016). *Glauben Sie nicht, wer Sie sind: Grundlagen und Fallbeispiele des provokativen Stils*. Heidelberg: Carl Auer.

Hüther, G. (2003). Die Auswirkungen traumatischer Erfahrungen im Kindesalter auf die Hirnentwicklung. In K.H. Brisch & T. Hellbrügge (Hrsg.) *Bindung und Trauma: Risiken und Schutzfaktoren für die Entwicklung von Kindern*. S. 94-104. Klett Cotta.

Illouz, E. (2012). *Warum Liebe weh tut. Eine soziologische Erklärung*. Berlin: Suhrkamp.

Illouz, E. (2013). *Die neue Liebesordnung. Frauen, Männer und ›Shades of Grey‹*. Berlin: Suhrkamp.

Jacobson, N. S., & Christensen, A. (1998). *Acceptance and change in couple therapy: A therapist's guide to transforming relationships*. New York: Norton.

Jellouschek, H. (2018). *Achtsamkeit in der Partnerschaft. Was dem Zusammenleben Tiefe gibt*. Freiburg i. Br.: Herder.

Jelluschek, H. (2008). *Wenn Paare älter werden. Die Liebe neu entdecken*. Freiburg i. Br.: Herder.

Johnson, S. (2007). A new era for couple therapy: Theory, research and practice in concert. *Journal of Systemic Therapies*, 5-16.

Johnson, S. (2009). *Die Praxis der Emotionsfokussierten Paartherapie.* Paderborn: Junfermann.

Johnson, S. (2014). *Liebe macht Sinn.* München: btb.

Joyal, C. C., Cossette, A., & Lapierre, V. (2015). What exactly is an unusual sexual fantasy? *Journal of Sexual Medicine, 12,* 328–340. Retrieved 7 24, 2020, from https://onlinelibrary.wiley.com/doi/pdf/10.1111/jsm.12734

Kabat-Zinn, J. (2013). *Gesund durch Meditation: Das große Buch der Selbstheilung mit MBSR.* München: Knaur.

Kachler, R. (2015). *Die Therapie des Paar-Unbewussten. Ein tiefenpsychologisch-hypnosystemischer Ansatz.* Stuttgart: Klett-Cotta.

Kaplan, H. S. (1979). *Disorders of Sexual Desire (27. Auflage).* New York: Brunner & Mazel.

Karameros, A. (2018). Das Gruppentraining »Achtsame Sexualität« (AS). In M. Büttner (Hrsg.), *Sexualität und Trauma. Grundlagen und Therapie traumaassoziierter sexueller Störungen* (S. 381-399). Stuttgart: Schattauer.

Karney, B. R., & Bradbury, T. N. (1995). The longitudinal course of marital quality and stability: A review of theory, methods, and research. *Psychological Bullitin 118 (1),* 3-34.

Kernberg, O. F. (1998). *Liebesbeziehungen. Normalität und Pathologie.* Stuttgart: Cotta.

Kerr, M., & Bowen, M. (1988). *Family evaluation.* New York: Norton.

Kessler, M. (2015). *The Importance of Commitment in Intimate Relationships. Dissertation.* Zürich: Universität Zürich.

Kindl-Beilfuß, C. (2017). *Fragen können wie Küsse schmecken. Systemische Fragetechniken für Anfänger und Fortgeschrittene.* Heidelberg: Carl Auer.

Klees, K. (2018). *Traumasensible Paartherapie. Mit dem Traum(a)-Haus-Konzept aus der Beziehungskrise.* Paderborn: Junfermann.

Kleinplatz, P. J. (Ed.). (2012). *New Directions in Sex Therapy. Innovations and Alternatives (2nd ed.).* New York: Routledge.

Knobloch-Fedders, L., Pinsof, W., & Mann, B. (2007). Therapeutic alliance and treatment progress in couple psychotherapie. *Journal of marital and family therapy (33)2,* 245-257.

Kröger, C. (2010). Sexuelle Außenkontake und -beziehungen in heterosexuellen Partnerschaften. *Psychologische Rundschau, 61(3),* 123-143.

Kröger, C., & Lutz, W. (2006). Der therapeutische Umgang mit Untreue und Affären in nahen Partnerschaften. In W. Lutz (Hrsg.), *Lehrbuch der Paartherapie* (S. 144-161). München: Ernst-Reinhardt.

Krüger, W. (2016). »Eine Partnerschaft ist keine Wohngemeinschaft«. (B. Schönberger, Interviewer)

Kuhn, R. (2017). *The Dynamics of Dyadic Coping: A Micro-Analysis of Couples' Stress Conversations. Dissertation.* Zürich: Universität Zürich.

Kühn, S., & Gallinat, J. (2014). Brain Structure and Functional Connectivity Associated with Pornography Consumption. *YAMA Psychiatry,* 827-834.

Lazarus, R. S., & Folkman, S. (1984). *Stress, appraisal, and coping.* New York: Springer.

Lee, L. A., & Sbarra, D. A. (2013). Divorce and relationship dissolution: Causes, context and consequences. In C. Hazan, & M. I. Campa (ed.), *Human bonding* (pp. 308-343). Ney York: Guilford Press.

Leo, M. (Regisseur). (2012). *Slow Sex. Nach Diana Richardson. Wie Sex glücklich macht. Der neue Stil des Liebens* [Film].

Leuchtmann, L., & Bodenmann, G. (2017). Interpersonal view on physical illnesses and mental disorders. *Swiss archives of Neurology, Psychiatry and Psychotherapy 6*, 170-174.

Levine, P. (2011). *Sprache ohne Worte. Wie unser Körper Trauma verarbeitet und uns in die innere Balance zurückführt.* Kösel.

Levine, P. (2016). *Trauma und Gedächtnis. Die Spuren unserer Erinnerung in Körper und Gehirn.* München: Kösel.

Lewandowski, L. (2016). *Schmerz- und Angsttherapie. So funktioniert die Hypnose.* Zugriff am 02.04.2020 unter https://www.spiegel.de/gesundheit/diagnose/hypnose-bei-schmerzen-oder-angst-das-passiert-im-gehirn-a-1115063.html.

Liebe ohne Stress. (2014). *Brigitte Woman*, April 2014, S. 112.

Lorenz, H. (2014). *Kriegskinder. Das Schicksal einer Generation.* Berlin: Ullstein.

Lowen, A. (1979). *Bioenergetik.* Hamburg: rororo.

Maio (Hrsg.), G. (2011). *Abschaffung des Schicksals? Menschsein zwischen Gegebenheit des Lebens und medizin-technischer Gestaltbarkeit.* Freiburg: Herder.

Margelisch, K., & Perrig-Chiello, P. (2016). *Forschungsdossier 3. Erhebungswelle: Beziehungen im späteren Leben. Ergebnisse der 3. Befragung.* LIVES Research Dossier. Zugriff am 16.1.2018 unter https://boris.unibe.ch/89325/1/IP_212_DossierWelle3_161016.pdf.

Marlock, G., & Weiss, H. (2007). *Handbuch der Körperpsychotherapie.* Stuttgart: Schattauer.

Maß, R., & Bauer, R. (2016). *Lehrbuch Sexualtherapie.* Stuttgart: Klett-Cotta.

Masters, W. D., & Johnson, V. E. (1967). *Die sexuelle Reaktion.* Frankfurt: Akademische Verlagsgesellschaft.

Masters, W. H., & Johnson, V. (1973). *Impotenz und Anorgasmie. Zur Therapie funktioneller Sexualstörungen.* Frankfurt/ Main: Goverts Krüger Stahlberg.

Masters, W. H., & Johnson, V. (1976). Principles of the new sex therapy. *American Journal of Psychiatry, 133*, 548-554.

Mc Carthy, B., & Mc Carthy, E. (2013). *Das Verlangen entfachen. Hilfe für Paare, die wenig oder gar keinen Sex haben.* Bern: Huber.

McGoldrick, M. (2009). *Genogramme in der Familienberatung.* Bern: Huber.

Meana, M., & Nunnink, S. E. (2006). Gender differences in the content of cognitive distraction during sex. *Journal of Sex Research*, 59-67.

Melzer, H. (2018). *Scharfstellung. Die neue sexuelle Revolution.* Stuttgart: Tropen.

Mercer, C. H., Fenton, K. A., Johnson, A. M., Wellings, K., Macdowell, W., McManus, S., . . . Field, J. (2003). Sexual function problems and help seeking behaviour in Britain: National probability sample survey. *British Medical Journal 327*, 426-427. Retrieved 7 24, 2020, from https://doi.org/10.1016/S0140-6736(01)06885-4

Meuwly, N., Bodenmann, G., Germann, J., Bradbury, T. N., Ditzen, B., & Heinrichs, N. (2012). Dyadic coping, insecure attachment, and cortisol stress recovery following experimentally induced stress. *Journal of Family Psychology*. Retrieved 7 1, 2020, from doi:10.1037/a0030356

Milek, A., & Bodenmann, G. (2017). *Gemeinsame Zeit in der Partnerschaft: Theoretische und praktische Hinweise für die Arbeit mit Paaren.* (S. F. Wiesbaden., Hrsg.) Wiesbaden. Zugriff am 15.6.2020 unter https://doi.org/10.1007/978-3-658-16887-2

Minuchin, S. (2015). *Familie und Familientherapie: Theorie und Praxis struktureller Familientherapie.* Freiburg: Lambertus.

Minuchin, S., Rosman, B. L., & Baker, L. (1995). *Psychosomatische Krankheiten in der Familie.* Stuttgart: Klett-Cotta.

Mischerlich, A., & Mitscherlich, M. (1967). *Die Unfähigkeit zu Trauern.* München: Piper.

Morrison, I., Löken, L.S., & Olausson, H. (2010). The Skin As A Social Organ. *Experimental Brain Research 204*, 305-314. Retrieved 7 13, 2020, from https://www.deepdyve.com/lp/springer-journals/the-skin-as-a-social-organ-Xl50OOjmO7

Nagoski, E. (2017). *Komm wie du willst: Das neue Frauen-Sex-Buch.* München: Knaur.

Nast, M. (2016). *Generation Beziehungsunfähig.* Hamburg: Edel Books.

Nerin, W. F. (1998). *Familienrekonstruktion in Aktion. Virginia Satirs Methode in der Praxis.* Paderborn: Junfermann.

Osswald-Rinner, I. (2011). *Oversexed and underfucked. Über die gesellschaftliche Konstruktion von Lust.* Berlin: Springer.

Perel. E. (2017). *Mating in Captivity: Unlocking Erotic Intelligence.*

Perel, E. (2019). *Die Macht der Affäre. Warum wir betrügen und was wir daraus lernen können. 2. Auflage.* Hamburg: HarperCollins.

Perren-Klingler, G. (2012). Die PVT aus Sicht einer Traumatherapeutin. *CH Hypnose*, 15-22.

Perrig-Chiello, P. (2017). *Wenn die Liebe nicht mehr jung ist. Warum viele langjährige Partnerschaften zerbrechen und andere nicht.* Bern: Hogrefe.

Pfeiffer, A. (2018). Was ist dran an Klopfen? Eine Übersichtsarbeit. *Psychotherapeuten Journal*, 235-243.

Porges, S. (2010). *Die Polyvagal-Theorie. Neurophysiologische Grundlagen der Therapie.* Paderborn: Junfermann.

Porges, S. (2018). *Die Polyvagal-Theorie und die Suche nach Sicherheit.* Paderborn: Probst Verlag.

Prior, M. (2008). Punkt, Punkt, Komma, Strich, fertig ist die Lösungssicht. Bad Orb: MEG Jahrestagung.

Prior, M. (2016). *Minimax-Interventionen. 15 minimale Interventionen mit maximaler Wirkung.* Heidelberg: Carl Auer.

Rescio, S.-S. (2014). *Sex & Achtsamkeit: Sexualität, die das ganze Leben berührt.* Bielefeld: Kamphausen.

Retzer, A. (2009). *Lob der Vernunftehe. Eine Streitschrift für mehr Realismus in der Liebe.* Frankfurt: Fischer.

Retzer, A. (2015). *Systemische Paartherapie. Konzepte - Methode - Praxis.* Stuttgart: Klett-Cotta.

Retzlaff, R., Haun, M.W., Beher, S., & von Sydow, K. (2017). Systemische Therapie - auf dem Weg zur sozialrechtlichen Anerkennung? *Psychotherapeutenjournal, 4,* 355-362.

Revenstorf, D.. (2006). Körperpsychotherapie mit Paaren. In Marlock, & Weiss, *Handbuch der Körperpsychotherapie.* Stuttgart: Schattauer.

Revenstorf, D.. (2017). *Hypnotherapie und Hypnose.* Tübingen: Psychotherapie Verlag.

Revenstorf, D., & Freudenfeld, E. (2016). Hypnose in der Paar- und Sexualtherapie. In R. Maß, & R. Bauer (Hrsg.), *Lehrbuch Sexualtherapie.* Stuttgart: Klett-Cotta.

Revenstorf, D., & Peter, B. (2009). *Hypnose in Psychotherapie, Psychosomatik und Medizin. Manual für die Praxis.* Heidelberg: Springer.

Richardson, D. (2011). *Slow Sex: Zeit finden für die Liebe.* Rochester USA: Integral Verlag.

Riedel, M. (2008). *Alltagsberührungen in Paarbeziehungen. Empirische Bestandsaufnahme eines sozialwissenschaftlich vernachlässigten Kommunikationsmediums.* Wiesbaden: Springer VS.

Roesler, C. (2015). Die begrenzte Wirksamkeit bisheriger Paartherapien verlangt neue Methoden. *Familiendynamik, 4,* 336-345.

Rogers, C. (1983). *Die klientenzentrierte Gesprächspsychotherapie. Client-Centered Therapy.* Frankfurt: Fischer.

Rogers, C. (2017). *Der neue Mensch.* Stuttgart: Klett Cotta.

Rosenberg, J. L., Kitaen-Morse, B., & Fischer, M. (2011). *Das Geheimnis der Intimität.* St. Gallen: i-books.

Rosenberg, M. (2016). *Gewaltfreie Kommunikation: eine Sprache des Lebens.* Paderborn: Junfermann.

Ross, H., & Young, L.J. (2009). Oxytocin and the Neural Mechanisms Regulating Social Cognition and Affiliative Behavior. *Frontiers in Neuroendocrinology 30 (4),* 534-47.

Rusbult, C. E., Finkel, E. J., & Kumashiro, M. (2009). The Michelangelo phenomenon. *Current Directions in Psychological Science, 18(6),* 305-309.

Rytz, T. (2010). *Bei sich und in Kontakt. Anregungen zur Emotionsregulation und Stressreduktion durch achtsame Wahrnehmung.* Bern: Huber.

Sachse. (2006). *Therapeutische Beziehungsgestaltung.* Göttingen: Hogrefe.

Sachse, R., Breil, J., & Fasbender, J. (2013). *Klärungsorientierte Paartherapie.* Göttingen: Hogrefe.

Sachse, R., Sachse, M., & Fasbender, J. (2016). *Grundlagen klärungsorientierter Psychotherapie.* Göttingen: Hogrefe.

Sack, M. (2010). *Schonende Traumatherapie: Ressourcenorientierte Behandlung von Traumafolgestörungen.* Stuttgart: Schattauer.

Sand, M., & Fisher, W. (2007). Women's Endorsement of Models of Female Sexual Response: The Nurses' Sexuality Study. *The Journal of Sexual Medicine (4),* 708-719.

Zugriff am 27. 7 2020 unter https://www.sciencedirect.com/science/article/abs/pii/S1743609515315587

Schär, M. (2016). *Paarberatung und Paartherapie. Partnerschaft zwischen Problemen und Ressourcen.* Berlin, Heidelberg: Springer.

Schär, M., & Gmelch, S. (2019). *Liebe ist mehr, als wir denken. Von der Kunst, an Konflikten in der Partnerschaft zu wachsen.* Berlin: Springer.

Schauer, M., Schauer, M., Neuner, F., & Elbert, T. (2011). *Narrative Exposure Therapy: A Short-Term Treatment for Traumatic Stress Disorders.* Göttingen: Hogrefe.

Schiftan, D. (2019). *Coming soon. Orgasmus ist Übungssache.* München: Piper.

Schindler, L., Hahlweg, K., & Revenstorf, D. (1998). *Partnerschaftsprobleme: Diagnose und Therapie: Therapiemanual.* Heidelberg: Springer.

Schmidbauer, W. (2012). Generation Angst. *GEO Wissen. Was die Seele stark macht Nr. 48 11/11.*

Schmidt, G. (1998). »Wir sehen immer mehr Lustlose!« Zum Wandel sexueller Klagen. *Familiendynamik 23 (4),* 348-365.

Schmidt, G. (2004). *Liebesaffären zwischen Problem und Lösung. Hypnosystemisches Arbeiten zwischen Problem und Lösung.* Heidelberg: Carl Auer.

Schmidt, G., Dekker, A., Matthiesen, S., & Starke, K. (2006). *Spätmoderne Beziehungswelten. Report über Partnerschaft und Sexualität in drei Generationen.* Wiesbaden: Verlag für Sozialwissenschaften.

Schmidt, G., Matthiesen, S., & Meyerhof, U. (2004). Alter, Beziehungsform und Beziehungsdauer als Faktoren sexueller Aktivität in heterosexuellen Beziehungen. *Zeitschrift für Sexualforschung.* Zugriff am unter doi:10.1055/s-2004-820275

Schmidt, G., Starke, K., Matthiesen, S., Dekker, A., & Starke, U. (2003). Beziehungsformen und Beziehungsverläufe im sozialen Wandel. *Zeitschrift für Sexualforschung, 16 (3),* 195-231.

Schnabl, L. (2016). *Ich heirate. Mich!* abgerufen am 1.4. 2020 unter http://www.nzz.ch/nzzas/nzz-am-sonntag/egoismus-ich-heirate-mich-ld.113355. Zugriff am 01.04.2018

Schnarch, D. (2011). *Intimität und Verlangen. Sexuelle Leidenschaft in dauerhaften Beziehungen.* Stuttgart: Klett Cotta.

Schnarch, D. (2012). *Die Psychologie sexueller Leidenschaft.* München: Piper.

Schnarch, D. (2018). *Brain Talk. How mind mapping brain science can change your life & everyone in it.* CreateSpace Independent Publishing Platform.

Schnarch, D. (2019). *Intimität und Verlangen. Sexuelle Leidenschaft in dauerhaften Beziehungen (9. Auflage).* Stuttgart: Klett Cotta.

Schneider, N. (2017). Auf Augenhöhe? Paare heute zwischen Wunsch und Wirklichkeit. Müllheim: Auditorium Netzwerk.

Schnell, T. (2014). *Moderne kognitive Verhaltenstherapie bei schweren psychischen Störungen.* Berlin Heidelberg: Springer.

Schönberger, B. (2016). Späte Scheidung. *Psychologie Heute.*

Schönbucher, V. (2007). Sexuelle Zufriedenheit von Frauen. Psychosoziale Faktoren. Eine Übersicht. *Zeitschrift für Sexualforschung, 20,* 21-41.

Schore, A. (2005). Attachment, Affect Regulation, and the Developing Right Brain. *Pediatrics in Review*, 204-217.

Schore, A., & Schore, J. (2008). Modern Attachment Theory: The Central Role of Affect Regulation in Development and Treatment. *Clin Soc Work Journal 36*, 9-20.

Schulthess, P. (06 2018). Gutachten des deutschen Wissenschaftlichen Beirates zur Humanistischen Psychotherapie. *A Jour. Psychotherapie-Berufsentwicklung*, 16-18.

Schultz-Zehden, B. (2004). *Lust, Leid, Lebensqualität von Frauen heute.* Springer.

Schultz-Zehden, B. (2017). *Wege durch das Labyrinth. Sexualitätskongress*, 9.11.2017. (M. Komorek, Interviewer).

Selvini Palazzoli, M., Boscolo, L., Cecchin, G., & Prata, G. (1981). Hypothetisieren - Zirkularität - Neutralität. *Familiendynamik*, 123-139.

Selvini-Palazzoli, Boscolo, Cecchin, & Prata. (2011). *Paradoxon und Gegenparadoxon. Ein neues Therapiemodell für die Familie mit schizophrener Störung.* Stuttgart: Klett-Cotta.

Smith, P. (2010). Expert rips findings of ›flimsy‹ Montreal Porn Study. Lifesitenews. com. Zugriff unter https://www.lifesitenews.com/news/expert-rips-findings-of-flimsy-montreal-porn-study am 01.04.2020

Stahl, S. (2015). *Das Kind in dir muss Heimat finden. Der Schlüssel zur Lösung (fast) aller Probleme.* München: Kailash.

Statistisches Bundesamt (2019). *Datenreport 2018. Ein Sozialbericht für die Bundesrepublik Deutschland. 2 Familie, Lebensformen und Kinder.* Zugriff am 11.4.2021 unter https://www.wzb.eu/system/files/docs/sv/iuk/dr2018_Kap_02_0.pdf

Statistisches Bundesamt (2020). *Bevölkerung. Eheschließungen, Ehescheidungen und Lebenspartnerschaften* Zugriff am 11.4.2021 unter https://www.destatis.de/DE/Themen/Gesellschaft-Umwelt/Bevoelkerung/Eheschliessungen-Ehescheidungen-Lebenspartnerschaften/Tabellen/masszahlen-ehescheidungen.html

Stierlin, H. (1976). *Das Tun des Einen ist das Tun des Anderen. Eine Dynamik menschlicher Beziehungen.* Frankfurt am Main: Suhrkamp.

Stierlin, H. (1982). *Delegation und Familie.* Frankfurt am Main: Suhrkamp.

Stirn, A. Stark, R. Tabbert, K. Wehrum, S.; Oddo, S. (2013). *Sexualität, Körper und Neurobiologie. Grundlagen und Störungsbilder im interdisziplinären Fokus.* Stuttgart: Kohlhammer.

Storch, M. (2016). *Embodiment in Aktion.* Eröffnungsvortrag des 2. Fachkongresses »Reden Reicht Nicht!?« *26.5. 2016* Heidelberg. Zugriff unter https://www.majastorch.de/videos/. am 17.11.2020.

Storch, M., Cantieni, B., Hüther, G., & Tschache, W. (2010). *Embodiment. Die Wechselwirkung von Körper und Psyche verstehen und nutzen.* Bern: Huber.

Symalla, T., & Walther, H. (1997). *Systemische Beratung schwuler Paare.* Heidelberg: Carl Auer.

Symonds, D., & Horvarth, A. (2004). Optimizing the alliance in couple therapy. *Family Process 43 (4)*, 443-455.

Sztenc, M. (2020). *Embodimentorientierte Sexualtherapie. Grundlagen und Anwendung des Sexocorporel.* Stuttgart: Schattauer.

Tagler, M. J., & Gentry, R. H. (2011). Gender, jealousy, and attachment: A (more) through examination across measures and samples. *Journal of Research in Personality, 45,* 697-701.

Tenzer, E. (2016). Wie wird die Seele krisenfest? *Psychologie heute.* Zuigriff unter https://www.psychologie-heute.de/gesellschaft/artikel-detailansicht/39169-wie-wird-die-seele-krisenfest.html am 14.9.2019

Trevarthen, C., & Aitken, K. J. (2001). Infant Intersubjectivity. Research, Theory and Clinical Applications. *Journal of Child Psychology and Psychiatry 42 (1),* S2-48.

Tschacher, W., & Storch, M. (2017). *Embodiment: Die Wechselwirkung von Körper und Psyche verstehen und nutzen.* Bern: Hogrefe.

Van der Kolk, B. (2017). *Verkörperter Schrecken. Traumaspuren in Gehirn, Geist und Körper und wie man sie heilen kann.* Paderborn: Probst.

Velten, J., Brailovskaia, J., & Markgraf, J. (2018). Exploring the Impact of Personal and Partner Traits on Sexuality: Sexual Excitation, Sexual Inhibition, and Big Five Predict Sexual Function in Couples. *The Journal of Sex Research.* Retrieved 7 24, 2020, from https://doi.org/10.1080/00224499.2

Verein Lilli (2020). *Sex ist lernbar.* Zugriff am 1. 8 2020 unter https://www.lilli.ch/sex_ist_lernbar

Von Hirschhausen, E. (2017). *Wunder wirken Wunder. Kongress MentaleStärken,..* Heidelberg: Auditorium Netzwerk.

Von Schirach, A. (2007). *Der Tanz um die Lust.* München: Goldmann.

Von Schlippe, A., & Schweitzer, J. (2016). *Lehrbuch der systemischen Therapie und Beratung I. Das Grundlagenwissen.* Göttingen: Vandenhoeck und Ruprecht.

Von Schlippe, A., & Schweitzer, J. (2017). *Systemische Interventionen.* Göttingen: Vandenhoeck & Ruprecht.

Von Sydow, K. (1993). *Lebenslust. Weibliche Sexualität von der frühen Kindheit bis ins hohe Alter.* München: Ernst Reinhardt.

Von Sydow, K., & Seiferth, A. (2015). *Sexualität in Paarbeziehungen.* Göttingen: Hogrefe.

Von Tiedemann, F. (2017). Wenn die Seele ruhig wird. In F. von Tiedemann (Hrsg.), *Versöhnungsprozesse in der Paartherapie. Ein Handbuch für die Praxis* (S. 65-200). Paderborn: Junfermann.

Wahl, H.-W. (2016). »Leben wir vielleicht zu lange?«. (J. Metzger, Interviewer)

Watzlawick, P. (1969). *Menschliche Kommunikation.* Bern: Huber.

Weinberg, D. (2006). *Traumatherapie mit Kindern. Strukturierte Traumainterventionen und traumabezogene Spieltherapie.* Stuttgart: Klett-Cotta.

Welter-Enderlin, R. (2000). *Deine Liebe ist nicht meine Liebe. Paarprobleme und Lösungsmodelle aus systemischer Sicht.* Freiburg: Herder spektrum.

Whisman, M. A. (2007). Marital distress and DSM-IV psychiatric disorders in a population-based national survey. *Journal of Abnormal Psychology, 116,* 638-643.

Wilbertz, N. (2017). Wenn der Versöhnungsprozess stagniert. In F. von Tiedemann, *Versöhnungsprozesse in der Paartherapie* (S. 205-236). Paderborn: Junfermann.

Winkler, H. (2016). *Geschichte des Westens: Zeit der Gegenwart.* München: C.H.Beck.

Wolf, D., & Merkle, R. (2012). *Gefühle verstehen, Probleme bewältigen. Eine Gebrauchsanleitung für Gefühle.* München: PAL.

Wöller, W. (2006). Was ist ein psychisches Trauma? Das psychotraumatologische Paradigma. In W. Wöller (Hrsg.), *Trauma und Persönlichkeitsstörungen* (S. 11-24). Stuttgart: Schattauer.

Wöller, W. (2013). *Trauma und Persönlichkeitsstörungen. Ressourcenbasierte Psychodynamische Therapie (RPT) traumabedingter Persönlichkeitsstörungen.* Stuttgart: Schattauer.

Zanotta, S. (2018). *Wieder ganz werden. Traumaheilung mit Ego-State-Therapie und Körperwissen.* Heidelberg: Carl Auer.

Zilbergeld, B. (2000). *Die neue Sexualität der Männer.* München: Dgvt.

Zurhorst, E.-M. (2009). *Liebe dich selbst und es ist egal, wenn Du heiratest.* München: Goldmann.

Zurhorst, E.-M. (2014). *Soulsex: Die körperliche Liebe neu entdecken.* München: Arcana.

Stichwortverzeichnis

A

Abschluss der Beratung   251
Achtsamkeit   64, 122
– Achtsame Körperwahrnehmung
   176
– Achtsamer Sex   227
– Achtsames Berühren   225
Affirmation   185
AIDS   29
Allparteilichkeit   70, 125
Amygdala   54
Androgynie   26
Apokalyptische Reiter   33
Atmung   64, 190
Aufstellung   204, 209
Außenbeziehung   34, 239
Autonomie   25
Autozentrierung   102, 124, 226

B

Beckenschaukel   101, 223
Begehren
– responsives   49, 222
– spontanes   49, 222
Bewältigungsorientierte Paartherapie
   83
Beziehungsdauer   41
Bindung   23, 76
Bindungstheorie   25

C

Commitment   36
Containing   118
Coolidge-Effekt   44
Co-Regulation   23, 56, 118
Crucible-Ansatz   94
Cybersex   43

D

Dauer   116
Die schlimmsten Vier   154
Differenzierung   95
Differenzierungsansatz   94
Doppelte Schaukel   224
Dreiklang der Emotionsbewältigung
   182
Druck   47
Dual control model   49
Dyadisches Coping   83, 202

E

Eigener Stil   119
Emotionsfokussierte Paartherapie
   (EFT)   76
Emotionsregulation   128
Emotionstheorie   76
Empathie   35
Enactment   79
Entfremdung   34

Erregbarkeit
- vaginale 50
Erregung 50
Erregungsreflex 99
Erstgespräch 134
Eskalationsspirale 152
Explizieren 139

F

Fantasie, sexuelle 43
Fremdgehen 34
Frequenz 116

G

Geheimnis 115
Gehirn 53
Gender crossover 26
Genogramm 164
Geschlechterrollen 26
Geschlechtsidentität 27
Gesprächsregeln 196
Gewalt 35, 126
Gewaltfreie Kommunikation 159

H

Haltung 121
Hamburger Modell 89
Häufigkeit von Sex 41
Hausaufgabe 117
Häusliche Gewalt 35
Hirnstamm 54
HIV 29
Homosexualität 28
Homosexuelle Partnerschaft 27
Hypnotherapie 72
Hypothetisieren 70

I

Ideales sexuelles Szenario 229

Immobilitätsreaktion 56
Insuffizienzgefühl 117
Integration 105
Interaktionszyklus 162
Intervallbehandlung 252
Intervision 120

K

Klärungsorientierte Paartherapie 80
Klärungsprozess 82, 192, 208
Klopftechniken 180, 189
Kommunikation über Sexualität 51
Kommunikationsschwierigkeiten 32
Kongruenz 135
Konstruktivismus 67
Konstruktneutralität 125
Kontextabhängigkeit 222, 231
Kontrollierter Dialog 160
Krisen-Skizze 248

L

Limbisches System 54
Lubrikation 47, 50, 60

M

MBSR 122
Mindfulness-Based Stress Reduction 122
Mobilisierung 56

N

Neokortex 55
Nervensystem 53
Neuroplastizität 55
Neurotizismus 33
Neurozeption 58
Neutralität 70

O

Obere Schaukel 223–224
Orgasmus 89

P

Paarsetting/Einzelsetting 113
Parasympathikus 56, 60
Parentifizierung 69, 165
Partnerschaftliche
Emotionsregulation 191
– mit dem Körper 204
Partnerwahl 24
Polarisierung 166
Polyvagaltheorie 55
Pornografie 43
Pornosucht 44
Präfrontalkortex 55
Prosodie 63
Psychoedukation 151

R

Rahmenbedingungen 112
Resignative Reife 37
Ressourcen 168

S

Säuglingsforschung 61
Schema 80, 84, 192
Selbstbefriedigung 42
Selbstbestätigte Intimität 96–97
Selbstöffnung 36
Selbstregulation 175
– Anwendungsbeispiel 188
– mit dem Atem 178
– mit dem Körper 175
Selbstverwirklichung 24
Selektive Authentizität 135
Sensate Focus 90, 206

Sexocorporel 98
Sexualtherapie 88
Sexualtherapie des Begehrens 92
Sexuelle Funktion 60
Sexuelle Funktionsstörung 44
Sexuelle Gewalterfahrung 29
Sexuelle Lustlosigkeit 46
Sexuelle Selbstbestimmung 48
Shutdown 56
Sicherheit 63
Skulpturarbeit 204
Slow Sex 227
Soziales Kontaktsystem 56, 129
Spiegelneuronen 55
Spiel-Intervention 228
Stabilisierungsphase 109, 151
Stabilisierungs-Wachstumsmodell
107
Stepped care 108
Stress 47, 83
Supervision 120
Sympathikus 56, 60
Systemische Fragen
– Hypothetische Fragen 139
– Ressourcenaktivierende Fragen
137
– Skalierungsfragen 138
– Zirkuläre Fragen 138
Systemische Neugier 137
Systemische Therapie 67
Systemisches Fragen 137
Systemtheorie 67

T

Teufelskreis 48
Therapeutische Beziehung 134
Therapeutische Präsenz 122
Totstellreflex 58
Trance 73
Transgender 29
Transsexuelle 29
Trauma 58

Trennung 41, 46
– Ambivalenz 149
Trigger 59, 128
– Triggermodell 167

U

Umarmen bis zur Entspannung 205
Utilisation 74

V

Vaginaler Innenraum 50
Vagusnerv 56
Validieren 200
Veränderungsneutralität 126
Verflüssigen 142

Vergebung 245
Verlangensstärker/
  Verlangensschwächer 97
Vertiefungsphase 110, 173
Verzeihen 244
Vier Aspekte der Balance 95
Visualisieren 141
VW-Regel 157

W

Wachstumsphase 110, 173

Z

Ziele 145
Zirkularität 70